北大美学研究丛书·第四辑

章启群 主编

创制的逻各斯与逻各斯的实现

亚里士多德诗艺哲学探本

黄水石 著

四川人民出版社

图书在版编目（ＣＩＰ）数据

创制的逻各斯与逻各斯的实现：亚里士多德诗艺哲学探本 / 黄水石著. -- 成都：四川人民出版社，2022.7
ISBN 978-7-220-12632-1

Ⅰ. ①创… Ⅱ. ①黄… Ⅲ. ①亚里士多德（Aristotle 前384-前322）—诗学—研究 Ⅳ. ①B502.233②I052

中国版本图书馆CIP数据核字(2022)第087590号

CHUANGZHI DE LUOGESI YU LUOGESI DE SHIXIAN：YALISHIDUODE SHIYI ZHEXUE TANBEN

创制的逻各斯与逻各斯的实现——亚里士多德诗艺哲学探本

黄水石　著

出 品 人	黄立新
策划统筹	王定宇
责任编辑	母芹碧　何佳佳
版式设计	戴雨虹
封面设计	李其飞
责任校对	何佳佳
责任印制	祝　健
出版发行	四川人民出版社（成都三色路 238 号）
网　　址	http://www.scpph.com
E-mail	scrmcbs@sina.com
新浪微博	@ 四川人民出版社
微信公众号	四川人民出版社
发行部业务电话	（028）86361653　86361656
防盗版举报电话	（028）86361653
照　　排	四川胜翔数码印务设计有限公司
印　　刷	成都蜀通印务有限责任公司
成品尺寸	165mm×235mm
印　　张	15.5
字　　数	222 千
版　　次	2022 年 7 月第 1 版
印　　次	2022 年 7 月第 1 次印刷
书　　号	ISBN 978-7-220-12632-1
定　　价	58.00 元

主编寄语

　　用现代汉语言说和写作美学的历史，与北京大学具有血肉之关联。中国大学开出的第一堂美学课在北大，中国最早、最有影响力的美学著作作者在北大，几乎所有现代中国美学巨匠都在北大工作过或出身于北大。北大美学前辈们筚路蓝缕艰辛创造的辉煌，粗粗罗列即灿然大观，似乎不需多费力气，亦难以尽言。而有幸进入北大研习美学者，受前辈精神之熏染，得大师思想之滋养，寸草春晖，岂敢言报恩于万一！然学术之薪火相传，不能截然断绝于吾辈。而献曝之忧，亦难以阻遏。故而有本丛书之面世。

　　丛书第一辑、第二辑和第三辑分别在安徽教育出版社、商务印书馆和四川人民出版社出版，第四辑仍将由四川人民出版社出版。这个现象大概只能用缘分来解释。我自1993年以来没有申报国家科研项目，也没有申报各种奖项。在没有任何政府和个人资助的情况下，这套丛书至今将出版四辑共15本，在某种程度上亦验证了我的信念。我坚信，21世纪的中国，在任何情况下，纯粹学术一定能够找到适当的土壤，得以生存和发展。因为实现中华民族的伟大复兴，不仅要有新科学、新技术，还要有新学术、新文化。为这个信念而做出的坚守，其意义甚至比学术本身更大。

　　《淮南鸿烈》云："昔者仓颉作书而天雨粟，鬼夜哭。"

可谓惊天地泣鬼神！使用汉字是个极为神圣的事业，中国民间千年来素有"敬惜字纸"的传统。我辈尚能握管，即假学术之名，下笔千言，惟祈戒甚慎甚。然学养功力毕竟有限，缺点错误在所难免，期盼天下方家不吝示教。

　　大疫当前，煎熬苍生。苍生何罪？罪罚何由？思接千载，不知所云。念兹在兹，是祷是祝！

章启群

于封控中京西寓所见山堂

壬寅四月廿五，岁次2022年5月25日

τὸν φρονεῖν βροτοὺς ὁδώ-
　　σαντα, τὸν πάθει μάθος
θέντα κυρίων ἔχειν·
　　　　（Aeschyl. Agam. 176-178）

他为有朽者指引道路：
　　要明智而慎思！
他以立法的方式规定：
　　在荷担中学习！
　　　　（埃斯库罗斯《阿伽门农》）

目录

绪 论

I. 准备性的说明

本书实质上是作者博士论文研究的延伸，属于已纳入计划但尚未写作的论题；以贺博特·博德（Heribert Boeder）理性关系建筑学（Logotektonik）思想为基础，博士论文主题叫作："逻各斯的突破与实现：建筑古希腊哲学的开端及其在亚里士多德逻各斯科学秩序中的完满"。这规定了本书的思想前提和框架。理性关系建筑学并非漂浮于外部的"方法"，本书的展开就是理性关系建筑学的成果。

本书旨在从整体上阐明亚里士多德《诗艺学》及其诗艺哲学，换言之，以逻各斯（λόγος）的纯粹自身展开来透入《诗艺学》思想的整体性建构。因此本书不是关于亚里士多德《诗艺学》的研究，而是关于他的"诗艺学"的研究，即对其创制性哲学或者创制性逻各斯科学的阐明；但要达成这一阐明，必须始终返回和紧贴作为其实现形态的《诗艺学》。

诗艺学是主题。诗艺学的整体在亚里士多德的哲学整体之中来把握，但整体不是现成的，而是合乎逻各斯建构起来的。这一整体也不是别的，就是自身建构的逻各斯整体。亚里士多德哲学是得到整体性区分的逻各斯科学。早期希腊哲学划时代的开端意味着逻各斯的突破，亚里士多德的整个哲学是逻各斯真正的完满实现；逻各斯科学的目标就是当下呈现这一逻各斯的实现。在如此之呈现中，也就是在如此当下把握住的哲学的知当中，有朽之人与自身的区分也得到透彻的思想和把握。作为诗艺哲学的创制性逻各斯的整体，也是合乎逻各斯的逻各斯的知/科学（ἐπιστήμη）。这样的知（科学）基于逻各斯的区分而得到整体性的建构，其目标在于透彻明了地把握亚里士多德的诗艺哲学，亦即创制性的哲学。

作为对《诗艺学》的系统的哲学阐明，本书至少在三方面区别于以往的研究。第一，这里所说的整体不是一般而言的整体，而是严格合乎逻各斯、基于逻各斯而建构的逻各斯整体。这不仅体现在对诗艺学在亚里士多德整个哲学中的位置的判断，也体现在对诗艺学自身的整个判断和辨析。诗艺学与亚里士多德整个哲学是一体的，目标和使命是一致的。但诗艺哲学绝不是政治哲学的附属，当然也不是理论哲学的附属。第一哲学的、神圣学的原则（νοῦς）统领亚里士多德哲学整体，统领创制呈现的、实践行动的和沉思观见的逻各斯科学秩序大全。

第二，根据诗艺学范畴和逻各斯的自身展开来阐明亚里士多德诗艺哲学对诗艺本质的呈现和把握。这最终是完满的整体性的当下呈现。鉴于逻各斯与"本质所是"（οὐσία）的关系，这里逻各斯并不直接与各个纷繁的诗歌作品相关涉，而是以诗艺本身具体实现了的诗艺本质相为其根本事情。进而言之，就其把握本质而言，逻各斯同样是创制性的，它将对诗艺本质相的当下呈现为创制性逻各斯科学的知。

第三，切断诗艺哲学与文艺创作的直接性关系，不再直接将诗艺学当作美学或者文学理论。亚里士多德对古希腊的文艺可谓烂熟于心，但是诗艺学的目标并不在于为此提供某种理论解释和依据，甚至提供某种创作的指导，更谈不上提供普遍的诗学或者美学。诗艺学的目标在于，与实践行动的和理论观见的逻各斯相互区分并相互联结，通过创制呈现的逻各斯当下现相来把握人与自身的区分，以及人之为人所应是的安顿。但这并不是要否认其与美学和文艺理论的关系，不是要否认从美学和文艺理论的角度来研究《诗艺学》的可能性，而是致力于阐明作为爱智慧的哲学如何为文艺奠基——恰好不在直接性的，而是在间接性的意义上表明，创制的文艺及其所呈现的合乎其自身本质的"人"如何可以在逻各斯通过逻各斯而透彻地把握为创制性的"知"。透过这样的知，不是打量某一直接性的人，而是呈现人如何"如其所应是"，亦即合乎本质地作为人而行动。在对这一行动整体的观见中，对人之所以为人终有所见、有所知，并且是完整的所见、完整的知道。在此基础之上，我们将重新赢得美学和文艺的根据奠基。

当然，这里所说的奠基问题是在希腊古典的意义上，而不是在现代世界的意义上，因为如果说希腊古典是寻求根据奠基的，那么现代世界则是向起源的回返。20世纪后半叶以迄于今，不仅整体和理性是备受哲学诟病的，而且就一般而言的文艺领域，整体也早就分崩离析了。这里并不打算追随当前自身瓦解的思路而透入各种时髦理论前沿当中去；相反，当前的哲学、美学和文艺研究首先倒是需要暂时"悬搁"起来。当然，对哲学、美学和文艺的时代关切始终推动着朝向这一希腊古典的奠基性研究。

显然，本书的用语和表述对阅读并不友好。关键概念的翻译都与通行的既定译法有所不同，仅举几例关键词加以说明。λόγος通常译作理性或语言，这里几乎全作音译，为强调创制性逻各斯科学的独特之处，也写作"逻各斯—语言"。μίμησις通常译作摹仿或模仿，这里译作"如真现相"，行文也作如真呈现、呈现等。οὐσία通常译作实体，这里一以贯之作"本质所是"，相应的εἶδος通常译作理念或者相，在柏拉图这里干脆译作"理念相"，在亚里士多德这里则译作"本质相"。毫无疑问，这会招致标新立异故弄玄虚的批评，但作者旨在揭橥所见而已。

Ⅱ.　理性关系建筑术

与习见的对《诗艺学》结构的理解不同，基于理性关系建筑学的洞见，本书对创制性逻各斯科学的运思步骤如下：第一，对诗艺本身的范畴规定拢集为"如真现相"（μίμησις），这只是诗艺哲学的先行运思。这一运思由诗艺原则所规定，因此作为开端就已经确定诗艺学的本质之事只能是诗艺本身及其具体实现了的本质相。运思乃是一个排除杂多的纯净化进程，旨在达到诗艺学本质之事的"一切"区分：悲剧诗艺、史诗诗艺和喜剧诗艺。第二，相较于史诗诗艺和喜剧诗艺，在最好的和第一的意义上，实质上只有最好悲剧诗艺本质相的范畴规定才是诗艺学最本真的事情。亚里士多德《诗艺学》实质上主要就是辨别悲剧诗艺本质相的诸规定，阐明悲剧诗艺如何实现为逻各斯担当于自身的整一行动的如真现相。这一如真现相能够在"净化"中赢得知以及让实现活动臻于完满的快乐。但第三，正是在最好悲剧诗艺的整体现相中，诗艺原则才能赢得具体实现。诗艺原则不是外在的，而是自身成事，贯穿于悲剧诗艺创制—呈现的整个实现进程。要领会诗艺原则，必须超出诗艺学，在亚里士多德哲学整体中来考察。

　　对诗艺学的研究具有理性关系建筑术的性质。这里理性关系并非抽象的、外在于希腊人的哲学之思的，而是始终返回到希腊哲学之思的事情本身及其自知的使命来理解。就亚里士多德哲学而言，具体说来即在《诗艺学》这里，理性关系始终返回到亚里士多德哲学与之打交道的"逻各斯"本身。因此，本书对亚里士多德诗艺哲学的阐明也可以说具有逻各斯建筑术的性质。

　　逻各斯本身构成建筑工具。最关键者是始终收拢为"如真现相"整体的诗艺范畴："何所在""何所是""何所如"。与上述的运思步骤相应，可以列表如下：

作为先行运思的诗艺本身的范畴	诗艺本质相时间性历史的完满	作为本质之事的悲剧诗艺本质相
何所在	何所如	何所是
何所是	何所在	何所如
何所如	何所是	何所在
"何所在"范畴是贯穿的红线：回到逻各斯本身		

　　逻各斯的科学不是努斯（νοῦς），但努斯经由贯穿所思的运思（διάνοια）这一中介贯穿逻各斯科学的大全。正是鉴于贯穿所思的运思（διάνοια）这一中介，康德知性范畴中的量范畴能够作为建筑工具运用

于对诗艺学的整体性建构，但只是纯粹工具性的。康德意义上的量范畴始终是在自我意识领域的旨在扩展认识的知性原则；亚里士多德基于"本质所是"范畴明确规定过量范畴，这体现在诗艺学的数量划分规定。拢集于"如真现相"，相应于上述运思步骤，列表如下：

作为先行运思的诗艺本身的范畴	作为本质之事的悲剧诗艺本质相	作为诗艺学本质之事的完满原则
整一	一切	杂多
杂多	整一	一切
一切	杂多	整一
"整一"范畴是贯穿的红线：这一个逻各斯整体		

全书共七章。第一章就整个希腊时代而言阐明哲学的知与逻各斯的关系，在此基础上勾勒亚里士多德哲学在何种意义上是逻各斯科学。第二章仍有导论性质，阐明诗艺哲学的原则和本质之事，在此基础上勾勒建构诗艺学整体之思的范畴工具。第三章首先说明"如真现相"的规定在何种意义上构成诗艺范畴，进而澄清诗艺本身的原因，将诗艺学归属于亚里士多德理解中的探求原因和开端性本原的科学，最后将诗艺的时间性历史收拢到范畴的规定中。亚里士多德的诗艺哲学对诗艺本身的科学探究不是描述性的，而是规定性的，排除了作为个别的现成诗歌作品。规定性是说根据诗艺原则而来的规定。第四章是本书的主体，聚焦于最好悲剧诗艺本质相的诸范畴规定。考虑到荷马在诗艺学中的多重意义以及亚里士多德哲学整体对荷马缪斯智慧的关系，专门辟出一章讨论荷马及其史诗创制的位置（第五章）。进而将沉浸于悲剧诗艺本质相的诗艺原则抽出作专章探讨，阐明诗艺原则的整一性意义（第六章）。最后，重新返回到整个希腊时代哲学与逻各斯关系，确定亚里士多德哲学及其诗艺哲学的根本意义：人之为人的安顿。正是在此意义上，我们不吝称亚里士多德为逻各斯的建筑师（Archi-tekt）（第七章）。

严格说来，本书的诗艺学研究属于博士论文整体计划的一个部分。

我们从希腊哲学思想的整体看待哲学与逻各斯，看待亚里士多德哲学，看待诗艺哲学与逻各斯的关联，最终服务于对古希腊哲学的划时代领会：逻各斯的突破与实现是贯穿古希腊哲学开端与完满的红线。这在间接的意义上是一个回应：当然可以说逻各斯中心。然而这一逻各斯中心对于现代，对于当代的我们而言是不可接受的暴力。这不仅仅是对理性理解的变化，而且是对人自身的理解的根本变化——今天的人唯有在瓦解之中才变得可能。但逻各斯中心，至少对于希腊人而言，却是承认、赞同甚至赞叹，唯有以此才能赢得人之为人的安顿。希腊人在智慧与爱智慧之中让这一安顿现身为有朽之人能够领会到的知。本研究旨在将这一安顿重新释放到历史的当下。

重申一遍：本书的理论基础是作者的老师博德先生（Boeder）的"理性关系建筑学"（Logotektonik），可视为理性关系建筑学特定的具体实现。这里对哲学与智慧的关系，对亚里士多德哲学整体，对诗艺哲学的判断，相应的运思步骤，都可说是理性关系建筑学先行赋予的。对此本书没有给出详尽的介绍和说明，这是因为，外在于研究实现本身的所谓"介绍"和"导论"，实际上都和研究本身的事情无关。思想在自身实现中对我们现身。不，现相，我们可以当下看见它。这正是亚里士多德诗艺哲学的最有益的教诲。博德20世纪80年代讲课翻译过《诗艺学》的前面九章，发表过一篇诗艺学的专论，晚年讲座在相应的环节简要梳理过，此外没有更为专门的长篇专论。因此，如果具体的判断和论述有什么问题乃至错误，应该全部由作者自担。

作者仍只是初学，未能赢得理想的自由，行文与思想都难免掣肘为之的尴尬。这或许是思想运思不得不然？所有章节，相互呼应，但常常显得烦琐和重复。读者若只关心诗艺学本身的研究，可以从第三章开始，浏览到第五章即可。第一、二章与第七章相互呼应，已经完全超出诗艺学本身了。

第一章
逻各斯科学与古希腊哲学的知

第一节　逻各斯（λόγος）与古希腊哲学的开端（ἀρχή）及其完满（τέλος）

博德（Boeder）揭示了西方思想历史的划时代区分：1. 作为爱智慧的哲学（Philo-sophia）与智慧（Sophia）的区分；2. 理性的区分，首先在自身作为自然理性与作为世界理性的区分，进而与自身作为概念理性的区分。这些区分在哲学的区分之中变得具体而透明。[①]理性关系建筑学（Logotektonik）致力于结筑这些造就整体的区分，根据诸理性关系（ratio terminorum）结筑区分中的整体。就此而言，理性关系建筑学公然致力于整体性的思想运演，并且毫不讳言自身与技艺（Technik）的本质相关。但恰好不是海德格尔现代省思意义上的技术本质，这一技术本质作为形而上学的历史残余或者后果构成了现代世界危机的源泉。基于海德格尔思想的透底洞见，即"思想之事的规定"，理性关系建筑学将哲学与智慧的区分、理性在自身和与自身的区分都解析为"思想（Denken）—事情（Sache）—规定／尺度（Maßgabe）"的理性关系，鉴于思想的各自使命而以相互联结的方式建筑其各自的思想整体。就西方—欧洲思想与哲学

---

① 第一个时代的智慧形态包括荷马、赫西俄德与梭伦，概念理性形态的哲学包括巴门尼德、柏拉图和亚里士多德。本书暂时忽略其他人，只关注亚里士多德与荷马的缪斯智慧二者的关系，前者作为古希腊哲学的完成形态，后者作为古希腊思想的开端形态。对于思想而言，解字释词总是虚弱的，且看其所完成的事业。

的划时代"历史"而言，这一思想的理性关系建筑技艺只关心业已完满成就、能为人之为人带来安居的思想当下。①

在此基础上，聚焦西方思想历史的第一个时代，作者博士论文致力于阐明：逻各斯，尤其是逻各斯在自身、与自身的区分，具体而言即在 κρῖναι λόγῳ（巴门尼德语）之中的 λόγον διδόναι（柏拉图语），对于把握和领会古希腊哲学的开端及其完满实现具有决定性意义。这是因为，对于希腊人而言，如此自相区分的逻各斯（λόγος）在原则规定之下为哲学的知奠定根据。进而言之，对如此之逻各斯的洞见，同时意味着对哲学之知、逻各斯秩序体（λόγος-κόσμος）的当下呈现——呈现于理性关系的秩序的当下，呈现于逻各斯的当下（Gegenwart）。

论文旨在通过理性关系建筑展现希腊人对西方—欧洲思想的这一最富有成果的划时代赠礼：人之为人的安顿（Wohnen des Menschen als Menschen）。这里人之为人指的是让自身在自身、与自身相区分了的人，并非现成、直接在此的人。这一人的自身区分不是任意随处可达致的，尤其不是在"语言"（Sprache）之中，毋宁是仅仅而且根本上在逻各斯（λόγος）之中——在思之中实现为逻各斯的自身区分。古希腊哲学的理

---

① 贺博特·博德（Heribert Boeder）的理性关系建筑学（Logotektonik）思想具体呈现在三大著作中：1. 关于历史（Geschichte）：*Topologie der Metaphysik*（Alber, 1980）；2. 关于世界（Welt）：*Das Vernunft-Gefüge der Moderne*（Alber, 1988）；3. 关于语言（Sprache）：*Die Installationen der Submoderne: zur Tektonik der heutigen Philosophie*（Königshausen&Neumann, 2006）。

关于划时代区分的历史的概述以及理性的三重区分，尤其参考讲演"Unterscheidung der Vernunft"，载于*Osnabrücker Philosophische Schriften: Aufgaben der Philosophie heute*, hrsg. von Arnim Regenbogen und Donatus Thürnau, Osnabrück, 1989, S.10–20（英译文参见"The Distinction of Reason"，载于*Seditions: Heidegger and the Limit of modernity*, ed. Brainard, M., State University Press, 1997, pp.91–101）。

中文文献尤其参考：博德，《黑格尔〈精神现象学〉讲座：穿越意识哲学的自然和历史》（戴晖译，商务印书馆，2016年）的译者序（第1–8页）和第三部分附录的访谈、前述三大著作的序言与后记（第423–518页）。

关于亚里士多德与荷马的讲座：*Aristoteles und Homer*, Vorlesungen WS2000 / 2001, Manuskript, unveröffentlicht；关于亚里士多德《诗艺学》论文："Vom Begriff in der aristotelischen Poetik"（1982）, in: *Das Bauzeug der Geschichte: Aufsätze und Vorträge zur griechischen und mittelalterlichen Philosophie*, Könighausen&Neumann, 1994, S.257–277.

性关系建筑只与这一思想的当下（Gegenwart）打交道，即通过逻各斯、在逻各斯之中把握住的、并且根据奠基于其中的"当下"。这个以理性关系方式结筑的"当下"，根本不允许自身退回到历史性考察（historisch）的探究，而是只关涉历史中业已完成了的所思（Gedachtes），亦即作为完满者（Vollbrachtes）、作为持守于自身的整体（Ganzes）。

关于逻各斯的研究名目繁多，相关争执不绝于耳，但逻各斯对于开辟与实现古希腊哲学的决定性意义迄今未得到相称的澄清。逻各斯实质上是希腊思想的内核与红线，在希腊思想的展开进程中一以贯之，主导着结筑希腊思想的步骤与顺序。但与惯常从语源及其语用演变来解析其含义不同，这里是在哲学乃至在智慧之中所思的本真之事（Sache）来领会逻各斯的意义。[①]哲学乃至智慧之中的事向来即落实于逻各斯；与事相涉且自身成事的逻各斯已然从事于相应之事的整体性完满呈现。与其实事（Sachverhalt）相应，如此之逻各斯以此方式领会自身：

第一，逻各斯（λόγος）不是单纯在言说、计算以及诸如此类的意义上的逻各斯，根本而言逻各斯是δηλοῦν，即澄清、显示、呈现，准确地说，尤其意指λόγος ἀποφαντικός，即导向对真／假、正确／错误的判定。

第二，显示着的逻各斯也不能仅在单数的意义上，而是要在复数的意义上来理解。成比例的关系通过逻各斯才能得到澄清；唯有复数的逻各斯（λόγοί／rationes）才能在思想的纯粹显示中发挥作用。

第三，正是在自身以合乎比例关系而显示着的逻各斯之中，唤起了在给予尺度（Maß-Geben）或者奠定根据（Grund-Geben）意义上的λόγον διδόναι（给出根据）。正是基于λόγον διδόναι，λόγον ἔχειν（拥有逻各斯）才能在哲学思想当中得到澄清和奠基，否则所谓"人拥有逻各斯"不过是空洞的废话。

第四，如此之λόγον διδόναι已然可以让人看到逻各斯在自身的彻底区

---

① 逻各斯（λόγος）的语义，可参见：Liddell&Scott, *A Greek-English Lexicon*, Oxford, 1996.

分。但也正是有鉴于此，逻各斯还要更为深入地展开自相区分，尤其是作为纯粹逻各斯的自相区分。由此逻各斯之事在逻各斯之中的当下呈现，能够作为纯粹的所思跃升为自身实现完满的逻各斯秩序体（λόγος-κόσμος）。

第五，有鉴于κρῖναι λόγῳ之中的λόγον διδόναι，λόγος-κόσμος能够作为自身实现完满的逻各斯整体（λόγος-Ganzes）而当下呈现。这一逻各斯整体具备开端（ἀρχή）、中间（μέσον）与完成（τέλος）的区分。正是在这样的逻各斯整体之中，得到根据奠基的所思的"当下"也得以通过逻各斯而大白于天下。只是在如此实现完满的逻各斯的"当下"，希腊之人才能够透彻明了地赢得人之为人的尊严，赢得人之为人的安居。

这里对古希腊逻各斯释义的洞见只有通过亚里士多德才能阐明。对于我们而言，唯有反顾亚里士多德作为科学的逻各斯秩序体（λόγος-κόσμος）的完满实现，才能引入对缪斯之知的开辟，进而哲学的思想行动（Philosophieren）的开端才能作为"如此这般的哲学开端"来打开和完成。之所以如此，是因为亚里士多德的哲学正是呈现于逻各斯科学／知的当下、在最值得尊敬的科学意义上的智慧学说。科学意指致力于阐明诸第一原因与第一原则的知。[1]不论是第一原因还是第一原则，都追溯到神圣的努斯（νοῦς）；努斯是科学中关乎一切万有的最高目标（τέλος）。

就希腊思想的划时代展开而言，只是在亚里士多德这里，逻各斯的秩序体才作为逻各斯整体变得具体、完满、透明。呈现为逻各斯秩序体形态的整体，包蕴一切（Alles）；一切已然升扬为逻各斯的"整体一"，展开为完成、中间与开端的区分。[2]正是鉴于亚里士多德逻各斯整体的中介，荷马的缪斯智慧才能通过逻各斯而以理性关系建筑的方式结筑为透明的知的整体。这里λόγον διδόναι（给予根据）在歌唱的开始阶段就追溯到给予尺度的Δίος βουλή（宙斯的旨意）；宙斯的旨意实现于不朽者、有朽者与死者这一决定性区分得到具体呈现的世界秩序（κόσμος）。如此这般的世

---

[1] Arist. Metaph. 981b28: περὶ τὰ πρῶτα αἴτια καὶ τὰς ἀρχάς.
[2] 尤其参见 Arist. De Caelo, 268a10ff, Poet. VII, 1450b25ff.

界秩序，通过逻各斯、在逻各斯之中"按照顺序"（κατὰ κόσμον），精确而完备地呈现为由缪斯女神所赠予的知（Wissensgestalt）。

　　回顾博德理性关系建筑学的先行决断：缪斯智慧形态是希腊思想的划时代开端，后起的哲学—爱智慧的开端是对先行智慧形态要么从排斥不朽者的馈赠转而从自身之思去求知、要么试图替代智慧之事亦即缪斯之知的世界秩序，要么将智慧的尺度作为划时代原则以概念继承的方式把握到哲学自身的知。

　　开端性的哲学尤其追求知，勘察"一切"的原则（ἀρχή），但不再系缚于缪斯女神的"让之知"（Wissen-Lassen），而仅仅操心于有朽之人自身的根据奠定（λόγον διδόναι）。在此，λόγον διδόναι一方面展现为对一切显现者的观察探究的思（ἰστορίη），最后展现为有朽之人的意见（δόξαι）；另一方面则展现为实事上与无序（ἀκοσμία）相对立的秩序（κόσμος），继而展现为与灵魂相关的和谐秩序（κόσμος），最终则展现为逻各斯秩序体（λόγος-κόσμος）——这一逻各斯秩序始终依赖于有朽之人出于自身习性（ἦθος）对逻各斯的赞同（ὁμολογεῖν）。[①]

　　哲学之思的第三个开端，即巴门尼德的哲学开端，彻底告别了先行的双重哲学开端，达致逻各斯自身的彻底纯化。在此，逻各斯不仅基于λόγον διδόναι与自身相区分，而且首要的是与自身相区分。求知的有朽之人必须鉴于无名女神的指示性教谕，自己做出决断，为人所可能的知奠定根据。这导向如此这般的洞见：…τὸ γὰρ αὐτὸ νουεῖν τε καὶ εἶναι（因为"如其所应洞见"与"如其所应是"乃是自身同一，DK, B3）[②] 所洞见

---

① 关于第一个时代即希腊时代开端中的理性区分与哲学区分，参考："Die Unterscheidung des ersten Anfangs der Philosophie – unserem Freunde Gregor Maurach zu Ehren", in: *Abhandlungen der Braunschweigischen Wissenschaftlichen Gesellschaft*, Bd. XLVII, 1996, Göttingen, 1997, S.279–291, 以及 "Das Wahrheits-Thema in der Ersten Epoche der Philosophie", in: *Sapientia*, LVIII, 2003, S.5–22. 此外参见作者博士论文《逻各斯的突破与实现》"哲学自然理性与世界理性中的智慧承认危机"一节。

② Diels, H., Kranz, W., *Die Fragmente der Vorsokratiker*, 3Bde., 7.Aufl., Weidmann, 1954f. 以下随文注释皆作DK。

者必须如其所应是，这正如其由于μοῖρα（命运／定数）而"是实现完满的"，亦如"圆球"显现为闭合并持守于自身的。在如此这般的逻各斯秩序体（λόγος-κόσμος）所实现的哲学的知，人之为有朽者，通过说服力（πειθώ）所伴随的根据奠基能够达致。[①]

第二节　作为技艺（τέχνη）的逻各斯与哲学的知（ἐπιστήμη）

与古希腊思想的其他关键概念一样，技艺（ἀρχή）一词具有复杂的语义和语用演变。[②] 这里只关注其思想的意义。技艺首先是诸神所赠，并在此基础上成为有朽之人的独特能力。与人工性制作相关的一切都可以归之于技艺。亚里士多德同样认为，人工性的技艺是与"自然"相对而言的。智者的哲学首次将逻各斯作为技艺而与其他一切技艺相区分，并且将逻各斯的技艺与思想的运作、与求知，进而言之，与真理和说服力关联起来。就此而言，这是一个巨大的思想贡献，不仅使得逻各斯能够收拢并持守于自身，而且能够作为纯粹技艺通过自相区分而开辟思想的领域。智者运动之后的哲学，尤其是柏拉图和亚里士多德都必须在此基础上展开真理与说服力的思想。但作为技艺的逻各斯，通过自相区分而在自身开辟和建立的思想，根本上具有人工性的特质。即便这一逻各斯不再作为创制性的逻各斯技艺，而是作为自相区分了的逻各斯穿透实践领域的行动及其德性，穿透理论观察领域的自然及其原因，所赢得的逻各斯当下呈现的知仍然是人工性的，只是不再单纯作为创制性技艺的人工制作，而是作为逻各斯将"万物"乃至于有朽之人自身，收拢于自身而在自身实现的思想创造。这是科学之知的建筑

---

① 具体论述参见作者博士论文《逻各斯的突破与实现》"巴门尼德"一节。

② 相关词源与语用翔实资料，尤其参见：Rudolf Löbl, *TEXNH – TECHNE*, 3Bde., Bde.I–II: Untersuchungen zur Bedeutung dieses Wortes in der Zeit von Homer bis Aristoteles, Bd.I, Von Homer bis zu den Sophisten（1997），Bd.II, Von den Sophisten bis zu Aristoteles（2003），Bd.III, Untersuchungen zur Bedeutung dieses Wortes in der Zeit nach Aristoteles: Die Zeit des Hellenismus（2008），Könighausen&Neumann. 简要的梳理与判断，尤其参见：Jörg Kube, *TEXNH und ARETH: Sophistisches und Platonisches Tugendwissen*, De Gruyter, 1969.

和思想的安顿——始终关涉到有朽之人的本质所是及其完满实现。

在巴门尼德之后的哲学，即一般所说的智者运动时期的哲学，是在有朽之人的意见（βροτῶν δόξαι）领域展开的。哲学尤其致力于面向有朽之人的说服力（πειθώ），但仅仅服务于单纯的说服，而不是为了真的信服（πίστις ἀληθής），因为这哲学不再系缚于知，不再系缚于真理（ἀλήθεια）。一方面，作为说服的技艺，逻各斯从事于无止境的、没有求知目标（Wissens-τέλος）的游戏。另一方面，逻各斯不是致力于"一切"的开端性原则（ἀρχή）、致力于知的原则（Wissensprinzip），而是致力于多种多样乃至无穷无尽的始源／起源（ἀρχαί），这些始源／起源最后只关涉相互混合的"物体"（σώματα）。由此绝无可能产生具有根据和富于说服力的逻各斯秩序体（λόγος-κόσμος）形态的知。①

智者哲学的"智术"（τέχνη σοφιστική），作为逻各斯技艺，不导向真理，不导向求知以及知的根据，因而λόγον διδόναι只是无止境的技艺游戏，与真理相关的知陷入危机。真理存在还是不存在的意见争执所涉及的并不仅仅是承认不承认真理的问题，而且首要的是真理具备不具备其应当有的说服力的问题。鉴于知及其根据的"说服力危机"，哲学真理彻底沉沦于意见领域并陷入危机。争执不休且无所决断是意见的特质，不论是日常意见还是"哲学意见"。逻各斯技艺作为人所特有的"卓越德性"彰显了意见的力量。也正是这一危机唤起了柏拉图的哲学的使命自觉。柏拉图的苏格拉底必须置身于这样的关乎意见的争执／争辩之中来重新赢得真理的说服力，以重新赢得真理——具体在于灵魂的转向。灵魂转向的指引需要独一无二的哲学家"苏格拉底"，以赴死的精神来从事这一挽救真理的工作。从意见中拯救真理，这首先意味着：拯救真理的说服力。因此柏拉图哲学致力于论辩术／辩证法（Dialektik），即致力于转向真理及其说服力的逻各斯技艺。

智者运动中的"智慧技艺"（τέχνη σοφιστική）固然是将逻各斯技艺

---

① 具体论述参见作者博士论文《逻各斯的突破与实现》"哲学之知的说服力危机"一节。

转化为纯粹的思想技艺，但却仅仅停留为拒绝真理的说服力游戏。作为技艺（τέχνη）的逻各斯只是在柏拉图这里才首次赢得真理之知的成果。逻各斯再次系缚于知的根据，系缚于完满／目标（τέλος）。这里逻各斯技艺达致的知的根据，服务于对有朽者具有真理性约束力的说服（πίστις ἀληθής）。柏拉图哲学的使命是如此的灵魂指引（Seelenlenkung）：在有朽者的意见（βροτῶν δόξαι）领域之内，用作为知的根据的"善理念"（ἰδέα τοῦ ἀγαθοῦ）展开对有朽者的说服——正是通过论辩的技艺（τέχνη διαλογική）。由此有朽者即便不能赢得科学／知（ἐπιστήμη），至少可以赢得具有理性根据的正确意见（ὀρθὴ δόξα μετὰ λόγου）。在逻各斯自相区分中展开的根据奠基，在此具体实现为灵魂（ψυχή）在自身与自身相区分。正是通过灵魂的自相区分，人的自相区分——柏拉图这里是"灵魂之人"的自相区分——才实现了完满。[①]

尤其值得注意的是，柏拉图将哲学与缪斯智慧的区分和争执转化为哲学与诗艺的区分，并将这一区分和争执纳入哲学思想之中来加以审视。具体说来，柏拉图在论辩的逻各斯技艺之中规定了凝结为语言形态的创制性逻各斯技艺（排除其他技艺类型），首次有针对性地阐明了摹仿／"如真现相"（μίμησις／迷魅术）的三重范畴规定。"如真现相"的三重范畴尤其指向纯粹语言形态的技艺制作，即纯粹逻各斯自身的创制性的技艺。正是在此基础上，柏拉图专门阐述了作为创制性逻各斯技艺的诗艺。但柏拉图哲学归根到底只是关心与真理及其说服力相关的论辩性的逻各斯技艺。创制性的逻各斯技艺的呈现始终与真理／知的根据保持"三重距离"，不能与灵魂的自相区分相应，不能达到具有根据和从根据而来的说服力的知，因而只是"如真现相"，却不是真理或者与真理自身打交道，即与基于"如其所应是"的"如其所是"打交道。

柏拉图把"哲学与诗艺之争"转化为逻各斯自身的区分，即为了真理

---

① 具体论述可参见作者博士论文《逻各斯的突破与实现》"柏拉图：在灵魂自我说服中为知奠定根据的善理念"一节。

的论辩的逻各斯技艺与限于摹仿呈现的创制的逻各斯技艺。柏拉图的苏格拉底要将"诗人"荷马赶出城邦，这具有哲学上的充分根据。这里涉及的是"诗人"荷马，而不是希腊人的"老师"荷马。简而言之，这体现为：一则是将荷马及其史诗把握为创制性逻各斯技艺及其作品，而不再是智慧，不再是不朽缪斯赠予有朽之人的知；一则是将论辩性的逻各斯技艺与创制性的逻各斯技艺区分开来，后者作为"如真现相"不能与真理及其说服力打交道，不能展现所呈现者的"其所应是"。

柏拉图哲学的这一区分，既是亚里士多德诗艺哲学的起点，也是其前提。作为前提：柏拉图将创制性逻各斯技艺与纯粹语言形态的诗艺联结统一起来，并且已经完备提出了"如真现相"的诸逻各斯范畴规定。作为起点：柏拉图判定"如真现相"不能与"本质所是"（οὐσία），不能与"本质相"（εἶδος）打交道。当然，若能与诗艺的"本质相"打交道，这将构成对"诗艺"的辩护，这却是柏拉图所乐见的。亚里士多德《诗艺学》由始至终都是与逻各斯，尤其是呈现为纯粹语言形态的创制性逻各斯技艺打交道。他首先基于逻各斯的自相区分阐明"如真现相"的诸范畴，进而澄清创制性逻各斯技艺的"本质相"。考虑到创制性逻各斯的诗艺原则，最终规定创制性诗艺"最好"的本质相，即最好的悲剧诗艺制作的逻各斯，如此这般的"这一个整体"。

由此我们获得把握亚里士多德与柏拉图关系的新视线：巴门尼德、柏拉图与亚里士多德构成完整的概念把握的理性形态，他们都致力于在纯粹逻各斯自身，通过逻各斯的自相区分为真理及其说服力奠定根据，展现对于有朽之人而言能够实现的科学之知。亚里士多德必须承接柏拉图的思想。尤其是就理性关系建筑学的洞见和判断而言，他承接柏拉图的思，并且以转换了的思作为他的哲学开端。何种思？如何承接？在柏拉图这里，处于结束位置的思想乃是密索思（μῦθος）。柏拉图哲学最终是作为业已自相区分的逻各斯赢得真理的说服力的可能性创制。但亚里士多德的思从一开始就不是可能性，不是潜能，而是现实性，是实现了的思想。完满实现的洞见作为尺度／原则贯穿整个的思想开辟与实现。亚里士多德的哲学根本就是从逻各斯开始的，与逻各斯自身打交道的，亦即与逻各斯在自身与自身相区分的展开进程打交道，亦即与在此区分中的实现自我奠基的"如其所应是"打交道，与逻各斯承当于自身的"本质所是"打交道。他的哲学是"本质相"（εἶδος），如其向来结晶于逻各斯的如此之当下呈现。

第三节　亚里士多德哲学的知与逻各斯科学

柏拉图的哲学确认自身即"人的智慧"（ἀνθρωπίνη σοφία），[①] 而亚里士多德则可谓之"人的哲学"（φιλοσοφία ἀνθρωπίνη）。什么是希腊意义上的亚里士多德哲学？在亚里士多德这里，作为"爱智慧"和"与智慧相与为友"（φιλο-σοφία）的思想活动，哲学意味着有朽之人就其本质自然而言面向"实事的知"，即朝向"智慧"（σοφία）而求真知。对于有朽之人而言，哲学之思所能把握住的知，犹如柏拉图的苏格拉底所宣称的，却正是"人的智慧"（ἀνθρωπίνη σοφία）。亚里士多德将智慧把握在合乎实情的有朽之人的"哲学"（φιλο-σοφία）之中，并且就在哲学求知的自身展开中呈现为当下把握住的科学的知（ἐπιστήμη），但不是在近代以来狭义的自然科学意义上的科学的知，而是基于原则而自身展开根据奠基并在这一展开的呈现中赢得其当下实现的知。

亚里士多德清楚：人从其自然而来即求索知（πάντες ἄνθρωποι τοῦ εἰδέναι ὀρέγονται φύσει）。[②] 但何种"知"能够有权利要求自身即"人的哲学"，最值得尊敬的"人的智慧"？这里人始终意指作为有朽者的人，这样的知根本不是与"是什么"（τί ἐστιν）打交道，而是与"如其所应是"（was zu sein hat），亦即与最高原则（ἀρχή）与第一原因（αἰτία）打交道。哲学是如此这般的科学／知；整全的科学／知，必须从有朽之人自身，更准确说，从逻各斯自身来予以开辟和完成。人之为人按照其自身区

---

① Plat. Apol. 2d. 可参见《柏拉图对话集》，王太庆译，商务印书馆，2004年，第29页。
② Arist., Metaph. I.1, 980a21.

分实现在完满而有序的逻各斯科学之中。通透明彻，当下成就。作为逻各斯科学，亚里士多德哲学始终以诸第一开端和原因①——在究竟意义上即开端性原则和当下实现之完满——为其思想之事情的真正关切。

亚里士多德哲学不是如同惯常所理解的那样，从经验（ἐμπειρία）出发，而是根本上从逻各斯（λόγος）出发。他与老师柏拉图不同，不是在现象和经验之中，在意见领域中与逻各斯打交道，而是在纯粹的逻各斯自身中与逻各斯打交道，进而通过逻各斯与现象、经验和意见打交道，将其置于逻各斯的规定之下。他致力于逻各斯科学的自身实现。在何种意义上？逻各斯，这里尤其上承其师柏拉图，意指"本质相"的逻各斯，进而言之，本质所是的逻各斯（λόγος τῆς οὐσίας）。逻各斯所关涉者不是存在者，而是本质，是实体，更准确地说，"如其业已得到规定而是其所是"（τὸ τί ἦν εἶναι）。

作为当下把握住自身根据奠基的知，逻各斯科学可以区分为创制的、实践的和理论的。② 这是亚里士多德自己所做的区分，但他没有明确说这一得到区分的科学在其哲学整体中的顺序。③ 为了从整体上严格把握亚里士多德哲学，这一顺序必须得到合乎逻各斯的揭示和展现。当然这是一种整体性建构，但这是基于逻各斯自身根据奠基和自身区分而来的建筑。

所谓的"工具论"（Organon）或者"入门先导"便已经是思想着的逻各斯基于自我区分的纯净化。这里逻各斯自身即是创造性的，它在自身区分中根据原则实现为完满整体。证明的三段论构成纯粹逻各斯的必然推理整体。但哲学并不停步于此，哲学必须与自身的事情打交道，必须以思想的力量开辟这一事情，最终使之实现为圆满——在巴门尼德业已开辟的古希腊哲学意义上，这正是逻各斯自身的事业和使命。在自身的区分中为

① Arist., Metaph. I.1, 981b28–982a3.
② Arist., Methaph. VI.1, 1025b25.
③ Bekker标准版*Corpus Aristotelicum* 以近代科学和实证历史为基础的编排顺序并不就是亚里士多德所理解的科学秩序。关于《诗艺学》的文本流传与编撰，尤其参看：Leonardo Tarán, Dimitri Gutas, "Introduction", in: *Aristotle Poetics: Editio Maior of the Greek Text with Historical Introductions and Philological Commentaries*, Brill, 2012, Pp.3–76.

自身奠定根据，这具备创造性的逻各斯切中哲学的事情。每一次逻各斯都在对所关涉事情的把握中自身成为哲学的事情。只有在基于自身区分而奠定根据并当下如此呈现的逻各斯当中，哲学所涉及的事情才作为哲学的事情来出现并得到把握。也就是说，这里哲学（φιλοσοφία）自身的事情即自我区分并当下实现着的逻各斯。

但是基于所关涉事情的差别，逻各斯科学所把握住的知作为完满整体同样得到根本性的区分，并且就呈现为如此这般的逻各斯区分。在这个意义上，什么是这里哲学的事情本身？逻各斯所把握住的本质（οὐσία κατὰ λόγον）或者"是其所是"（τὸ τί ἦν εἶναι）；[1] 但这同时是关乎"如其业已得到规定而是其所是的逻各斯"（ὁ λόγος ὁ τὸ τί ἦν εἶναι λέγων）或者关乎"本质所是的逻各斯"（λόγος τῆς οὐσίας）。[2] 作为逻各斯科学，哲学的知呈现为自身具备整体性区分的完满"逻各斯秩序体"（λόγος-

---

① "是其所是"（τὸ τί ἦν εἶναι），苗力田先生在《形而上学》"译者注"中专门提出的译语（修订版曾改为"所以是的是"），《亚里士多德全集》第7卷，第33页。这里译作"如其业已得到规定而是其所是"。

② 亚里士多德对λόγος与τὸ τί ἦν εἶναι以及οὐσία的同一性规定——同时与ὕλη相区分，专门的研究尤其参见：Weiner, S. F., *Aristoteles' Bestimmung der Substanz als Logos*, Meiner, 2016. 鉴于这一同一判断对于本文把握诗艺本质之事的重要性，这里有必要附上《形而上学》的几处关键论述。此外参见Arist. Phys. II.1, 193b1–2, II.3, 194b26.
Arist. Metaph. I.9, 993a15–24: ψελλιζομένη γὰρ ἔοικεν ἡ πρώτη φιλοσοφία περὶ πάντων, ἅτε νέα ［τε］ κατ' ἀρχὰς οὖσα καὶ τὸ πρῶτον, ἐπεὶ καὶ Ἐμπεδοκλῆς ὀστοῦν τῷ λόγῳ φησὶν εἶναι, τοῦτο δ' ἐστὶ τὸ τί ἦν εἶναι καὶ ἡ οὐσία τοῦ πράγματος. ἀλλὰ μὴν ὁμοίως ἀναγκαῖον καὶ σαρκὸς καὶ τῶν ἄλλων ἑκάστου εἶναι τὸν λόγον, ἢ μηδενός· διὰ τοῦτο ἄρα καὶ σὰρξ καὶ ὀστοῦν ἔσται καὶ τῶν ἄλλων ἕκαστον, καὶ οὐ διὰ τὴν ὕλην, ἣν ἐκεῖνος λέγει, πῦρ καὶ γῆν καὶ ὕδωρ καὶ ἀέρα. ἀλλὰ ταῦτα ἄλλου μὲν λέγοντος συνέφησεν ἂν ἐξ ἀνάγκης, σαφῶς δ' οὐκ εἴρηκεν.
Ebd. Metaph. V.2,1013a24–29: αἴτιον λέγεται ἕνα μὲν τρόπον ἐξ οὗ γίγνεταί τι ἐνυπάρχοντος, οἷον ὁ χαλκὸς τοῦ ἀνδριάντος καὶ ὁ ἄργυρος τῆς φιάλης καὶ τὰ τούτων γένη· ἄλλον δὲ τὸ εἶδος καὶ τὸ παράδειγμα, τοῦτο δ' ἐστὶν ὁ λόγος τοῦ τί ἦν εἶναι, καὶ τὰ τούτου γένη, οἷον τοῦ διὰ πασῶν τὰ δύο πρὸς ἓν καὶ ὅλως ὁ ἀριθμός, καὶ τὰ μέρη τὰ ἐν τῷ λόγῳ·
Ebd. Metaph. VII.15, 1039b20–22: ἐπεὶ δ' ［ἡ］ οὐσία ἑτέρα τό τε σύνολον καὶ ὁ λόγος· λέγω δ' ὅτι ἡ μὲν οὕτως ἐστὶν οὐσία σὺν τῇ ὕλῃ συνειλημμένος ὁ λόγος, ἡ δὲ λόγος ὅλως.
Ebd. Metaph. VIII.1, 1042a17–22: ἐπεὶ δὲ τὸ τί ἦν εἶναι οὐσία, τούτου δὲ λόγος ὁ ὁρισμός, διὰ τοῦτο περὶ ὁρισμοῦ καὶ περὶ τοῦ καθ' αὑτὸ διώρισται. ἐπεὶ δὲ ὁ ὁρισμὸς λόγος, ὁ δὲ λόγος μέρη ἔχει, ἀναγκαῖον καὶ περὶ μέρους ἦν ἰδεῖν, ποῖα τῆς οὐσίας μέρη καὶ ποῖα οὔ, καὶ εἰ ταῦτα καὶ τοῦ ὁρισμοῦ. ἔστι τοίνυν οὔτε τὸ καθόλου οὐσία οὔτε τὸ γένος.

κόσμος）。

逻各斯科学首先切中并把握住作为技艺（τέχνη）的逻各斯创制本身，这是关涉人的行动之如真呈现（μίμησις）的知。这一知以最为直观的方式展现了逻各斯的创造性力量，它决然地开始，必然地展开，断然地知止。进而逻各斯科学切中并把握住作为逻各斯的行动本身，这是关涉合乎人之本质的行动的知。实践的知展现了逻各斯如何规定人的行动并实现人的完满（τέλος）；配得上人之为人的德性而展开的卓越行动归根到底是逻各斯的行动。不论是技艺创制还是实践行动的知，始终与有朽之人自身可以改变的（ἄλλῳ ἐνδεχόμεναι）行动呈现相关。[1]

最后，逻各斯科学所切中的则是对于有朽之人而言不可改变的（οὐκ ἄλλῳ ἐνδέχομεναι）、自然显现的万物。这是在观察探究中按照逻各斯来把握住显现着的"一切"的根据和原因，直到其最高的开端性本原。基于原因来考察和把握显现者的所是，这是自然哲学。但最高的本原和尺度、原则和根据，则基于逻各斯赢得在逻各斯之中的当下把握。也就是神圣努斯（νοῦς θεός）被当下把握在"第一哲学"或者"神圣学"（θεολογία）之中。从自然哲学到第一哲学的过渡事实上是一个飞跃。就第一哲学与先行的自然哲学相关联而成为哲学之思的事情而言，仍然可以作为完满的理论科学来看待。但是就哲学整体和哲学的使命而言，第一哲学实际上不再受理论科学的限定。相反，鉴于第一哲学把握住的开端性原则，不论是创制性的、实践性的还是理论性的科学，才成其为具备了根据的科学或者具备真理性的知。在这个意义上，这不再是通常所理解的知识，也不是关于知识的知识，而是鉴于原则及其在逻各斯自相区分中的当下呈现，是最真切意义上的爱智慧的—哲学的知。只是鉴于这最高原则和根据，作为逻各斯科学整体的亚里士多德哲学才能够作为得到区分了的、自身奠定根据的科学之知的"秩序体"（κόσμος）当下完满地给予有朽之人——这是自身同样在逻各斯的自相区分中业已得到区分了的有朽之人，首先是哲学地思

---

[1]　Cf. Arist. Eth. Nic. V.4, 1140a1–23.

想着的哲学家。

逻各斯科学如何自相区分和为自身奠定根据？第一步，逻各斯必须从根本上纯化自身，即在自身中区分并与自身相区分，以此表明，逻各斯能够开启思想并将思想展开为科学。进而言之，逻各斯能够在自身、从自身出发，造成具有创制性和富于成果的真理之知。在此，逻各斯的技艺正是作为证明的推论（συλλογισμός ἀποδεικτικός）而带来成果：这一技艺服务于自身创制、服务于自身证明、服务于自身结筑；这一技艺导出具有自身根据的知，即导出唯一的推论形态的证明的科学/知（ἐπιστήμη ἀποδείξεως）。这一推论形态的证明之知是当下具有开端、中介和结束，闭合并持守于自身的完备的逻各斯整体。

第二步，逻各斯始终与"非理"（ἄλογον）、与承受性情感（παθή）相交涉。情感同样作为非理（ἀ-λογος）被置于逻各斯之下，由此也属于逻各斯科学必须与之打交道的事情。每一次逻各斯都将所关涉的科学之事带向完满。科学之事在此只能是科学的亦即真理之知的事，否则将一无所是。科学之事，正是作为"这一个"（diese）真理之知的事情，与其原则/开端（ἀρχή）、原因（αἰτία）和完满/目标（τέλος）一道成为哲学的所思。由此赢得其根据的阐明：科学之事只能每一次都被思想为"这一个事情"（diese Sache），之所以如此，是因为它鉴于根据而如其所应是，亦即业已规定如此而是其所是。

在自身的逻各斯就已经是导向真理之知的科学之事。进而在每一次所关涉的、彻底相互区分的事情上造就作为真理之知的科学之事。逻各斯的这种造作力量（Produktivität）首先展现在人之为人所能自主改变的事情上（ἄλλως ἔχειν ἐνδεχόμεναι）[1]，具体说来，一方面是"作为所言说者的存在者"（ὄν λεγόμενον）和"诸行动的如真现相"（μίμησις πραττόντων），这里凝结为语言形态的具体呈现的逻各斯自身要展开为完整的逻各斯整体；另一方面，是唯独由逻各斯激发的行动，这一行动旨在

---

[1] 尤其参见Arist. Eth. Nic. VI, 1139a6ff.

实现人之为人的完满／目标。由此，逻各斯自相区分（κρῖναι λόγωι）中的根据奠基（λόγον διδόναι）使得努斯（νοῦς）的自相区分亦即人的自相区分愈发通透明了。实践哲学的最后一步，自相区分之人正是在以哲学方式作为爱智慧之人而沉思洞察着的人。这里人是在努斯（νοῦς）的意义上，即就其作为纯粹思想而言，在沉思洞见中达致其最高的纯粹性和他所独有的完满（τέλος）：幸福，即为善好的灵神所引导（εὐδαιμονία）。

　　经过在努斯意义上的沉思洞见的人这一中介，逻各斯在人之为人不能自主改变的事情上（οὐκ ἄλλως ἔχειν ἐνδεχόμεναι）展现其造作力量。[1] 鉴于原则／开端（ἀρχή）与原因（αἰτία），逻各斯将自然的"一切"结筑于原则统领下的秩序，即构思为如此运动着、如此被推动的逻各斯秩序体（λόγος-κόσμος）。这一逻各斯秩序体得以如此确立，必须要回溯到自然之"一切"最后的和第一的运动原因／开端（αἰτία／ἀρχή τῆς κινήσεως）。至此，以被一切所欲求着的和思想可思想着的方式推动而自身不动的神圣努斯（νοῦς θεός）才当下现前。[2] 与巴门尼德相呼应，这一神圣努斯与洞见所洞见者（νόησις νοήσεως）自身同一，当下实现，其可见的完满显现则是神圣天体的循环往复的圆周运动。

　　这一尺度的赠予者，赠予人之为人所应思想的事情，在本质上扎根于人在自身、与自身的自相区分。在亚里士多德哲学的意义上，自相区分的人即是已经作为纯粹思想来领会的人，更准确地说，这里所谓的人已经作为纯粹思想来领会。正是通过与自身彻底相区分了的人，第一哲学／神圣学（θεολογία）才能洞见到、触碰到、领会把握到、当下呈现这一赠予思想的尺度自身。在神圣努斯的规定下，一切科学之事都被结筑于逻各斯科学的统一而完满的逻各斯秩序体之中，相互区分、相互联合且具备自身奠基的根据。对于亚里士多德来说，τὰ δὲ ὄντα οὐ βούλεται πολιτεύεσθαι κακῶς（诸存在者不愿要坏的多头的治理），用荷马的方式来思想，即：

---

[1]　Ebd. Arist. Eth. Nic. VI, 1139a6ff.

[2]　Arist. Metaph. 1072a26: κινεῖ δὲ ὧδε τὸ ὀρεκτὸν καὶ τὸ νοητόν· κινεῖ οὐ κινούμενα.

οὐκ ἀγαθὸν πολυκοιρανίη· εἷς κοίρανος ἔστω （"岂善政而出于多门，宁一王以为治"）。①

通过以理论或者沉思洞见方式从事哲学事业的人，亚里士多德最终能够思想到第一哲学中具有决定性意义的神圣努斯（νοῦς），由此人的智慧（ἀθρωπίνη σοφία），准确地说，人的爱智慧（φιλοσοφία ἀνθρωπίνη），能够以根据奠基的方式在科学的逻各斯秩序体（λόγος–κόσμος）的完满呈现中当下实现。于此，亚里士多德实质上能够为荷马通过缪斯的让之知而开启的整个希腊时代画上圆满的句号。

在整个科学／知的秩序的构思中，与事相交涉且将事承当于自身的逻各斯，第一步必须以修辞技艺（τέχνη ῥητορική）来开始。逻各斯必须通过自身并在自身将所关涉的事，即"作为所言说者的存在者"（ὂν λεγόμενον），作为知（Wissen）造作出来。修辞的科学与说服力的造作（πίστις–Herstellung）打交道。这是鉴于人的完满（τέλος）而在政治共同体的人当中来造成说服力——人的完满正是政治哲学的目标。为了让人与人的完满相应来决断，演说者，准确说即修辞的逻各斯必须关注承受性情感（πάθη）形态的"非理"（ἄλογον），并将之把握到自身当中来。把握到自身当中，这尤其指修辞的逻各斯在自身、通过自身来展现ἐνθύμημα πιθανόν（说服的修辞论证）。② 在此，演说者的品性（ἦθος）、听众的承受性情感（πάθη）以及逻各斯自身，三者全都拢集到安排巧妙的逻各斯构

① Arist. Metaph. 1076a4–5. Hom. Il. ii.204. 《伊利亚特》诗行，文中引文参见吴寿彭译《形而上学》，商务印书馆，1997年，第258页。罗念生译作："多头制不是好制度，应当让一人称君主"，参见《罗念生全集》VI（增订本），上海人民出版社，2016年，第37页。前辈两译皆传神而精准。
② ἐνθύμημα无法直接对译。苗力田主编的《亚里士多德全集》IX，译者颜一翻作"推理论证"（第333页）。罗念生则翻译为"修辞式推论"（《全集》卷一，第141页以及144页注释7）。罗念生、水建覆编的《古希腊汉语词典》："（以或然的事为前提的）修辞式推论。"《词典》释义后以括号补充说明："意思是'演说式推论'，这种推论即三段论所得出的证明，是或然的证明、不完全可靠的证明，有别于科学的、真实可靠的证明，过去被学者误解为'省略式推论'，即省略了前提之一的一种推论形式，这不是亚里士多德的本意。"（《词典》第273页）这个说明基本沿用了评注家的理解，也重述了罗译的理由。

造（εὐσύνθετον）之中，从而在逻各斯之中、通过逻各斯、以逻各斯的形态制作出来。

无疑修辞学与政治学始终相互交涉，但政治学的建筑在实践哲学的成果中领会人之为人的行动本质。人之为人的行动，即政治共同体中立法的行动和统治的行动。这一行动以人之为人的完满（τέλος）为目标，致力于将共同体的、在此共同体中一起生活的个别之人的幸福（为善好的灵神所引导／εὐδαιμονία）导向完满。亚里士多德的古典政治哲学的最大收获是什么？第一，在有朽之人的共同体中人之为人的创制；第二，在有朽之人当中的人之为人的安顿；第三，与伦理学一道创制以理论或者沉思洞见的方式从事哲学／爱智慧事业的人——作为努斯（νοῦς）。正是基于努斯原则，逻各斯科学能够在作为有朽者的人这里，造就并实现人在自身并与自身相区分的整体性的知。

修辞学与政治学都涉及政治共同体的人事，但修辞学决不能划归政治学。[①]关于二者的区分，简要说明如下：第一，修辞学属于创制性科学，政治学属于实践性科学；第二，修辞学的事情是"作为所言说者的存在者"，而政治学的事情则是作为逻各斯—理性实现的行动本身；第三，修辞学与政治学各自有其独具的使命，前者致力于导向具体人事之决断的说服，这里用以说服和决断的根据是政治共同体先行给定的，后者致力于政治共同体的立法与统治，在人的完满目标的规定和指引下将人的本质贯穿于合乎逻各斯并且根据逻各斯——尤其是鉴于其理性意义——而实现着的人的行动，这里根据是在行动本身当下实现的。

修辞学先行于诗艺学，都归属为创制性的逻各斯科学。二者都与创制性逻各斯技艺相关，致力于创制构造美妙的逻各斯整体。但差别也是显然

① 刘小枫教授在斯特劳斯及其再传弟子戴维斯的基础上，将修辞学与诗艺学都纳入所谓的古典政治哲学当中。在最极端的意义上，这是以将亚里士多德哲学最终归结为古典政治哲学为旨归的。相关论述参见：Davis, M., *The Poetry of Philosophy: on Aristotle's Poetics*, St. Augustine's Press, 1992（中译本：《哲学之诗》，陈明珠译，华夏出版社，2012年）；刘小枫：《巫阳招魂：亚里士多德〈诗术〉绎读》，生活·读书·新知三联书店，2019年。

的。修辞学的最终根据与目的是由政治学意义上的有朽之人的城邦共同体来先行给定的,逻各斯技艺始终着眼于根据给定法则实现说服来创制逻各斯。诗艺学的根据和目标都内含于逻各斯的整体创制,创制性的逻各斯技艺旨在自身实现完满的这一个整体的当下呈现。就其所谓逻各斯如此这般的创制性呈现而言,虽然同时意味着面向政治共同体中作为观赏者的有朽之人,却不是直接导致其实践行动,而是将其置入这一整体呈现的当下,换句话说,即呈现在纯粹的观见之中。这里有朽之人只能是作为纯粹思想、作为努斯而在诗艺的当下实现出来。

第二章
诗艺学的原则与建筑工具

第一节　诗艺学的哲学原则与诗艺学的本质之事

诗艺学的理性关系建筑，既不致力于批判亚里士多德诗艺学，也不关心某种诗学之思的进一步发展；既不专门讨论亚里士多德哲学（包括诗艺学）的发展形成史，也不关注亚里士多德诗艺学对西方历史，尤其是西方美学与文艺理论的贡献及其接受史。在此，我们聚焦于整体中所思的理性关系建筑——闭合而持守于自身的、完满实现的。简而言之：诗艺学的理性关系建筑秉持审慎态度，采取克制行动，只限于结筑所思的完满整体，旨在通过受原则与根据规定的逻各斯（λογοί）将所思整体带向当下呈现。在此，诗艺范畴与"思—事—度"（Denken-Sache-Maßgabe）的理性关系（ratio terminorum）顺序是其建筑当下呈现的工具和基础。这是因为造成整体区分的区分性力量内在于如此之理性关系，能够分判作为"这一个整体"而构合的诗艺的本质所是（οὐσία）及其本质相（εἶδος）。

亚里士多德哲学是实现了的科学之知，是通过逻各斯、在逻各斯之中自身奠定根据的当下呈现，实现为如此这般的完满的逻各斯秩序体（λόγος-κόσμος）。如此之逻各斯秩序体在以下科学秩序中是通透明了的：修辞学—诗艺学（Rhetorik-Poetik）；政治学—伦理学（Politik-Ethik）；自然学—神圣学（Physik-Theologik）。因为在逻各斯自相区分中（κρῖναι λόγῳ）奠定根据（λόγον διδόναι），创制性的科学、实践性的科学与理论性的科学能够在整体中造就完备的区分。这是因为如此这般的逻各斯秩序体，根本上系缚于作为原则的努斯（νοῦς）自身的区分，而努斯的自身区分要求以奠定根据的方式，在逻各斯的自相区分中当下呈现，即大白于逻各斯整体的理性—关系（λογοί）。

对于亚里士多德来说，没有不具备原则与根据于自身的科学／知。科学的呈现根本就是知的奠基（Wissens-Begründung），因为知的根据（Wissens-Grund）每一次都在科学的呈现中得到确定。由于知的根据，通过逻各斯、在逻各斯之中呈现的科学每一次都是完满的。就此而言，科学的逻各斯秩序体（λόγος-κόσμος）是逻各斯建筑起来的，但并非任意构造甚至向壁虚构，而是向来都与知的根据（Wissens-Grund）相关涉，因此具备逻各斯的必然性约束力。

进而言之：亚里士多德哲学完全不是只与"什么是"（τί εἶστιν）和"是什么"（ἔστιν τί），即与如其所是的"什么"打交道，而是首要的与"οὐσία"（如其所应是）、与"τὸ τί ἦν εἶναι"（如其业已得到规定而是其所是）打交道。鉴于对"为什么"（διὰ τί）的追问，"什么是"（τί εἶστιν）实质上已经要从"如其业已得到规定而是其所是"（τὸ τί ἦν εἶναι）来理解。这意味着鉴于如此之知的根据（Wissens-Grund），"什么是"说的乃是"这一个"（τόδε τι），即具有坚实根据的是其所是的"这一个"（Dieses）。正是在"这一个"这里，逻各斯自身创制并且实现自身。逻各斯科学的整体，不论是单纯的（ἁπλῶς）还是复合的（συνθέτως），就其作为理性关系结筑的整体而言，正是与如此这般的"这一个"（τόδε τι）打交道。相应的，"什么是"（τί εἶστιν）与"如其业已得到规定而是其所是"（τὸ τί ἦν εἶναι）也只是通过逻各斯、在逻各斯之中，作为"这一个"才得以当下呈现，因为正是在"这一个"具备自身根据奠基的当下呈现中，逻各斯的根据奠基（λόγον διδόναι）通过逻各斯的自相区分（κρῖναι λόγωι）得以如此发生。

基于知的根据（Wissens-Grund），作为"这一个"（Dieses）的整体（Ganzes）始终是关乎"一切"（Alles）的整体这一个。亚里士多德将这一整体划分为三重性。他曾在《论天》的开篇这么说："与毕达哥拉斯学派的人说过的一样，全体与一切是由'三'来界定的：因为完成、中间与开端具有一切的数，这就是三。因此从自然而来我们就将完成、中间与开端视作那个三的法则，我们情愿将这个三的数应用到诸神这里。"

（καθάπερ γὰρ φασι καὶ Πυθαγόρειοι, τὸ πᾶν καὶ τὰ πάντα τοῖς τρισὶν ὥρισται· τελευτὴ γὰρ καὶ μέσον καὶ ἀρχή τὸν ἀριθμὸν ἔχει τὸν τοῦ παντός, ταῦτα δὲ τὸν τῆς τριάδος. διὸ παρὰ τῆς φύσεως εἰληφότες ὥσπερ νόμους ἐκείνης, καὶ πρὸς τὰς ἀγισείας χρώμετα τῶν θεῶν τῳ ἀριθμῷ τούτῳ. ）①

"这一个·整体"让人回忆起人与神的区分，但这是鉴于努斯（νοῦς）而在作为有朽者的人身上所做的区分。人在自身、与自身的相互区分，最终达致努斯意义上的、纯粹思想的人。这里不论是人的自相区分还是人与神的区分都不在惯常的、现成的意义上理解，而是已经升扬于纯粹思想的区分，准确地说，即已经是在逻各斯之中，通过逻各斯自身区分而被把握住的区分。这首先是巴门尼德突显作为有朽者接受女神教谕的独一无二的"知道的丈夫"（εἰδότα φῶτα），进而是柏拉图实现了灵魂转向洞见到善理念相并将自身理解为灵魂之人的"哲学家"（苏格拉底是其典范），最后是亚里士多德始终将原则追溯到与有朽之人相关涉的努斯（νοῦς）。正是在此，纯粹思想中人的自相区分，即神圣努斯（νοῦς θεός）与有朽之人的努斯（νοῦς ἄνθρωπος）的区分。具体说来是在此意义上：有朽之人的努斯始终当下现身于作为复合生命与整体的人本身，只有在特定时间内有朽之人的努斯与神圣努斯相同；而神圣努斯则只在自身中现身和留驻，对于业已得到区分的人而言，只是在有朽之人的努斯这一纯粹思想的意义上能够洞见到、辨认出这一纯粹而单纯的整体。

对于亚里士多德而言，神圣努斯实质上是在自身的纯粹理性之思（Vernunft），与纯粹的所思（Gedachtes）自身同一。思与所思是同一者。这一在思想自身同一中的所思也就是出于自身（καθ᾽ ἑαυτόν）的所思整体，完全与"一切"相分离（χωριστός），没有部分的单纯

---

① Arist., De caelo, 268a10ff..

（ἁπλῶς），没有质料先赋、没有诸如木质这样的基底的纯粹"相"（εἶδος ἄνευ ὕλης），进而是脱离了可能性的纯粹现实性（ἐνέργεια ἄνευ δυνάμεως），没有所受（ἀπαθές）、永久的（ἀΐδιος）、自身不动的第一推动者。简言之，即全然出于自身的完满的"是其所是"（οὐσία）。与如此这般不再具备分别的单纯整体相称的只有神，亦即神圣努斯（νοῦς θεός）。必须注意的是：亚里士多德这里的神没有名字，也无须命名。这里神即纯粹理性自身或者纯粹洞见自身，永恒实现于自身，也就是永恒思想着、洞见着的理性本质，纯粹思想的所是。[①] 亚里士多德将此认作永恒的、美好的生命。

与此相反，在自身与自身相区分的整体则关涉到人的理性，即有朽之人的努斯（νοῦς）。要赢得这一理性／努斯意义上的"人"，哲学的工作必须实现逻各斯彻底的自相区分（κρῖνειν）。亚里士多德哲学的使命则正在于，按照原则，最后是按照绝对根据和开端性原则，建立并当下呈现逻各斯科学及其完满秩序。这是一个相互区分但联结一体的理性关系构造：原则始终引领和贯穿逻各斯如此这般的自相区分，而逻各斯的"行动"将原则带向透彻通明的当下呈现。对于在自相区分中得到"净化"的有朽之人而言，原则并不仅仅是空洞的可能性，而是当下的现实性和在完满之中的安顿，在此触摸到人之为人的尊严与本质所是。

为此亚里士多德首先要区分有朽之人的灵魂（ψυχή）与身体（σῶμα），始终同时反顾人与动物和其他生命的区分，尤其反顾与神圣生命的区分；进而在灵魂之内区分理性／努斯（νοῦς）与感觉（αἴσθησις）——需注意的是，柏拉图的灵魂区分着眼于灵魂的不朽与有朽，由此达致灵魂意义上的人的有朽／不朽的现实区分；最后是理性／努斯（νοῦς）的自身区分，即创制性的理性／努斯（νοῦς ποιητικός）与承受性的理性／努斯（νοῦς παθητικός）——这一区分始终反顾不朽之神与有朽之人的区分。这里有朽之人的理性，首先意指与有朽之人相应而始终关涉到感觉的理性，进而是

---

① Cf. Boeder, *Topologie der Metaphysik*, S.164f..

在自身之中以辨别区分的方式思想纯粹整体的理性。

柏拉图哲学已然将人把握为灵魂之人，因此灵魂的区分对于人与自身相区分具有重要的意义。亚里士多德从他可敬的老师那里学到了这一点，即在灵魂之内来成就有朽之人在自身以及与自身的一切区分，进而言之，是在至深地扎根于灵魂的逻各斯之中来成就人的一切区分。在这一基础上，亚里士多德这里的灵魂构成活生生的身体的原因与原则（αἰτία καὶ ἀρχὴ τοῦ ζῶντος σώματος），[1] 进而是其身体的本质相（εἶδος τοῦ σώματος）。如此之灵魂必然是具有灵魂的身体的本质所是（οὐσία τοῦ ἐμψύχου σώματος），作为纯形式的灵魂是没有质料先赋的、没有诸如木质之类基底的纯粹本质所是（οὐσία ἄνευ ὕλης）。这里灵魂是身体在自身实现了的完满，因为本质相之为是其所是乃是完满实现的（ἡ δ' οὐσία ἐντελέχεια. τοιούτου ἄρα σώματος ἐντελέχεια）。[2]

基于四重原因的考察，尤其鉴于作为原因的目的/完满实现（τέλος），亚里士多德知道本质相（εἶδος ἄνευ ὕλης）与本质所是（οὐσία ἄνευ ὕλης）在区分中是自身同一的。于此具有决定性的飞跃映入眼帘：作为没有诸如木质之类基底的纯粹形式、没有质料先赋的本质相（εἶδος ἄνευ ὕλης），本质所是（οὐσία ἄνευ ὕλης）不仅构成逻各斯科学的本真之事，而且也是其目标（τέλος）所在，最终是科学自身的完满的现实性或者实现了的完满（ἐντελέχεια）。科学所致力的本质所是（οὐσία），始终是鉴于努斯（νοῦς），亦即鉴于灵魂中的理性/纯思，而成其为科学的事情。与感觉（αἴσθησις）全然不同，这里业已得到区分和作为所思而成为科学之事的本质所是，根本就是没有质料先赋的纯思/理性（νοῦς ἄνευ ὕλης）。[3]

努斯（νοῦς）必须进一步在自身实现区分。亚里士多德将创制性的努

---

① Arist., De. an. II, 415b8–25.

② Arist., De. an. II, 412a21.

③ Arist., De. an. III, 430a8.

斯（νοῦς ποιητικός）与承受性的努斯（νοῦς παθητικός）全然区分开来。①
若以整个自然的复合实体为类比，承受性的努斯（νοῦς παθητικός）自身
即在灵魂中构成质料的先赋——这一"质料先赋"与"所思"的每一样式
相交涉，因为承受性努斯是执守可能性／潜能的"一切"，如此这般的努
斯自身就成为"所思"的"一切"。与此相反，灵魂中的创制性的努斯
（νοῦς ποιητικός）作为原因而发挥作用，具有创造性，并且总是基于所思
的"一切"来创制。如此的创制，仿佛某种行动的常性（ἕξις），就像技
艺与其质料的先赋打交道一样，也与光的作用一样，在与可能性／潜能意
义上的颜色打交道过程中造成现实性意义上的颜色。②

对此亚里士多德进一步写道："这样的努斯是可分离的，非承受性
的，就其作为'本质所是'而言，乃是现实性［即当下纯粹造作］。因为
创制／造作永远比承受更为尊贵，开端性原则［本原］比质料更为尊贵。
现实性［当下纯粹造作］的知与事情是自身同一的；在个别者当中，可
能性［潜在能力］的知就时间来说是在先的，但就其总体性而言，则不

---

① Arist., De an. III, Cap. 5.《论灵魂》以灵魂为主题，不能直接切入，必须在亚里士多德
哲学整体当中，以间接的方式才能得到恰当把握。这就是说，对于我们而言，对灵魂
的区分不能直接从感觉或者从身体开始，相反，只有在灵魂的努斯区分已经辨别清楚
之后，才能重返灵魂涉及到感觉以及身体的区分，并将之主题化。努斯的自身区分，
即作为被动的／承受性的理性／努斯与作为主动的／造作（创制）性的理性／努斯，
这是亚里士多德哲学中最困难的位置之一。这一困难也源于拥有漫长历史的注疏与解
释传统，不管是神学的、语文学的，抑或哲学的。古代晚期的评注选编，参见*Antike
Interpretationen zur aristotelischen Lehre vom Geist*（Griechisch-Lateinisch-Deutsch），
hrsg. Von Hubertus Busche & Matthias Prekams, Meiner, 2018. 现代评注尤其参考Hicks,
Ross, Theiler, Picht以及最新的Polansky。中世纪评注尤见 Averroës和Thomas Aquin. 阿
奎那对灵魂努斯的区分译作intellectus possibilis 与intellectus agens。黑格尔的翻译与解
释则为他哲学体系内实体（Substanz）与主体（Subjekt）的根本区分所烙印。希腊人
不识得这样的基于意识（Bewußtsein）的区分。就此参见Walter Kern: „Eine Übersetzung
Hegels zu De Anima III, 4–5 ", *Hegel-Studium*, Bd.1, Bouvier, 1961, S.49–88.

② Arist., De an. III, 430a10ff.: ἐπεὶ δ' ὥσπερ ἐν ἁπάσῃ τῇ φύσει ἐστί τι τὸ μὲν ὕλη ἑκάστῳ γένει
（τοῦτο δὲ ὃ πάντα δυναχμει ἐκεῖνα），ἕτερον δὲ τὸ αἴτιον καὶ ποιητικόν, τῷ ποιεῖν πάντα,
οἷον ἡ τέχνη πρὸς τὴν ὕλην πέπονθεν, ἀνάγκη καὶ ἐν τῇ ψυχῇ ὑπάρχειν ταύτας τὰς διαφοράς·
καὶ ἔστιν ὁ τοιοῦτος νοῦς τῷ πάντα γίνεσθαι, ὁ δὲ τῷ πάντα ποιεῖν, ὡς ἕξις τις, οἷον τὸ φῶς·
τρόπον γάρ τινα καὶ τὸ φῶς ποιεῖ τὰ δυνάμει ὄντα χρώματα.

是时间上在先的。努斯不会一时思想洞见，一时不思想洞见。一旦分离开来，它就仅仅是如其所是，从而唯独是不朽的、永恒的（我们无须回忆[1]：这样的努斯是非承受性的，承受性的努斯则是有朽的）。没有处于分离状态的、当下纯粹造作的努斯，则不能运思和洞见。"（καὶ οὗτος ὁ νοῦς χωριστὸς καὶ ἀπαθὴς, τῇ οὐσίᾳ ὢν ἐνέργεια. ἀεὶ γὰρ τιμώτερον τὸ ποιοῦν τοῦ πάσχοντος καὶ ἡ ἀρχὴ τῆς ὕλης. τὸ δ' αὐτό ἐστιν ἡ κατ' ἐνέργειαν ἐπιστήμη τῷ πράγματι· ἡ δὲ κατὰ δύναμιν χρόνῳ προτέρα ἐν τῷ ἑνί, ὅλως δὲ οὐδὲ χρόνῳ, ἀλλ' οὐχ ὁτὲ μὲν νοεῖ ὁτὲ δ' οὐ νοεῖ. χωρισθεὶς δ' ἐστὶ μόνον τοῦθ' ὅπερ ἐστί, καὶ τοῦτο μόνον ἀθάνατον καὶ ἀΐδιον（οὐ μνημονεύομεν δέ, ὅτι τοῦτο μὲν ἀπαθές, ὁ δὲ παθητικὸς νοῦς φθαρτός）· καὶ ἄνευ τούτου οὐθὲν νοεῖ.）[2] 如此之努斯实质上是人当中的神。[3] 正是由此出发，亚里士多德能够建立他的哲学，即逻各斯科学意义上的知。

　　创制性努斯的所思是没有质料先赋的本质所是（οὐσία ἄνευ ὕλης），亦即没有质料先赋的纯粹本质相（εἶδος ἄνευ ὕλης）。[4] 质料（ὕλη）则仅只是"看起来似乎"是本质所是（οὐσία）。[5] 不论是作为原因（αἰτία），还是作为本质所是（οὐσία），质料（ὕλη）都已然被卷入现实性／实现（ἐνέργεια）与可能性／潜能（δύναμις）的区分之中。就此而言，质料恰好根本不是"是其所是"地存在着（wesend）。在潜能／可能性（δύναμις）意义上的质料转化为"基底"（ὑποκείμενον）和"材料"

---

① 　"我们无须回忆"类似插入语，意指直接承前文意思即可明白，不必再追溯前文的论述。

② 　Arist., De an. III, 430a17ff.. 译文对秦典华译本有所参考，据上下文有所改动，意译为主。可参见《亚里士多德全集》卷三，第78页。

③ 　Schneeweiß, Frg.96 a–g = Düring, Fr.107–110（Ross, „Fragmenta Selecta ", Fr. 10c.）

④ 　Cf. Arist., Metaph. XII, 1074b38–1075a3: ἡ ἐπ' ἐνίων ἡ ἐπιστήμη τὸ πρᾶγμα; ἐπὶ μὲν τῶν ποιητικῶν ἄνευ ὕλης ἡ οὐσία καὶ τὸ τί ἦν εἶναι, ἐπὶ δὲ τῶν θεωρητικῶν ὁ λόγος［τὸ πρᾶγμα］καὶ ἡ νόησις. Dazu cf. Boeder, „Vom Begriff in der aristotelischen Poetik "（1982）, Das Bauzeug der Geschichte, S.258.

⑤ 　Arist., metaph. 1042a7: ὕλην δὲ λέγω ἣ μὴ τόδε τι οὖσα ἐνεργείᾳ δυνάμει ἐστὶ τόδε τι; 1070a10: ἡ μὲν ὕλη τόδε † τῷ φαίνεσθαι; De an. 412a7.

（στοίχειον），并且被置于现实性 / 实现（ἐνέργεια）的优先性之下。①

作为开端性原则（ἀρχή），本质所是（οὐσία）与努斯（νοῦς）都是实现了的完满（ἐνέργεια）。但努斯所思想、洞见到的本质所是（οὐσία）是没有质料先赋的本质所是（οὐσία ἄνευ ὕλης），因为这一本质所是乃是"如其业已得到规定而是其所是"（τὸ τί ἦν εἶναι）。与质料（ὕλη）相对而言，本质相（εἶδος）就已经是实现了的完满 / 完满的现实性（ἐνέργεια）。② "如其业已得到规定而是其所是，这不具有质料，是首要的'第一'；因为这是实现完满或者完满的现实性。"③ 因此，没有质料先赋的本质所是（οὐσία ἄνευ ὕλης），如其为纯粹努斯（νοῦς）所洞见和思想，是首要的"第一"（πρῶτον），是最好的（κάλλιστον），是实现完满的（ἐντελέχεια），最后是真正的美好的生命（ζῷον）。

这一没有质料先赋的本质所是（οὐσία ἄνευ ὕλης）是思想着的努斯的终极关注：努斯必须将本质所是把握为完满实现的整体。这就是说，与不朽的神相应，努斯将神圣的本质所是把握为向来已经完满实现了的、与自身没有区分的单纯整体——作为洞见的所见 / 纯思的所思（νόησις νοήσεως）。与有朽之人相应，努斯将没有质料先赋的本质所是尤其把握为在自身具备开端、中间与完成的完满整体。但在区分中把握住的本质所是（οὐσία），在此并不是日常经验中具体的"个别物"（Einzelding），而是已然现身于逻各斯的自身区分并且为逻各斯所把握住的纯粹本质所是（οὐσία）。

这里是诸逻各斯科学的领域所在：在其第一义上，科学首先与作为有朽者的人相关，这是相应于有朽之人的关于本质所是的逻各斯（λόγος τῆς οὐσίας）的当下呈现。正是由于每一次都沉浸到本质所是（οὐσία）的逻各

---

① 《形而上学》θ强调了现实性（ἐνέργεια）对可能性 / 潜能（δύναμις）的优先性。比较罗斯（Ross）为评注所写的"导论"。（*Aristotle: Metaphysics, a Revised Text with Introduction and Commentary*, Bd. I,cxxviii–cxxx, Oxford, 1924.）

② Arist., De. an. II, 412a9f..

③ Arist., Metph. 1074a35f.. τὸ δὲ τί ἦν εἶναι οὐκ ἔχει ὕλην τὸ πρῶτον· ἐντελέχεια γάρ.

斯（λόγος），一般意义而言的"知"才能通过逻各斯、在逻各斯当中升扬于对所思或者洞见的当下呈现，更准确地说，是升扬于逻各斯的科学，这一科学为有朽之人献上事关人的安顿（Wohnen des Menschen）的逻各斯秩序体（λόγος-κόσμος）。因为在此，对人在自身的与自身相区分的概念把握（Conception）在逻各斯科学当中得到完满实现，进而鉴于对于有朽之人而言的知的根据（Wissens-Grund），人之为人的尊严也得到了恰如其分的当下保存与守护。

重述一遍：不朽的神圣努斯与有朽之人的努斯相区分，这最终是努斯的自相区分。纯粹创制性努斯本质上是属神的。神圣努斯在自身当下地思想，与在自身中的"一切"打交道，始终是创造性的，即创制其自身"所思"的单纯整体。这里展开思想的与得到思想的始终是自身同一的（νόησις νοήσεως）。但承受性努斯只是就其与有朽之人相关涉而言才有意义；它始终关涉本质所是与质料先赋相复合的整体。努斯的自相区分归根到底是面向有朽之人的，并且在得到区分的人身上实现了的区分。由此属神的神圣努斯说的是，有朽之人的思想"神样的"神圣性及其"创制性"的力量；而承受性努斯说的是，有朽之人的思想始终涉及被动的、被给定的方面，即便仅仅涉及纯粹的本质所是，这一本质所是也必须以复合的方式呈现为整体。在此，努斯的创制性与承受性在人作为有朽之人的思想运作中始终既相互区分排斥又相互协调统一。

这一既在反顾质料先赋的同时聚焦没有质料先赋的纯粹的本质所是，又在相互区分中实现联结统一以至于通透整体的思想，正是能够自身奠定根据且将真理带向当下呈现的逻各斯科学。这一科学（ἐπιστήμη）是亚里士多德的卓越洞见，是其哲学的伟大成果和贡献：内含了自相区分的努斯原则贯穿在完满实现的逻各斯科学整体并且在其中当下呈现为对于有朽之人而言不仅是可能的，而且首要是现实的，在开端性原则与自身根据奠基意义上的哲学之知。在此，逻各斯不仅沉浸于相应的事，而且通过区分将"本质所是"（οὐσία）牢牢把握在自身之中，如此之逻各斯自身成为逻各斯科学的本真之事——作为逻各斯并且就在逻各斯之中当下呈现。每一次这一当下呈现都是逻各斯"这一个整体"（ὅλον），但整体中造成彻底区分的"一切"说的是：完成／完满，中间／中介，开端／原则。

诗艺学在整个逻各斯科学秩序中的位置就已表明，亚里士多德整个哲学的开端性原则、哲学之知的根据，从一开始构成了诗艺学先决条件。诗艺在逻各斯之中、通过逻各斯实现其创制行动，诗艺的创制性"造作"（Werk）区分为具备开端、中段与完成这三重逻各斯的诗艺整体（Ganzes des Poietischen）。[①] 进而言之，诗艺创制的整体是通过逻各斯、在逻各斯之中完满实现的行动结筑的当下呈现。换言之，作为创制性技艺的逻各斯担当起行动，以自身的区分和联结来成就行动构合的整一体。这个整一体凝结为语言形态意义上的逻各斯，是如此这般的纯粹逻各斯的"如真现相"（μίμησις）。

但诗艺学并不与现成诗歌"作品"（Werk）打交道，更不是与"作品"的本质所是打交道，而是始终围绕"诗艺"之为诗艺，即作为纯粹逻各斯的创制性"技艺"，探究如此之"诗艺"的本质所是。这一本质所是并非泛泛而是，相反它始终是业已承当了有朽之人的行动并将其创制为整体的"这一个"。"这一个"，就其合乎诗艺的最好、最完满的实现而言，乃是合乎诗艺的本质所是的"本质相"（οὐσία）。这一本质相是美好而通透的诗艺整体，构成具体实现了的"诗艺本身"。作为创制性哲学的诗艺学只与诗艺本身打交道，但这指的是对没有质料先赋的本质相（οὐσία ἄνευ ὕλης）的通透之思。在此，不仅逻各斯具体实现于诗艺的，亦即创制性逻各斯技艺的整体，而且作为开端性原则的努斯的规定性也根本上贯穿于逻各斯如此这般的创制性的当下区分与呈现。

这里尤其需要区分诗艺整体与诗歌整体。就一般意义的诗歌制作而言，诗歌作品都呈现为特定的语言形态，具体到每一作品，这几乎是不断翻新、无可穷尽的。即便创作得很漂亮——例如技艺非凡的诗人品达的诗歌——也不属于自身实现为整体的诗歌。并非每一被称作诗歌的作品都能

---

① Arist., Poet. VII, 1450b26, 23, 1459a20. ὅλον δέ ἐστιν τὸ ἔχον ἀρχὴν καὶ μέσον καὶ τελευτήν.

达到整体。即便具有整体的外观，这样的诗歌也不就是合乎诗之为诗的。甚至结筑为美妙（καλῶς）整体的诗歌制作，也只是在间接的意义上才进入诗艺学的考察视野。一言以蔽之：一般意义而言的诗歌制作及其作品根本不在亚里士多德哲学的事业之内。诗艺学的本真之事乃是诗艺的整体；现成的个别诗歌整体并不能与之直接对应。但诗艺整体间接涉及的，也不是仅仅为可能性的"理想的"诗歌整体，而是在诗艺整体的本质诸规定中完满实现的、具备现实性的"诗歌整体"（没有任何经验对应物）。这里我们再次看到亚里士多德与他的老师柏拉图是怎样的不同，又在何种程度上是处于柏拉图先行给定的关联之中，即便他们的哲学各具使命。

这与通常对亚里士多德"诗艺学"的理解背道而驰。但这里不是争辩的地方，只需提及两点：第一，就其语言的呈现形态而言，亚里士多德创制性的逻各斯凝结为"语言"，但逻各斯并不完全、直接就等同于语言，更不用说等同于自身无尽离散的言语。对于有朽之人而言，逻各斯深植于他作为人的灵魂深处，而语言是逻各斯自身的现身形态。古希腊意义上的语言或者言说，在其第一义上就是逻各斯；指涉人的本质所是的并且具有典范性的语言只能是理性关系的语言，从根本上区别于没有规定性的日常语言。因此创制性逻各斯的语言结晶是理性关系的语言建筑，作为创制性的语言，其使命不是言说，而是将真理的知带向当下呈现。创制性的逻各斯之为语言，乃是具备真理性的、自身具备根据和原则的知。

第二，就其作为创制性技艺而言，亚里士多德不是漫无边际地将人工性的所有技艺形态都纳入考察，而是将创制性技艺限制为纯粹语言形态上的理性关系技艺。诗艺学只关注诗艺本身及其本质相。他一开始就从"如真现相"的三重范畴规定了凝聚为语言的逻各斯技艺，由此确定了诗艺本身的具体形态：悲剧诗艺与喜剧诗艺。就其与诗艺本身打交道而言，创制性技艺并非语言技艺，而是逻各斯技艺，即理性关系技艺。但逻各斯技艺必须返归到语言，逻各斯技艺的创制让关涉之事都拢集到语言，在语言形态中以如此这般的方式呈现——作为具备理性规定性的语言大厦。

创制性诗艺呈现的"这一个"整体通过逻各斯、在逻各斯之中实现自身。对此，诗艺的必然性与可然性极具重要性。根据逻各斯的必然性，担当行动的逻各斯以诗艺整体的完成为目标。创制中的一切行动必须组织结筑为整一的行动。即便由于行动始终与对于有朽之人为可变化的事情（ἐνδεχόμενον ἄλλως ἔχειν）相关，按照诗艺创制的可然性，对于观赏者而言担当行动的逻各斯因为违反逻各斯（παρὰ τὸν λόγον）而成为"非理"的（ἄλογον），诗艺的创制仍然要将行动结筑为行动的统一性整体。这是因为，整体性的完满（τέλος）不仅是行动的逻各斯创制要达到的目标，而且也是其实现和完成。

逻各斯的诗艺创制致力于行动的整体呈现，从根本上拒绝对个别事件的观察性探究。诗艺（ποίησις）不仅与历史（ἱστορία）彻底区分开来，而且比历史更富于高贵肃穆的品级，更具有哲学性质。[1] 相应的，亚里士多德的诗艺学固然会运用基于观察探究的个别事件或者情形作为例子，但这些例子仅仅服务于对诗艺学本真之事的阐明，自身并不构成诗艺学的事情。因此，诗艺学不是基于观察探究的诗艺理论（Theorie），[2]也不能因为所涉及的个别情形而认作是描述性的理论考察，所要考察的也不是诗艺的杂多"种类"，[3] 而只是诗艺本身及其本质相，具体而言即逻各斯以创制的方式实现完满的这一个整体。这个整体自身具有完备的区分，是诗艺的没有质料先赋的本质相，即"如其业已得到规定而是其所是"。

作为创制性技艺，逻各斯向来就沉浸于诗艺的实事。这指的是，逻各斯沉浸于诗艺的本质所是（οὐσία），这一本质所是被结筑为完满实现的逻各斯整体。诗艺学与诗艺的本质所是打交道，说的就是与诗艺本质所是的逻各斯（λόγος τῆς οὐσίας）打交道。创制性的逻各斯与自身打交道，就

---

[1] Arist., Poet., 1451b5ff.: διὸ καὶ φιλοσοφώτερον καὶ σπουδαιότερον ποίησις ἱστορίας ἐστίν· ἡ μὲν γὰρ ποίησις μᾶλλον τὰ καθ᾽ ἕκαστον λέγει.

[2] Werner Söffing 尝试将诗艺学的阐述划分为描述性和规范性的，但这种理解只是描述性的混合，不能抵达诗艺学的本质之事。参见他的博士论文：*Deskriptive und normative Bestimmungen in der Poetik des Aristoteles*, Gruner, Amsterdam, 1981.

[3] 对亚里士多德《诗艺学》"文体理论"的强调，参见Manfred Fuhrmann：*Einführung der Dichtungstheorie der Antike*, 2.Aufl., Wissenschaftliche Buchgesellschaft, 1992.

其始终关涉诗艺的本质所是而言，逻各斯的创制展现为逻各斯在自相区分中自身奠基。于此，创制性的逻各斯科学构成亚里士多德哲学的知——如其为逻各斯所"创制"的而当下现身。尤须注意的是，逻各斯技艺的创制不是无中生有。希腊人不识得"无中生有"，而是始终就"所知"而言将其带向呈现，在如此之呈现中作为这一个整体当下成形现身。这里所知的整体即有朽之人行动结筑的整一体。

第二节　诗艺学的范畴与创制性逻各斯的ratio terminorum

我们聚焦于亚里士多德《诗艺学》的逻各斯自相区分、诗艺学的理性关系建筑。对于亚里士多德来说，诗艺学绝不是什么"创作学"，也绝不是什么古典政治哲学，而是构成哲学整体关键环节的创制性科学。这里逻各斯是担当起人之行动的创制性技艺。在逻各斯自相区分的展开与呈现中，诗艺学的使命在于把握住具体实现完满的诗艺的本质相，尤其是将其把握到鉴于知的原则的逻各斯自身奠基当中。这里逻各斯"制作"逻各斯，这说的是，逻各斯"实现"逻各斯。要把握这一自身实现的逻各斯，对于我们而言，即穿透逻各斯的当下呈现，按照特定步骤来把握呈现中的理性关系。

这是呈现在完满实现着的诗艺整体之中的逻各斯秩序。这一秩序与亚里士多德哲学整体的理性关系（ratio terminorum）顺序相应，即诗艺学的诸逻各斯范畴与理性关系的逻各斯按照思想、进而事情、最后尺度这三重步骤展开。如前所述，亚里士多德逻各斯科学秩序体的理性关系顺序即：第一，首先是在自身思想着的、在自身与自身相区分的逻各斯，开辟纯粹逻各斯自身的思想，这表明逻各斯的根据奠定（λόγον διδόναι）能够通过纯粹逻各斯的自相区分（κρῖναι λόγῳ）带来真理之知的当下呈现，并且这一当下呈现的知乃是逻各斯就其自身而言的、就其为面向有朽之人而言所独有的思想成果；第二，逻各斯沉浸于相互区分的事情，并在对事情的承当中自身成为逻各斯的事情本身，这就是实现为具体的相互区分的创制性科学、实践性科学以及理论性科学；第三，沉浸于事且自身成事的逻各斯穿透"一切"直到其原则与根据，最后逻各斯不仅为有朽之人呈现了在第一哲学中自身所把握住和承当的神圣努斯（νοῦς θεός），而且基于这一开端性的知的根据（Wissens-Grund）而将逻各斯事关"一切"的科学的知展现为逻各斯秩序的整体（λόγος-κόσμος）。

与此相应，诗艺学中创制性的逻各斯作为先行的思，首先通过"如真现相"的诸规定来限定诗艺的本质所是，进而作为诗艺学的本真之事，透入诗艺逻各斯的本质所是（οὐσία κατὰ λόγον）来把握诗艺具体实现了的本质相（εἶδος），即悲剧诗艺（附带史诗诗艺）与喜剧诗艺。最后在"最好悲剧诗艺"的意义上，逻各斯将具体实现了的本质相展开为开端、中段与完成的"这一个整体"（τόδε τι）；"这一个整体"是创制性的逻各斯秩序（λόγος-κόσμος）的完满整体，置身于诗艺原则（τέλος）的规定之下。在此，"这一个整体"自身就是诗艺学的本质相的具体原则，但这一具体原则最终必须在亚里士多德整个的逻各斯科学中才能与其最终的和第一的原则相呼应：即在第一哲学／神圣学当中的努斯原则。

柏拉图已然清楚"诗艺"的诸范畴，即"何所在"（Worinnen）、"何所是"（Was）与"何所如"（Wie）。亚里士多德的突破在于，将诸诗艺范畴作为对"如真现相"的先行规定，置于诗艺整体的建构之中。对于亚里士多德而言，诗艺诸范畴实质上即理性关系意义上的创制性技艺的诸逻各斯（λογοί）。鉴于本质所是（οὐσία）的这一核心范畴，诗艺"如真现相"的诸范畴只能属于偶性（συμβεβηκότα）。但在诗艺学当中，这三重"偶性"对于诗艺之本质所是（οὐσία τῆς τεχνῆς ποιητικῆς）的先行规定具有决定性意义，尤其是就诗艺本质所是首先必须作为"如真现相"（μίμησις）得到思想而言——这些范畴同样贯穿于对具体实现的诗艺"本质相"（εἶδος）的规定。

"如真现相"的三重诗艺范畴不仅作为逻各斯拢集到创制性技艺的本质所是（ουσία）之上，而且对于亚里士多德能够将诗艺学作为逻各斯科学或者科学之知来加以主题化极为关键。因为由此亚里士多德的哲学洞见和运思才能够穿透到创制性诗艺的本质所是（ουσία）。进而言之，由此亚里士多德才能够将本质性的、自身奠定根据的诸诗艺规定从其质料先赋（ὕλη）中彻底解放出来，更为准确地说，即从实际的诗歌制作及其现成作品中解放出来。因此诗艺诸范畴不可等闲视之，相反必须将其纳入亚里士多德诗艺学理性关系建筑当中来，作为建构和支撑诗艺之本质所是（οὐσία）的整体的建筑基石和建筑工具。

诗艺学属于亚里士多德哲学的特定科学，作为创制性科学，拥有与实践性科学和理论性科学的同等权利。因为科学的知是哲学之思的事情本身。"在一些情形下，知就是思想的事情。在创制性科学中，思想的事情是没有质料先赋的本质所是或者如其业已得到规定而是其所是；在理论性科学中，思想的事情则是逻各斯和所思洞见。既然在没有质料先赋的所思洞见和纯思努斯并不两样，那么这将是自身同一的，所思洞见与纯思努斯合同为一。"（ἠ ἐπ᾽ ἐνίων ἠ ἐπιστήμη τὸ πρᾶγμα, ἐπὶ μὲν τῶν ποιητικῶν ἄνευ ὕλης ἡ οὐσία καὶ τὸ τί ἦν εἶναι, ἐπὶ δὲ τῶν θεωρητικῶν ὁ λόγος τὸ πρᾶγμα καὶ ἡ νόησις; οὐχ ἑτέρου οὖν ὄντος τοῦ νοουμένου καὶ τοῦ νοῦ, ὅσα μὴ ὕλην ἔχει, τὸ αὐτὸ ἔσται, καὶ ἡ νόησις τῷ νοουμένῳ μία.）[①] 这里创制性科学的诗艺本身，亦即创制性的逻各斯技艺本身，只有作为在"没有质料先赋的本质所是"（οὐσία ἄνευ ὕλης）以及"如其业已得到规定而是其所是"（τὸ τί ἦν εἶναι）的意义上的整体，才能通过逻各斯并以逻各斯而在诗艺学当中成为主题。

重复一遍：创制性诗艺科学的事情即业已为逻各斯承当于自身的诗艺本身，亦即没有质料先赋（ὕλη）并且完满实现的诗艺的本质相（εἶδος）。具体而言，诗艺学的事情并非一般意义上的诗歌制作技艺，也不是一般意义上的戏剧诗艺，而是与喜剧诗艺彻底相区分了的最好的悲剧诗艺。"最好的"意指达致自身实现和置身于完满。诗艺学的第一等事情即最好的悲剧诗艺——这是美的（καλός）。就此可见，亚里士多德完全

---

① Arist., Metph., XII, 1075a1ff..

有理由不讨论抒情诗艺。

只是基于亚里士多德哲学原则的中介，诗艺学的开端才能如此这般地跃入眼帘：περὶ ποιητικῆς αὐτῆς τε καὶ τῶν εἰδῶν αὐτῆς, ἥν τινα δύναμις ἕκαστον ἔχει, καὶ πῶς δεῖ συνίστασθαι τοὺς μύθους εἰ μέλλει καλῶς ἕξειν ἡ ποίησις, ἔτι δὲ ἐκ πόσων καὶ ποίων ἐστὶ μορίων, ὁμοίως δὲ καὶ περὶ τῶν ἄλλων ὅσα τῆς αὐτῆς ἐστι μεθόδου, λέγωμεν ἀρξάμενοι κατὰ φύσιν πρῶτον ἀπὸ τῶν πρώτων。[①]

这说的是：诗艺学所关涉的是诗艺自身（ποιητικὴ αὐτή）及其自身的诸本质相（εἰδοί）；每一诗艺本质相鉴于其完满的现实性（ἐνέργεια）和实现了的完满（ἐντελέχεια）而独具的能力（δύναμις）；诗艺的创制性要实施得好，如何以必然方式来聚拢和结筑诸行动／情节；在具体的意义上尤其涉及：构筑完满实现且持守于自身的诗艺整体所需部分的量和质。与其他科学不同，亚里士多德根据创制性科学的逻各斯自身所开辟的道路（μεθόδος），以合乎自然的方式，从诸首要者中的"第一"来开始。

亚里士多德由此开启诗艺学的真正开端：一切创制性诗艺都是"如真现相"（μίμησις）。但随之而来，不仅一切其他技艺被排除在创制性逻各斯技艺之外，而且所有其他诗艺形态都因为创制性如真呈现的独特规定性而被排除在外。随着诗艺学运思的展开，根据诗艺诸范畴，只有悲剧诗艺，包括与之相关的史诗诗艺和与之彻底相区分的喜剧诗艺，才是诗艺学独一无二的事情。诗艺学的事情被思作实现完满而持守于自身的"这一个整体"。因此诗艺学实际上是从诗艺的完满现实性（ἐνέργεια）出发的，并且始终鉴于自身独具的能力（δύναμις）而导向完满的实现。

鉴于技艺（τέχνη），诗艺本身就已经是创制性的。亚里士多德的诗艺学在诗艺自身的完满现实性中把握诗艺自身，并且鉴于技艺（τέχνη）而把握为没有质料先赋的本质相（εἶδος ἄνευ ὕλης）、"没有质料先赋的本质所是"（οὐσία ἄνευ ὕλης），以及"如其业已得到规定而是其所是"

---

① Arist., Poet. I, 1447a8ff..

（τὸ τί ἦν εἶναι）。就其自然（φύσις）而言，诗艺自身指的是创制性的技艺（τέχνη ποιητικῆς），但不是精熟（συνήθεια）。因为正如建筑与健康的技艺（τέχνη），创制性技艺/诗艺（τέχνη ποιητικῆς）之为纯粹的本质相（εἶδος），正是灵魂中的逻各斯（λόγος ἐν τῇ ψυχῇ），这一逻各斯才与努斯原则相匹配。[①] 正如技艺（τέχνη）面向质料（ὕλη）而创制，创制性的努斯（νοῦς ποιητικός）也一样面向自身中作为质料的"一切"（Alles），正是为了将这个"一切"创制为如此这般的"一切"。[②]

就其涉及现成的诗歌制作、诗人及其作品而言，创制性诗艺完全不能构成理论（θεωρία）之事，更不用说成为科学/知（ἐπιστήμη），但是就其为完满实现的"创制"本身而言，创制性诗艺能够通过逻各斯的自相区分，将创制技艺的本质所是（οὐσία）升扬为创制性的知（ἐπιστήμη）。实际上这不仅仅是能够（Können），而且尤其是必须（Müssen），是必然（ἀνάγκη）。之所以是必须和必然，这是因为根据知的根据，亦即根据努斯原则，逻各斯的技艺致力于在逻各斯自身当下实现完满的"整体这一个"——这一个本质相的逻各斯，因为创制性技艺的知向来就是逻各斯技艺在自身的创制。

"如真现相"（μίμησις）是诗艺学展开逻各斯在自身的创制的先行运思。就诗艺学范畴而言，如真呈现（μίμησις）的逻各斯具有三重规定：第一，"何所在"（ἐν ἑτέροις/οἷς），具体包含了节奏（ῥυθμός）、语言形态的逻各斯（λόγος）以及韵律和谐（ἁρμονία）三重限定；第二，"何所是"（ἕτερα/ἄ），具体是高贵肃穆行动与卑劣行动的区分；第三，"何所如"（ἑτέρως/ὧς），行动呈现或者是叙述或者是演述。演述，指的是逻各斯担当的行动呈现仿佛行动者自身在当下行动。就此而言，诗艺诸范畴的

---

① 亚里士多德在不少地方将建筑技艺与健康技艺用作例证，说明创制性技艺作为"形式"和逻各斯如何与"质料"打交道。这里创制性技艺实际上就被理解为原因和原则，最终是完满实现（τέλος）。Arist., De an. III. 430a12ff., Met.XII. 1070b33, 1071b30f., Eth. Nic. X, 1174a20., Phys. B, 196b26, u.a.

② Arist., De an. III. 430a12ff..

规定旨在最终将演述的行动（δρᾶν）把握为创制性诗艺的唯一之事。

这里诸诗艺范畴中逻各斯最是关键，因为创制性诗艺的行动是在逻各斯当中呈现的。无疑诗艺范畴中逻各斯首要的是其语言形态这一含义，因为这是创制性诗艺的现实性基础，其本质所是的实现最终是作为如此这般的语言形态来当下呈现的。与之相应，其他诸范畴的逻各斯都必须拢集到语言形态的逻各斯上面来。但正因此逻各斯并非单纯的没有规定性的语言形态，而是将相应的诗艺范畴拢集到自身而得到规定的理性关系的语言——这一语言形态呈现逻各斯的这一个整体。逻各斯所担当的行动呈现的"这一个整体"是"一"，其中作为非本质性的东西的"多"被排除掉了。具体而言，首先是所有其他不是在语言形态中呈现的技艺都被排除在外，进而所有其他以语言形态呈现的创制性技艺，只要这一技艺不是导向完满实现的整体来创制，就同样被排除在外。语言形态呈现的创制性技艺，其整体中的"一切"展开为如此这般的诗艺学范畴：第一即"何所在"（ἐν ἑτέροις），在拢集了节奏（ρυθμός）和韵律和谐（ἁρμονία）的逻各斯（λόγος）之中；第二即"何所是"（ἕτερα），与行动者品性（ἤθη）相关但又与之相互区分了的行动的品性（ἤθη）；第三即"何所如"（ἑτέρως），叙述与演述相互区分了的行动呈现。

简而言之："一"即在逻各斯当中的"如真现相"（μίμησις），"多"却是对诸杂多诗艺的排斥，整体之一的"一切"，具体即悲剧诗艺（附带史诗诗艺）和喜剧诗艺。从一经由多最后到一切，这一范畴关系实质上蕴含了诗艺学的运思进程。"如真现相"最后实现为创制性诗艺的具体的本质相。

亚里士多德深知自然（φύσις）与技艺（τέχνη）的根本区分与相互关联。但诗艺学并不是仅仅聚焦技艺，自然也从未被忽视和简单排除。自然对于诗艺学当中创制性逻各斯技艺的自我领会甚至具有根本性意义。亚里士多德必须总是要回溯到自然（φύσις）。但要回溯到的自然，首先是诗艺自身的自然，进而是有朽之人的自然。因此就创制性诗艺而言，亚里士多德要回溯到的自然，乃是诗艺的自然原因及其具有时间性外观、朝向完满实现的历史发展。诗艺并不仅仅是从其自然源泉中成长起来，而且按照自然包含了诗艺自身就其时间性而言朝向完满实现的培育和发展过程。诗艺一旦达到了它的自然（φύσις），就停止发展，留驻并持守于这一实现了的完满（τέλος），因为自然（φύσις）就是实现了的完满（τέλος），但创制性的逻各斯必须通过"技艺"来实现如此之"自然"。由此可以明了的是：亚里士多德不是在观察探究（ἱστορίη）的意义上描述一般而言的诗艺制作，尤其是悲剧诗艺与喜剧诗艺的时间性历史发展的进程，而是基于作为原因的自然和作为原则的完满展示诗艺在时间性历史发展上的规定性。这一规定是对先行运思中的"如真现相"（μίμησις）的进一步补充，也构成深入戏剧诗艺的最好"本质相"（εἶδος）的先行铺垫。由于喜剧诗艺部分内容失传，《诗艺学》实际上只涉及悲剧诗艺。

　　甚至就其"摹仿"（imitation / Nachahmen）含义而言，"如真现相"（μίμησις）已然是人与动物区分的标识。对于有朽之人而言，"如真现相"从小就顺其自然（σύμφυτον）地发展起来了。[①]通过"如真现相"人赢得他的首次"学习"（μανθάνειν）。学习，这里唤作求知（Wissensstreben），因为"所有人从其自然而来就求索着知"（πάντες ἄνθρωποι τοῦ εἰδέναι ὀρέγονται φύσει）。[②]这是逻各斯意义上的学习，不仅仅是哲学家的专擅，而且但凡作为拥有逻各斯的有朽之人都是如此。[③]

　　在如真呈现的"一切"上可以获得独有的快乐（ἡδονή）。这尤其指的是在不会受到伤害的情况下可以精确地观赏这呈现的"一切"——甚至似乎身临其境地留驻于这"一切"。其中正是对学习（μανθάνειν）的，进而是推论（συλλογίζεσθαι）的快乐。对"如真现相"的诗艺的快乐已然升

---

① 但如此之模仿（Nachahmen），指向呈现（Darstellen）自身所独有的目标，因此致力于呈现整体的完满实现。相应的，摹仿的含义就退而居其次了。因为在完满实现的呈现整体之中，模仿与所模仿者都内含于呈现的整体，不再是分立的双方。诗艺学乃至于诗艺本身，所关心的不是外在于呈现的整体并分立的双方，而只关心呈现的整体自身的完满实现以及构成呈现本身的要素。

② Arist., Metaph. A, 980a21.

③ 对于亚里士多德奴隶没有逻各斯。

扬于逻各斯。求知的"最高"快乐也不是只有哲学家才有，但凡拥有逻各斯的有朽之人都具有这一潜能。这里愉悦（χαίρειν）或者快乐（ήδονή）并不是随便任意的快感，而是对于学习和推论的独特乐趣。进而言之，这里学习及其快乐，并不是源于一般而言的创制性技艺的如真呈现，也不是源于诗艺整体呈现的随便任意某个行动或者行动者，而是源于诗艺结筑与呈现的整体，源于具备必然性的统一行动。这里诗艺的快乐始终关涉承受性激情（πάθη）意义上的"非理"；净化（κάθαρσις）不仅意味着"非理"被置于逻各斯规定之下并被纳入逻各斯秩序之中，而且意味着从特定激情（尤其是恐惧和怜悯）的搅动中解脱出来，释放为伴随求知意义上的学习的、对诗艺中担当行动的逻各斯整体的达到完善的快乐。如此之快乐固然仍属激情，却是在其完满中的激情，与有朽之人的自然及其知的完满相称。

学习及与之相伴随的快乐是诗艺就其作为"如真现相"来规定的双重自然原因。根据自然，诗艺的创制是将节奏（ρυθμός）和韵律和谐（άρμονία）拢集于自身的逻各斯（λόγος）的当下呈现。亚里士多德再次提及自然，但节奏与韵律和谐并非一般而言的诗艺的原因，而是创制性诗艺的历史性起源和条件。这包含两个方面的意义：第一，亚里士多德将诗艺的节奏与韵律和谐回溯到身体性之人和技艺媒介本身的"自然"条件，即不论是作为自然之人的身体禀赋，还是凝结于人工性语言形态的逻各斯的物质层面，都具有节奏和韵律和谐；第二，亚里士多德再次论及节奏与韵律和谐实质上是重新就诗艺的"何所在"范畴来阐明诗艺的时间历史起源的基础。

诗艺的历史起源是"即兴偶发"的（αὐτοσχεδιάσματα），亚里士多德没有用力于追究这种偶发的"历史事件"，而是将其置于诗艺范畴之中来加以论断并展开论述。他径直将即兴的诗艺源起归结到天赋的创制者，并以判断的方式归之于荷马。荷马是最优秀和最具典范性的"诗人"。诗艺的"何所是"范畴的根本性区分，即诗艺创制中"行动"及其行动者品性的区分与"诗人"品性（ἤθη）的区分，同时汇聚在缔造诗艺创制的荷马这唯一者身上。相应的"何所如"范畴也已通过荷马得到典范的体现：他不仅是史诗诗艺的创制者，而且是悲剧诗艺和喜剧诗艺的典范创立者。进而言之：对于古典时期的希腊人而言，"诗人"荷马是创制性诗艺本身的创立者和自身具备完满区分的诗艺的老师。

在此，追溯创制性诗艺的历史起源只有过渡的和次要的意义。事实上亚里士多德在对荷马做出论断时，已然将诗艺的起源彻底转换到诗艺的开端上来。关于诗艺的开端，就其涉及时间性历史的自然呈现而言，亚里士多德将其纳入诸诗艺范畴的逻各斯之中，使之成为对于开端的纯粹运思——这一运思决然地做出裁断。这一裁断甚至完全违背通常的时间历史和日常生活的经验。

诗艺的发展并不是在观察探究和描述意义上的历史（ἰστορία），而是指向完满（τέλος）的实现进程。这一实现的进程，固然与时间历史的进程不乏息息相应，但却是根据创制性诗艺所涉及的"自然"（φύσις）而从其技艺（τέχνη）方面来规定的。最终在相互区分的悲剧诗艺与喜剧诗艺这里涌现了"最好"的诗艺，因为在具体的悲剧诗艺的本质相（εἶδος）中，诗艺按照其完满目标已然达致其"自然"。这一发展进程不是历史性的观察探究，亦即鉴于时间的描述性考察所能理解，而是要按照时间进程通过与诗艺的完满相关的规定性才能理解和把握。这也就是说，诗艺的发展只是看起来是历史性考察的（ἰστορία），事实上则是升扬于逻各斯，并在创制性逻各斯的自相区分中，作为诗艺范畴的逻各斯而展开。

亚里士多德不仅注意到了诗艺历史起源的即兴偶发特点，而且尤其注意到了，诗艺的历史起源和发展始终为剧场及其表演所烙印。即便如此，与诗艺的历史起源一样，诗艺在戏剧表演方面的关涉同样仅仅具有次要的、附带的意义。创制性诗艺绝不是能从戏剧表演方面来考察和规定的，而是在反顾戏剧表演这一伴生呈现的同时，最终只能通过诗艺自身的本质所是、就其自身的自相区分（αὐτὸ καθ' αὐτὸ κρῖναι）来规定的。这正是《诗艺学》的真正主题。但作为创制性科学，这里对具体实现为"这一个整体"的诗艺的本质所是的考察，与实践性科学和理论性科学完全不同。

就科学的三重区分而言，剧场与呈现于戏剧舞台的表演毋宁是归属于实践科学的，因为围绕剧场的演剧活动尤其构成城邦共同体的公民教化环节，而这是政治学的主题。①

正是鉴于诗艺本身的自相区分，诗艺的开端及其朝向完满实现的进程，可以再次纳入诸诗艺范畴的规定性中：第一，"何所如"，合唱歌队构成了三个逻各斯"赠答者"（ὑποκριτής）的一员，由此担当行动的逻各斯得以实现完满；第二，"何所在"，诗行的韵律不仅只具有单纯的英雄格或者抑扬格，贴近自然发声和日常言谈尤其被纳入担当了行动的逻各斯的相互赠答—对话（δια-λόγος）；第三，"何所是"，即行动的高贵肃穆与卑劣滑俗的区分，在此基础上悲剧诗艺与喜剧诗艺的区分。不论是悲剧诗艺，还是喜剧诗艺，都必须通向结束并达致完成。这是在实现其自身完满（τέλος）或者自然（φύσις）意义上的完成和结束。

事实上，即便论述喜剧诗艺部分完整保留下来，并且构成与悲剧诗艺的对等区分，对于亚里士多德而言，合乎悲剧诗艺的本质所是（οὐσία），就其是最好的悲剧诗艺而言，仍然是最高层级、第一等的创制性诗艺之事。悲剧诗艺的"这一个整体"的"本质相"（εἶδος）才是诗艺学的本真之事。这里悲剧诗艺所涉及的绝不是随便一部悲剧诗，而是合乎悲剧诗艺本质所是的、完满的、最好的和最美的悲剧诗艺的制作。但是这里所涉及的悲剧诗艺也绝不是一般而言却未经思想的"理想的"的诗艺，而是按照其潜能／可能性（δύναμις）而实现了的现实的、完满的因而是最好的悲剧诗艺的"本质相"。"本质相"之为本质相，在于将自身的完满实现（τέλος）与自然（φύσις）聚拢、持守于自身的本质所是（οὐσία）。它是"如其业已得到规定而是其所是"（τὸ τί ἦν εἶναι）。这一悲剧诗艺的本质相在诗艺学的运思中要实现为逻各斯整体，实现为如此这般呈现、为有朽之人所知的创制性的知／科学。

亚里士多德完全不是从对同时代戏剧诗艺及其制作的观察出发，而

---

① 这里戏剧表演不从"技艺"方面来理解，但表演本身无疑也是"技艺"。

是从诗艺的本质所是出发。历史的或者同时代的诗艺制作及其现成作品仅仅作为"例证"或者"表证"而得到运用。诗艺学并不根据对诗艺制作类型与成品的历史性考察来探究诗艺本身。诗艺本身只有从自身出发在自身中自相区分，才能在其实现完满或者达致自然的意义上得到恰如其分的刻画。在创制性诗艺之为"如真现相"（μίμησις）的先行规定这一中介之后，诗艺学直接界定悲剧诗艺的本质所是（ὅρος τῆς οὐσίας περὶ τραγῳδίας），进而根据原则将其本质相（εἶδος）展现于诗艺范畴的逻各斯之中。

创制性诗艺整体的原则向来是先行给定的。要把握悲剧诗艺的本质所是，亚里士多德必须从原则出发。对悲剧诗艺的界定关系到本质所是，但不是"如其所是"，而是按照哲学的原则"如其向来所是"——这是就诗艺实现完满的发展而言，也是就"如其业已得到规定而是其所是"而言。悲剧诗艺的制作并非简单现成在此而成为观察的对象，而是就其始终反顾到原则而是创制的才成为考察的主题。因此，诗艺学中对悲剧诗艺的本质规定，就其始终是创制性技艺的逻各斯而言，不是我们还要去追求和探寻的，而是必须作为基于原则而给定的出发点，由此展开其本质相的诸规定。

悲剧诗艺的界定所关涉的实质上即没有质料先赋的本质所是（οὐσία ἄνευ ὕλης），亦即没有质料先赋的本质相（εἶδος ἄνευ ὕλης）。悲剧诗艺的制作必须是作为整体来制作，这首要指的是创制性诗艺自身的纯粹本质相（εἶδος），即完全从现成的质料先赋中解放出来，只是在次要和附带的意义上我们可以将这一诗艺的整体关联到现成的各种悲剧诗作品。没有质料先赋的纯粹本质相，这是诗艺学的本真之事。它不是任意的某种"现相"或者"形式"，而是纯粹本质的自身现相——纯粹本质所是业已与质料相分离，持守于自身，作为纯粹的"本质相"，唯有逻各斯能够在纯粹思想的规定之下将其带向当下呈现，构成科学之知。

始终要问：什么才能构成诗艺学的本真之事？不是一般意义而言的、展开为诸诗艺范畴的"如真呈现"，而是作为"具体相"实现出来的悲剧诗艺的本质所是。这里悲剧诗艺不能回撤到纷繁万象的制作成品及其戏剧表演，不能回退到历史考察和日常经验，而是仅仅持守于自身的本质现相。就自身而言的本质相却不是单纯的，而是复合的，并且是作为"这一个整体"，作为具备开端、中段和完成的整体性区分于自身的"这一个整体"。作为创制性逻各斯的科学，诗艺学聚焦于按照"如真呈现"的先行思想和努斯的哲学原则而对诗艺的本质相"这一个整体"加以透彻的思想。仍需强调的是，诗艺学完全不谈论形式与质料的对立，因为质料从一开始就从诗艺"本身"彻底排除出去了。这里对诗艺学之为创制性逻各斯科学的理性关系建筑，也根本与语言的形式、结构及其意义无关，尤其与具有典型的结构主义色彩的文本分析无关。①

　　根据悲剧诗艺的界定，悲剧诗艺的本质所是具体进展到整体之内的划分（μέρη），② 具有"形式"特征的整体划分构成悲剧诗艺制作本质所是诸规定的具体体现和化身（Inbegriff），最后这一整体性划分被纳入整体

---

① 参见 Neschke, ADa., B., *Die „Poetik" des Aristoteles: Textstruktur und Textbedeutung"*, Klostermann, 1980. Neschke的这篇教授资格论文极少被提起。这篇"诗艺学"专论显然为结构主义语言论和文本论所烙印，聚焦于语言层面的文本分析。可惜这种当代的语言导向错失了亚里士多德诗艺学的本质之事。作为创制性的逻各斯技艺，尽管诗艺的现实性形态总是呈现为语言本身的，但在根本上却与"语言"无关，而只与本质所是的逻各斯打交道。无疑，内斯克（Neschke）教授对诗艺学诸诗艺范畴极富洞见。就诗艺范畴方面的洞见而言，作者于此受益颇多。

② 尤其值得注意的是：μέρος与μοῖρα的词源都可回溯到μείρομαι。这一动词形式意指"让划分""获有份额"以及"使可分享的"。但这里并非任意的划分份额，而是按照命运／定数来划分和分配。荷马史诗中频繁使用的是其完成时形式。始终是κατὰ μοῖραν来规定份额的定数（Geschick）。参见Hofmann, *Etymologisches Wörterbuch des Griechischen*, Oldenbourg, 1950, Wissenschaftliche Buchgesellschaft, 1971, S.195.
克洛诺斯的儿子们宙斯、波塞冬和哈得斯三分天下各为主，同等拥有各自的荣誉与权利。波塞冬的自白：
　　　　宙斯和我，第三个是掌管死者的哈得斯。
　　　　一切分成三份，各得自己的一份。
　　（罗念生译文。《伊利亚特》，《罗念生全集》卷六，第373页。）
　　　　Ζεῦς καὶ ἐγώ, τίτετος δ' Ἀΐδης, ἐνέροισιν ἀνάσσων.
　　　　Τριχθὰ δὲ πάντα δέδασται, ἕκαστος δ' ἔμμορε τιμῆς（XV, 188f.）
亚里士多德这里，就四种原因（αἴτιον）的划分而言，尤其要回忆这一位置：τὸ εἶδος καὶ τὸ παράδειγμα, τοῦτο δ' ἐστὶν ὁ λόγος τοῦ τί ἦν εἶναι καὶ τούτου γένη καὶ τὰ μέρη τὰ ἐν τῷ λόγῳ.（Metaph., Δ1013a26ff.）

的区分之内。这里的划分（Einteilung）以至于区分（Unterscheidung）都不是针对现成的悲剧诗艺作品，而是置于理性关系规定之中的悲剧诗艺制作本质所是（οὐσία κατὰ λόγον）；如此这般的本质所是只能在本质所是的理性关系／逻各斯（λόγος τῆς ουσίας）当中才被带向当下呈现。这也就是说，按照诗艺学诸范畴的逻各斯，悲剧诗艺的本质所是被把握到逻各斯科学当中。这是关于创制性诗艺的实现了的知；具体的诗歌创作则根本不是知，也不能成为知。

就其单纯在逻各斯自身而言，《范畴篇》已然对一般而言的范畴有所规定。处于第一位的是"是其所是"（οὐσία），继而"数量"（πόσον），再次"性质"（ποῖον）。[①] 根据"划分的数量和性质"（ἐκ πόσων καὶ ποίων μορίων），[②] 诗艺学本真之事要进一步具体化地展开，而这一展开实际上构成了诗艺学的主要内容。但是这里亚里士多德在论述的顺序上做了调整。首先紧随着对悲剧诗艺制作本质所是的界定，根据"性质"而划分为：作为情节组织起来的行动（μῦθος）、行动者的品性（ἤθη）、语言呈现的言辞形态（λέξις）、贯穿所思的运思（διάνοια）、行动呈现的外观景象（ὄψις）以及唱段的歌行制作（μελοποιία）。而根据"数量"划分为：首先是开场白（πρόλογος）、场次（ἐπείσοδιον）和退场（ἔξοδος），进而是就歌队合唱（χορικόν）而言划分为歌队唱词吟诵（πάροδος）、歌队合唱词（στάσιμον）和哀歌（κόμμος）。

就数量和性质而言，人们一直认为亚里士多德在谈论现成的悲剧作品，他似乎在具体地规定悲剧诗作品的构成，进而直接论及悲剧诗的剧场表演（无疑是适用的）。但这里不是就作品的现成所是的构成，而是如其所应是的构成，这一构成首要的意义在于，创制性诗艺的本质现相作为合乎其本质所是的这一个整体，要实现其如此这般得到规定的"作品"，必须是在这一结构的划分上达到其完备的构成——这一划分同样是要能够造

---

① Arist., Cat., 1b26.

② Arist., Poet., I, 1447a10.

成完备的区分以造成这一个整体。当然这种始终占据主导而未曾受到质疑的偏见具有其合理性：这一数量上构成的划分在希腊意义上的戏剧诗制作中直接可见，不仅作为戏剧诗的作品，而且作为戏剧诗的剧场表演。亚里士多德并没有无视这一点：制作作品及其表演构成希腊人历史的和当前的生活世界的重要方面。要审视创制性逻各斯技艺本身的本质所是，始终关涉制作技艺在生活世界的独特呈现方式，即作品与表演。① 即便如此，作品与表演都不是诗艺学的本质之事，相反诗艺学始终注目于创制性诗艺本身及其本质相的逻各斯。

性质方面的划分是诗艺学本真之事的重头戏。亚里士多德将这一划分拢集到诗艺范畴当中来加以把握。但这一就诗艺范畴而言的拢集意味着区分，通过这一区分，诗艺制作本身作为特定整体才得以建立起来。这是对诗艺制作的本质所是的理性关系建筑。在此，不仅诗艺制作的"本质所是"与其他一切本质所是不同，而且与诗艺本质所是打交道的诗艺学，作为创制性的逻各斯科学，与其他一切逻各斯科学也根本不同。在逻各斯之中当下呈现的诗艺制作"建筑"自身是完满的；无物外在于逻各斯的这一个整体。逻各斯的这一个整体按照诗艺学的范畴区分如下：第一，"何所是"，作为情节组织起来的行动（μῦθος）、行动者的品性（ἤθη）以及贯穿所思的运思（διάνοια）；第二，"何所如"，行动呈现的外观景象（ὄψις）；第三，"何所在"，语言呈现的言辞形态（λέξις）、唱段的歌行制作（μελοποιία）以及贯穿所思的运思（διάνοια）。贯穿所思的运思（διάνοια）不仅贯穿诗艺制作本身的这一个整体，而且贯穿就性质而言的诸诗艺范畴。② 严格说来，最终诸诗艺范畴都要在担当行动的逻各斯中拢集到整一的行动上来。结筑为情节的整一行动是诗艺制作的核心与灵

---

① 这与实践性逻各斯和理论性逻各斯完全不同。

② 对于亚里士多德来说，贯穿所思的运思（διάνοια）的位置是灵活的，现身于所有诗艺范畴，既归属于"何所是"范畴（《诗艺学》第六章），也归属于"何所在"范畴（《诗艺学》第十九章）。《诗艺学》没有专门的阐述，亚里士多德将其阐明放在《修辞学》。διάνοια如此独特，因为它是努斯（νοῦς）与逻各斯（λόγος）的中介。

魂，诸范畴拢集到自身同时造就如此这般的这一个整体。亚里士多德必须在划分中着力将整一行动的诸方面都分别加以阐明，但同时诸范畴始终鉴于这一整一行动本身而相互关联，共同造就在这一个整体中的"一切"的区分。

最后就我们自身而言，从康德意义上的量的范畴来划分诗艺制作本质所是的诸逻各斯（λογοί）：第一，"一切"（Alles），即悲剧诗艺制作的诸划分（μέρη τῆς τραγῳδίας），这一划分贯彻到所有的单个行动，但川不可以无限划分，而是始终鉴于行动所导致的整一性而做出划分；因此，第二，"整一"（Eines），诸行动的结筑组织（σύνθεσις τῶν πραγμάτων），所有行动都按照必然性或者可然性构合为统一的行动体；第三，"杂多"（Vieles），造就整体的划分与区分同时意味着排除非本质的各种"属性"（συμβεβηκοί），这一排除服务于澄清和彰显最好的和最美的悲剧诗艺制作的结筑（σύνθεσις）。

诗艺学的尺度贯穿并实现于如此这般的悲剧诗艺本质相。第一，具有否定性的"杂多"（Vicles），即排除不能按照必然性或者可然性展开的行动，这些行动与诗艺制作的行动结筑不相匹配；第二，"一切"（Alles），即造就整一行动的整体性区分的"一切"，只是作为理性关系的开端、中间和完成的逻各斯；第三，"整一"（Eines），即悲剧诗艺制作的这一个整体，首先关涉到独一的行动者，进而塑造统一的行动，最后呈现为自身完满的担当行动的逻各斯的秩序体（λόγος-κόσμιος）。但诗艺学的尺度，尽管业已沉浸于创制性逻各斯的本质之事当中，却始终要与亚里士多德哲学的整体原则相关联，才能得到真正的澄清和阐明。哲学的努斯原则不仅决定了亚里士多德必须通过对"如真现相"诸范畴的区分进程，自觉而透彻地导向对诗艺学的创制性技艺的本真之事，而且必须在对诗艺学本真之事的思想展开中，让诗艺学的尺度与悲剧诗艺的本质现相一道当下映入眼帘。

第三章
诗艺学的先行运思：如真现相（μίμησις）

第一节　如真现相（μίμησις）与诗艺范畴

"关于创制性诗艺本身和诗艺的诸本质相；每一本质相所具备的可能性／潜力；若要诗艺制作是'美的'，应如何聚合组织诸行动（δεῖ συνίστασθαι τοὺς μύθους）；诗艺制作鉴于数量和性质的划分；其他同属于这一【诗艺制作的】运动进程（μέθοδος）的【范畴】，[①]让我们首要地循着自然顺序、从其诸'第一'来开始谈。"（περὶ ποιητικῆς αὐτῆς τε καὶ τῶν εἰδῶν αὐτῆς, ἥν τινα δύναμις ἕκαστον ἔχει, καὶ πῶς δεῖ συνίστασθαι τοὺς μύθους εἰ μέλλει κακῶς ἕξειν ἡ ποίησις, ἔτι δὲ ἐκ πόσων καὶ ποίων ἐστὶ μορίων, ὁμοίως δὲ καὶ περὶ τῶν ἄλλων ὅσα τῆς αὐτῆς ἐστι μεθόδου, λέγωμεν ἀρξάμενοι κατὰ φύσιν πρῶτον ἀπὸ τῶν πρώτων.）[②]

诸首要者都集聚于诗艺学这一独具的开端。亚里士多德以直奔主题的方式说出他的决断：诗艺学的目标及其本质之事都框定在创制性逻各斯技艺自身。但这一决断隐含了作为决定性前提的诸第一中的"第一"，这一点必须从亚里士多德哲学整体的原则及其事情来予以把握。作为逻各斯科学，亚里士多德哲学要通过逻各斯在自身的自相区分实现每一科学自身

---

① 这里μέθοδος并非"方法"，而是意指诗艺制作的展开进程，亦即：作为技艺的逻各斯自身的自相区分的进程，逻各斯的"推演"呈现的展开，凝结为语言形态的逻各斯的"运动"。

② Arist., Poet. I, 1447a8ff..

的完满，并且对于有朽之人而言作为如此这般的知当下完满呈现。逻各斯科学始终只与本质之事打交道，即只与没有质料先赋的本质所是（οὐσία ἄνευ ὕλης）、本质相（εἶδος ἄνευ ὕλης）打交道，而这归根到底要说的是，始终与本质所是的逻各斯打交道。

就创制性的逻各斯技艺而言，诗艺学的开端就已经说出其思想目标和本质之事。诗艺学关注的是诗艺本身及其诸没有质料先赋的本质相，进而具体到如何按照"如其所应是"的诗艺原则来制作和结筑作为情节的整一行动"这一个整体"。但这尤其要实现为诗艺本质相的自身范畴展开，即实现在基于数量和性质而展开的整体性"划分"（μόριον / μέρη），这些划分作为拢集到本质相的理性关系范畴最终要作为思想的运动进程而拢集到诗艺的"这一个整体"。与实践性逻各斯科学和理论性逻各斯科学完全不同的是，创制性逻各斯科学要与自身沉浸之事以及自身成事的"本质所是"的逻各斯打交道，必须澄清规定了诗艺本身所是的诸范畴，进而基于量和质的范畴而将诗艺本质相作为实现完满的这一个整体带向逻各斯的当下呈现。

究竟在何种逻各斯的当下呈现之中？令人惊讶的是，这里所说的创制性诗艺的当下呈现，并非直接关涉到诗艺诸本质相及其理性关系范畴，而是首先关涉到创制性逻各斯技艺"本身"（αὐτή）的理性关系范畴。也就是说，诗艺本身的范畴规定才是诗艺学就其开端而言必须面对的自然顺序的"第一"。唯有在逻各斯之中将诗艺本身的逻各斯范畴先行加以规定，对诗艺的运思才能合乎自然地进展到诗艺的本质之事，这说的是进展到对实现为这一个整体的本质相的规定。正是为了这一思想的"进展步骤"，可以明确的是，诗艺本身所是实质上并无"所是"，而是直接呈现为"如真现相"的诸范畴规定。只是作为"如真现相"得到规定的"诗艺本身"才构成了思想必须与之打交道的诗艺"本质相"（εἶδος）。

诗艺学的本质之事不能停留为诗艺本身的抽象规定。相反，对于亚里士多德而言，一般意义上的诗艺本身在诗艺学中根本没有位置。诗艺学不关心这样的一般的诗艺本身的抽象规定。作为诗艺范畴规定，"如真现相"（μίμησις）的范畴规定展开为朝向具体化实现的诗艺本质相的思想进程，最终诸诗艺范畴在相互联合中锚定诗艺学的本质之事：相互区分的悲剧诗艺与喜剧诗艺，附带的是史诗诗艺与戏剧诗艺尤其是悲剧诗艺的区分。

在此必须重新确认：诗艺学作为创制性逻各斯科学只与逻各斯打交道，进而言之即与诗艺本质所是的逻各斯打交道，进而也就是与诗艺本身之为"如真现相"的范畴和诗艺就其自身实现完满而言的具体的本质相的范畴打交道。也就是说，诗艺学从始至终不是单纯描述性的归结性的"理论"，而是为亚里士多德哲学整体所自知的原则／根据贯穿到底的科学的知。它向来就是"概念把握的"，这是说向来就是逻各斯自身鉴于自相区分的透底展开而达致的当下呈现。进而言之，这是创制性逻各斯技艺实现于逻各斯的自身"创制"——这里创制在于首次将诸范畴拢集到诗艺本质所是并由此将诗艺本质所是的"现相"（εἶδος）呈现于诸范畴的规定性之中。唯有这些规定性的区分与联合能将诗艺学确认为如此这般的科学／知，因为这不再是创制性逻各斯始终面向并就其质料先赋而展开制作的、处于无尽杂多纷繁之中的"技艺"，而是创制性逻各斯就其自身作为技艺而言，以无须质料先赋而合乎自身的自然和完满的本质相，现身为逻各斯自身诸范畴的规定。

诗艺学诸范畴不仅构成创制性逻各斯科学的本质之事，而且自身即升扬为逻各斯科学的知。毫无疑问，这是始终关乎创制性技艺及其制作的知。诗艺学在与没有质料先赋的诗艺本质相打交道的同时，始终要反顾到诗歌制作的作品与被唤作"诗人"的"制作者"。但同样始终要明确的是，诗人的无尽制作和诗歌作品都不是科学，也不能升扬于科学而成为自身奠定根据的知。与此相应，实践性逻各斯科学只与合乎人的本质与完满的纯粹逻各斯行动打交道，但是始终反顾到生活世界中行动的区分和相应的人就其品性（ἤθη）方面的争执与中道，理论性科学只与"存在之为存在"（ὄν ᾗ ὄν），与"如其业已得到规定而是其所是"的逻各斯（λόγος ὁ τὸ τί ἦν εἶναι λέγων）打交道，但始终返顾到本质所是（οὐσία）与质料

（ὕλη）的区分，最终就其自身同一的纯粹思想而言，逻各斯把握住并带向当下呈现的，对于有朽之人而言，仍是那可见的完满。

亚里士多德非常清楚每一科学中的这种根本区别与关联，这是因为，哲学的使命在于完满把握住有朽之人在自身和与自身的相互区分，使之实现为自身奠定根据的关于人的本质所是的知，由此赢得其人之为人的纯粹安顿。就这一哲学的知（ἐπιστήμη）最终是纯粹自身同一的完满思想而言，与自身相区分的人能够"知道"人本身是"神样的"，这不仅是可能的，而且业已当下实现（ἐντελέχεια）。为此思想的利剑要求彻底的区分，而区分旨在将知的根据的自我奠定带向当下呈现。这一当下呈现，不仅对于灵魂中的努斯或者作为努斯的区分了的单纯之"人"而言是明白可见的，而且对于始终处在与质料先赋交涉之中的有朽之人而言，对于他的感性（αἴσθησις）而言，是当下可见的，因而是具有知的原则和根据的说服力（πειθώ）的——世界如此这般，它不能是一团混沌和无序，它要成为这样的世界秩序——然而，作为逻各斯科学的哲学要操心的首要的和第一的事情，只是鉴于知的原则和根据思想中要分丌和结筑的"一切"，进而言之，只是逻各斯实现逻各斯的逻各斯秩序体（λόγος-κόσμος）。

亚里士多德的科学既不是近代以来的科学，也不是经验科学。他的哲学也不是哲学的经验主义，哲学的本质之事不能回撤为经验，不能还原为物质乃至身体。从意识（Bewußtsein）来切入和把握亚里士多德哲学也是徒劳的——希腊人的灵魂（ψυχή）的运思，根本不是在对上帝的信仰中确认自身和践行真理，也不是意识哲学意义上的"意识"去认识和反思，更不要说是心理学意义上的"心灵"去分析和实证，它只关心自身在不朽与有朽、逻各斯与无逻各斯的区分中为知及其说服力奠定根据并将其带向当下呈现。就创制性逻各斯技艺而言，诗艺学之为科学也不是经验性的，根本不在于与诗歌制作的作品及其制作者"诗人"打交道，因而也不可能是某种诗歌分析或者创作指南。诗艺学只关心诗艺本身，进而是诗艺本质相的范畴规定，与具体实现了的诗艺本质所是打交道。但就此也并不意味着诗艺学是近代以来所理解的美学或者文艺理论。这不是哲学家亚里士多德的目标，也不是诗艺学的目的。

哲学家亚里士多德在创制性科学中只关心沉浸于事且自身成事的逻各斯技艺实现了的本质所是。创制性逻各斯技艺当下创制—呈现的科学意义上的知，最终是实现完满的"这一个逻各斯整体"。作为纯粹的本质相，这一个整体既不是没有"内容"的空洞形式（亚里士多德根本不识得内容与形式的区分），也不能够与经验现成的"物"直接对应，不具备其与之对应的"影像"，亦即其实现完满的这一个整体，并无直接现成的对应"作品"，不管这是索福克勒斯还是阿里斯托芬的随便哪一部作品。

上述对主流成见的破除，并不是简单反对亚里士多德诗艺学对于美学、文艺理论乃至文学研究的重要意义，而是旨在为从新切入诗艺学，领会诗艺学的使命与事业开辟道路。事实上，这毫不否认亚里士多德诗艺学在其展开中始终保留对经验、对诗艺作品、对制作者"诗人"的反顾，反而要毫不犹豫地承认——这一承认是思想的决断，而不是理论的油滑——诗艺作品与诗人乃至作品的人物与情节，都不曾脱离诗艺学思想展开的视线。这并不是鉴于诗艺本质所是与诗艺现成物之间的直接对应关系，而是鉴于"技艺"自身的一般本质，即"技艺"的人工性。

自从智慧的语言说出这一秘密：技艺是诸神赠予有朽之人的礼物，技艺就标识这人之为人的根本性方面，进而标识有朽之人的世界的根本性方面——与非人工性的方面相对而立，最为人所熟知的即所谓"法则"（νόμος）与"自然"（φύσις）的相对而立。在拒斥智慧而要自身奠定根据的哲学兴起后，凝结于语言形态而得到纯化的逻各斯技艺，确认自身为"智慧的技艺"（τέχνη σοφιστική），从事说服力的游戏，却从根本上致力于瓦解"智慧"，瓦解对于有朽之人为可能的"智慧"，导致哲学真理的知及其说服力完全陷入崩解状态。作为"智慧的技艺"，逻各斯技艺的"人工性"达到了极致：造就了单纯的"意见"横行的世界。值得注意的是：逻各斯技艺之为"智慧的技艺"横行的时代，也是逻各斯技艺之为"诗艺"确认自身并且兴盛发达的时代！

柏拉图和亚里士多德的哲学乃是为了"智慧"（σοφία）的哲学。如果说柏拉图是在意见的领域之内，将创制性逻各斯技艺纳入论辩性逻各斯技艺的展开加以规定，亦即将逻各斯的如此区分转化为哲学与诗艺的区分，而这要说的是，转化为真理与非真理的区分，那么亚里士多德是在逻各斯自身当中，将创制性逻各斯技艺纳入逻各斯自身思想进程加以规定，亦即在逻各斯科学的三重区分中将创制性逻各斯技艺升扬于逻各斯的科学，将其转化为与真理相关的知。由此，亚里士多德得以扭转老师柏拉图对待诗艺本身、对待诗歌作品乃至诗人的否定性规定。正是在创制性逻各斯科学的思想展开当中，诗歌和诗人就其诗艺本身方面而言从根本上得到了辩护：诗艺不仅具备说服力，而且通达真理。与真理的本质相关性指的是，就创制性逻各斯技艺的人工性而言，诗艺能够将有朽之人的自相区分当下实现于自身的创制性呈现。

但这里涉及凝结为语言形态的创制性逻各斯技艺与其他技艺的根本区别。创制性逻各斯科学的本质之事是诗艺本身及其本质相，而不是任意某个作品的"本质所是"。任意某个作品并不具备自身的"是其所是"。追问某个作品的本质所是，这意味着必须回溯到创制性逻各斯技艺本身，就这一诗艺本身而言的"本质相"——已然具有种类划分的外观。但问题不在于作为种类的划分，而在于在种类外观中本质相自身的"是其所是"。因此一旦在开端处判定了诗艺学的目标和本质之事，亚里士多德就能够直接就诗艺本身来展开作为诗艺范畴的"如真现相"（μίμησις）诸范畴规定。

I. 诗艺范畴：如真现相（μίμησις）的三重规定

1.1 "何所在"：节奏、逻各斯与韵律和谐

就其人工性而言，技艺（τέχνη）几乎贯穿人的生活的一切方面。智者运动将技艺与逻各斯明确关联起来，即"智慧的技艺"（τέχνη σοφιστική），并使之成为思想的基本工具。这里技艺已然是纯粹逻各斯

的技艺。[1] 同样μίμησις具有极其宽广的词域、语义和语用。[2] 柏拉图大量运用其动词形式μιμεῖσθαι，几乎贯穿柏拉图哲学的整个思想，由此事实上将μίμησις转换为哲学概念。就其与创制性逻各斯技艺相关而言，柏拉图的哲学不仅使得逻各斯技艺与μίμησις的相互关联成为可能，事实上通过与其他技艺的区分，他首次系统提出了创制性逻各斯技艺的"何所在""何所是"与"何所如"的三重范畴。但μίμησις仅仅被狭隘理解为"摹仿/模仿"（Nachahmung／imitatio），其历史误解的根源也在于此。在"床的譬喻"[3]中，摹仿不能通达真理，只是本质相的影像。亚里士多德的诗艺学一方面加深了对μίμησις之为摹仿的狭隘理解，似乎建立了一套"模仿论诗学"，另一方面则构成对老师柏拉图的回应和偏离，确立了"摹仿性诗艺"的独立性以为诗艺辩护。这是对柏拉图和亚里士多德的双重误解。

无论如何，经过柏拉图的中介，与其他技艺相区别，凝结为语言形态的创制性的纯粹逻各斯技艺通过μίμησις的三重范畴得到规定和阐明。这对于亚里士多德而言是先行给定的洞见，因此进入正题仍然是一个确定了的决断：史诗制作、悲剧诗艺、喜剧诗艺、酒神颂创制技艺、大部分双管箫和竖琴演奏的音乐技艺，这一切总的说来就是"如真现相"。这些"如真现相"从三个方面得到区分：或者现相的所在不同，或者现相的对象所是不同，或者现相的"如何"不同，即不以同样的方式来呈现。（ἐποποιία δὴ καὶ ἡ τῆς τραγῳδίας ποίησις ἔτι δὲ κωμῳδία καὶ ἡ διθυραμβοποιητικὴ καὶ τῆς αὐλητικῆς ἡ πλείστη καὶ κιθαριστικῆς πᾶσαι τυγχάνουσιν οὖσαι μιμήσεις τὸ σύνολον· διαφέρουσι δὲ ἀλλήλων τρίσιν, ἢ γὰρ τῷ ἐν ἑτέροις μιμεῖσθαι ἢ

---

① 关于技艺的语义和语用，尤其参见Rudolf Löbl, *TEXNH–TECHNE: Untersuchungen zur Bedeutung dieses Worts in der Zeit von Homer bis Aristoteles*, 3Bde., Könighausen&Neumann, 1997, 2003, 2008.

② 就此尤其参见Hermann Koller, *Die Mimesis in der Antike: Nachahmung Darstellung Ausdruck*, Francke, 1954.

③ 参见柏拉图《理想国》卷十，596B–598D。

τῷ ἕτερα ἢ τῷ ἑτέρως καὶ μὴ τὸν αὐτὸν τρόπον.）[1] 这里作为"如真现相"（μίμησις）来规定的"逻各斯创制"是就其基于技艺（τέχνη）本身而言，不是就其基于实践方面的习性（συνήθεια）而言。进而言之，这里"如真现相"诸范畴构成对创制性逻各斯技艺的规定，始终是就其作为创制"技艺"本身而言的，也就是说，这里诸"如真现相"的范畴限定在诗艺范畴，而不是诗歌范畴，始终仅仅在间接的意义上关涉到成为作品的诗歌，更不是回溯到创制者"诗人"的人类学范畴，它仅在过渡和消逝的意义上不断回溯到"诗人"。

这一决断所提及的技艺（τέχναι）全部都是在节奏、语言形态的逻各斯和韵律和谐当中创制其如真呈现的（ἐν ῥυθμῷ καὶ λόγῳ καὶ ἁρμονίᾳ）。[2] 虽然亚里士多德以类比的方式提及绘画和雕塑乃至舞蹈等其他技艺，但是这一类比与其说是要强调诸技艺的相似性乃至共同性，不如说是为了展开区分，以便确认纯粹语言形态的诗艺制作的"何所在"范畴。创制性逻各斯技艺在制作中的如真呈现，都不是"在自身"的，而是"在与自身不同者"的。但是就这里仅仅涉及凝结为语言形态的逻各斯而言，创制性逻各斯技艺乃是"在自身"的，只是这一"在"意味着，逻各斯技艺的创制乃是通过逻各斯在自身、与自身相区分来实现的。只是在自身区分之中，逻各斯技艺的"创制"才是"在自身"的。

"在它的"，准确地说是"在与自身不同者中"的，这在诗艺的"何所在"范畴之内却是有待规定的。只有诗艺范畴的展开进展到第二步，与诗艺的"何所是"相结合，这一"在与之不同者中"范畴的重要意义才能显豁明白。为什么？因为这里要创制的"什么"与用以制作这"什么"的并不是同一个"什么"。根据诗艺的"何所是"范畴，要创制的"什么"

---

[1]　Arist., Poet. I, 1447a13–18. 这里提及的双管箫乐和竖琴乐以及其他类似的音乐技艺，并不是强调其单纯的"音乐"技艺，而是就其附着于诗艺而言，构成诗艺制作及其呈现必须考量的要素。因为古希腊诗舞乐并不截然分离。但1447a23–28重提这几种音乐技艺，则是强调其就"音乐"而言的自身方面，亦即强调其单用节奏而与诗艺制作本身相区别。

[2]　Arist., Poet. I, 1447a21–22.

乃是行动。但是这里所谓行动，也不是在实践性行动中就其作为行动本身而当下实现的行动。这里所谓行动，不是"在自身"而言的行动。实践性行动本身具备自身的目的（τέλος），这一目的当下完满实现在合乎逻各斯的行动之中；这里不是"在自身"的行动，当下实现的行动自身的目标和完满退居次要的和第二位的位置，它"在与自身不同者"那里当下实现的是创制性逻各斯的技艺的目标和完满。正是服务于诗艺自身目标的"行动"，逻各斯技艺的创制要使之"在与自身不同者"当中成为创制的事情。这个与行动自身不同者归属于诗艺的"何所在"范畴，即这一得到区分并凝结为特定语言形态的逻各斯自身。在此，逻各斯技艺与它的"所在"是相同一的，因而是"在自身的"逻各斯；逻各斯技艺在自身担当起行动，而行动"在与自身不同者"当中。

"何所在"是诗艺范畴真正首要意义上的"第一"。尽管"何所在"在必要的意义上具备"载体"含义，"在……"却根本并不意味单纯处于底层的载体，而是囊括了诗艺创制的"一切"，让这"一切"的创制"如其所应是"地呈现为如此这般的"一切"。这个"一切"归结到逻各斯上来，尤其是凝结为语言形态的逻各斯。"一切"在语言之中。并非任意的语言，而是蕴含了理性关系的、拢集了节奏与格律的特定语言。这里的语言作为理性关系的语言，蕴含着逻各斯在自身、与自身相区分的"推演"。这一推演，如其呈现为如此这般的语言，乃是具备了"知"的语言，或者这一语言形态的当下如真呈现即展现了"知"。与其说一切在语言中，不如说一切在逻各斯之中。一切并不是在语言中"被道说出来"，而是在逻各斯中"被呈现出来"——不是"摹仿"，而是"如真现相"（μίμησις）。"如真现相"要实现在如此这般得到规定的"何所在"当中。

创制性逻各斯的"何所在"范畴中，凝结为语言形态的逻各斯占据核心位置，节奏与韵律和谐都要拢集到逻各斯。凝结为语言形态的何种逻各斯？具体而言，这里拢集了三个要素的诗艺语言即具有格律的逻各斯或者说格律文（λόγος μέτρος）。①以此为区分标准，亚里士多德尤其排除其他以语言形态呈现，但却不能纳入诗艺之中的呈现样态。如此得到辨别的诗艺尚未有"共名"。②亚里士多德最终也没有为此一般而言的诗艺"命名"。所谓"诗人"之名乃是误用。例如，使用格律创制"哲学诗"的恩培多克勒与其说是诗人（ποιητής），不如说是自然哲学家（φυσιολόγον）。③一言以蔽之："辨别"逻各斯、节奏和韵律和谐，④是为了一步步区分和排除相应的创制性技艺，最终基于"如真现相"的"何所在"这一诗艺范畴，为实现对创制性诗艺"本身"的完满规定并通向诗艺诸本质相的规定开辟道路，即开辟其运思自身的展开进程。

1.2 "何所是"：行动的高贵肃穆与卑劣滑俗

第二个诗艺范畴是"如真现相"的"何所是"，即行动者（πράττοντας）。这里行动者就其品性而言，要么是比我们［普通人］要好，要么比我们差，要么是等同于我们这样的人。⑤但行动者必然要么是教养成高贵肃穆的人，要么是教养不够的卑劣滑俗的人（ἢ σπουδαίους ἢ φαύλους εἶναι）。⑥高贵肃穆品性与卑劣滑俗品性构成真正的对立与区分。只要是模仿或者表现行动中的人，不仅仅创制性逻各斯技艺，诸如绘画、舞蹈、无格律的散文、酒神颂等所有模仿性—呈现性的技艺（τέχναι μιμήσεων）

---

① Arist., Poet. I, 1447a29: λόγος μέτρος，具有格律的逻各斯是就"何所在"范畴而言具体化了的诗艺的逻各斯。需要注意的是，一般注释都强调1447b25行的 μέλος 代替了1447a22行的ἁρμονία，而μέτρον则取代λόγος（例如参见Lucas；陈中梅），但都没有注意到二者已然内在于逻各斯，因此并不能给出恰当的阐明。实际上，1447b25在"何所在"三要素上表述的调整并不是没有道理的，相反，这意味着不再是抽象的要素区分，而是具体到节奏与韵律和谐朝向逻各斯的、实现了的拢集形态。这就是具备特定格律的诗行，包括唱诵的和对话的诗行。在此，区分出来的三要素乃是相互嵌入的；取代λόγος的μέτρον甚至构成ῥυθμός的成分（1448b21）。
② Arist., Poet. I, 1447a28:［ἐποποιία］，"史诗诗艺"在此是否恰当有争议。从上下文看应该舍弃。语文学的理由，尤其参见：Tarán–Gutas, *Aristotle Poetics*, Pp.226f.
③ Arist., Poet. I, 1447b17–20.
④ 关于διαφοραί，比较陈中梅第一章注释第46条。《诗学》，商务印书馆，1996年（2005重印），第37页。
⑤ Arist., Poet. II, 1448a4–5: ἤτοι βελτίονας ἢ καθ᾽ ἡμᾶς ἢ χείρονας ἢ καὶ τοιούτους.
⑥ Arist., Poet. II, 1448a2.

都是要表现这两种相互区分和对立的人。最后悲剧诗艺与喜剧诗艺也都要基于对象的区分而相互彻底区别开来。悲剧诗艺与喜剧诗艺的不同也同样在此：喜剧诗艺要呈现比我们今天差的人，悲剧诗艺则要呈现比我们今天好的人。[①]"我们这样的人"或者"我们今天的人"，只有过渡性的意义，它不能构成真正的对立和区分。但就诗艺创制呈现中的行动而言，正是这一过渡性的环节锚定了行动乃至行动者区分的地基和水平线。品性（ἤθη）高贵肃穆抑或卑劣滑俗的对立和区分始终要返回到这一支点才能凸显和实现出来。

整个第二章，亚里士多德都在强调行动者的品性区分。他不仅直接返回到在呈现当中行动着的人及其区分，甚至在论述时不断或明示或隐含地回溯到创制者，创制者自身同样具备这一高贵肃穆与卑劣滑俗的区分。这是因为模仿者或者呈现者，包含两方面的含义：一是呈现本身之中的行动者本身即模仿者或呈现者；二是作为"呈现"这一技艺创制本身的作为动力因的创制者。二者按照技艺的不同，或者分开或者合一。就创制性诗艺而言，创制者与呈现者既分开又重合。创制者即呈现者或模仿者，而如真呈现的对象是作为呈现者而行动着的人，包含了高贵肃穆与卑劣滑俗品性的对立。品性相互区分了的行动者及其行动本身才构成如真呈现的"何所是"。

为何说"如真现相"的对象在于行动着的人？亚里士多德十分清楚，创制性逻各斯技艺的"何所是"实质上在于行动，其区分首要的在于行动本身，因此高贵肃穆与卑劣滑俗是在行动本身而言，且在此当下实现的。呈现行动中的人，是为了呈现行动。[②]这就是说，这里呈现中的行动，尤其是构成情节的整一行动，总是有朽之人的行动，而不是其他（诸神的或者动物的）行动。而有朽之人的行动始终关涉到人的品性。亚里士多德对诗艺"何所是"范畴的规定必须直面就品性而言的人的自相区分。最终高

---

① Arsit., Poet., II, 1448a16–18: ἐν αὐτῇ δὲ τῇ διαφορᾷ καὶ ἡ τραγῳδία πρὸς τὴν κωμῳδίαν διέστηκεν· ἡ μὲν γὰρ χείρους ἡ δὲ βελτίους μιμεῖσθαι βούλεται τῶν νῦν.

② Arist., Poet. VI, 1450b3–4.

贵肃穆的品性与卑劣滑俗的品性的区分，构成了悲剧诗艺与喜剧诗艺相互区分的根本标识。相较于其他两个诗艺范畴，"何所是"范畴是悲剧诗艺与喜剧诗艺相互区分的关键。

为何在此突出"如真现相"的"何所是"是品性高下分判的人？这一追问将目光引向实践性科学，尤其是引向伦理学。但要回答这一问题，必须谨守亚里士多德自己所做的科学划分，而不是由此尝试将创制性科学归属于实践性科学，将诗艺学归宗于政治学。①创制性科学与实践性科学相互区分也相互关联。但不论是修辞学还是诗艺学，都不是政治学乃至伦理学所能范围。因为鉴于逻各斯科学的区分，创制性科学与实践性科学一样，各自具备自身的事情与完满目标。但是这一区分在最高的第一哲学或者神圣学的规定下，始终处于联合之中。这一联合不仅体现在诸科学的整体秩序，而且就其总是返归到有朽之人自身的本质所是及其自身实现完满而言，创制性科学与实践性科学业已在事情当中相互穿透。

在何种意义上这里必须引入伦理学来确认诗艺呈现中行动的人？正是因为这里涉及行动。在实践行动的意义上，人不是现成在此的，也不是因为外在于人自身的规定而作为人行动，人当下实现在作为人的行动之中。只有行动才能展现人的品性（ἤθη）。人的品性的区分展现为行动的品性的区分；行动的品性则是鉴于人的品性而得到确认。②实践性科学已然明确：人之为人，绝不是现成在此的，就其为城邦共同体的立法与统治行动而言，政治技艺（τέχνη πολιτική）旨在"创制"合乎人之所是的实现完满（τέλος）的人，就其为个体的实践行动而言，首先是在灵魂的区分中逻各斯必须成为主导，进而在每一次实践决断中逻各斯是唯一动因，个别之人自身在其合乎人之为人本质并且使之因此具备卓越德性的"人"就在行动本身当下实现出来。对于创制性逻各斯技艺而言，如此行动着的人及

① 将诗艺学归宗于政治学，而伦理学则从属于政治学，这是刘小枫教授新著一以贯之的主旨。尤其参见刘小枫：《巫阳招魂：亚里士多德〈诗术〉绎读》，生活·读书·新知三联书店，2019年。
② Cf. Arist., Poet. VI, 1450a17–20.

其行动是先行给定的，是已知的，但创制的呈现，其特出之处正在于，将如此之行动担当于自身的逻各斯要如其在实践行动中一样，将行动及其区分"创制""呈现"出来，而所呈现的，正是行动之人在其行动中当下实现。鉴于"何所在"范畴，这一呈现是凝结为语言形态的，行动之人及其行动都拢集在语言，行动的划分转化为逻各斯—语言的划分，行动的实现转化为逻各斯—语言的实现。在此，逻各斯的"创制性技艺"有其用武之地，它有其自身的事情和目标。

只有实践行动中的人才具备品性（ἤθη）。这里行动之人的品性不出高贵肃穆与卑劣滑俗的区分，因为所有人都是按照出类拔萃或者低劣不良才分出品性。[①]但这里区分并非品性（ἤθη）的简单而极端的"好与坏"乃至"善与恶"的对立。事实上亚里士多德衡量的水平线是普通人，即所谓和我们差不多的人，而这尤其指城邦中的具备逻各斯的自由个体，只有这些作为自由城邦个体而行动的公民（πολίτης）才拥有高贵肃穆与卑劣滑俗的品性对立。但不论绝对善还是绝对恶，都根本不在视线之内。亚里士多德无意于不朽的诸神，无意于他们作为不朽者的行动，也无意于其他生命／生物，甚至无意于女人、孩子，乃至不具有逻各斯的奴隶。因为行动之为行动，而不是单纯的"运动"与"变化"，乃在于它只能是人之为人的行动。行动涉及人之为人的当下实现，人的本质所是当下呈现／实现在行动之中。就悲剧诗艺而言，相关的行动［事件］结筑为整一的行动或者情节，尤其限定为出身高贵的但并非完人的行动。唯有这样的人和他的行动能构成贯穿整一行动的行动者——即便行动的整一性并不取决于这一行动者的整一。

1.3 "何所如"：叙述与演述

重复一遍：基于"何所在"与"何所如"这双重范畴，诗艺本身的规定已经将各种技艺，进而各种诗艺都排除出去。在诗艺范畴的规定性展

---

① Arist., Poet. II, 1448a2–4: τὰ γὰρ ἤθη σχεδὸν ἀεὶ τούτους ἀκολουθεῖ μόνοις, κακία γὰρ καὶ ἀρετῇ τὰ ἤθη διαφέρουσι πάντες. 此外尤其参见1450a15–22.

开中，就其为创制性的逻各斯技艺"如真现相"而言，区分始终意味着排除，排除无关紧要的，以便思一步步推进到诗艺的本质之事。然而涉及诗艺学的本质之事，荷马与荷马的史诗诗艺始终在亚里士多德的视线之内。几乎对所有环节的阐述，他都要返回到荷马。在"何所如"范畴，根据叙述与演述的区分，由此要区分的是史诗诗艺与戏剧诗艺。悲剧诗艺与喜剧诗艺都鉴于演述的呈现方式而归结为戏剧诗艺。就呈现对象之何所是而言，史诗诗艺则与悲剧诗艺相同。但是就合乎诗艺本质所是的诗艺本质相而言，则必须通过悲剧诗艺才能阐明史诗诗艺。归根到底，"何所如"这一范畴的关键意义并不在于强调史诗诗艺与包含了悲剧诗艺与喜剧诗艺的戏剧诗艺相区分，而在于突显戏剧诗艺的"演述"呈现方式。

演述，毫无疑问与剧场表演相关，但这一相关性不是决定性的，因为不需要通过表演而只通过"阅读"或者"听诵"同样都能达成如在目前的演述。这里演述与其说是表演，不如说是逻各斯自身的"推演"。在此，知性／推理的思／贯穿所思的运思（διάνοια）已然一贯而内在地发挥作用。逻各斯的"推演"始终与推理之思的"运思"相互嵌入：推理之思的"运思"实现在逻各斯的"推演"，即实现于逻各斯自相区分的诸环节与诸范畴；逻各斯的"推演"必须展现推理之思"运思"的贯穿性力量。就整个亚里士多德哲学而言，推理之思实质上是努斯原则与逻各斯科学的中介，这贯穿在整个逻各斯科学，并使之在原则之下通过相互区分和相互联合成为当下现实。

这里再次涉及关于语言形态的逻各斯与行动本身的判断：创制性的逻各斯自身担当起行动，将行动落实在如此这般的语言形态中，如其就是逻各斯自身的理性关系之展开，亦即，不是单纯的语言之流或者言语关系，而是如其呈现为逻各斯的"推理"／"推演"。这不是任意的；诗艺学原则将会明确这一点：遵循必然性或者可然性。如此特定而纯粹的语言形态的逻各斯能够将行动带向当下呈现。就行动本身具有自身的领域而言，这一逻各斯—语言形态与行动的关系是间接的。就其始终为语言所塑造而言，这一行动的逻各斯当下呈现是直接的。直接，不仅是自身即展开并实现为逻各斯这一个整体，而且也就其剧场的表演呈现而言，观赏者直接被置入这一当下呈现。舞台上的行动呈现绝非在其实践意义上的行动本身。不仅如此，演员的表演是次要的，尽管考虑到古希腊生活世界的现实，这是必要的。但这里在"表演"呈现中要观见的是逻各斯—语言的"演述"，即在对话—赠答中行动着的逻各斯的"推演—运动"。

要领会诗艺"演述"实即逻各斯—语言的"推演"，这已经要求将先行的两个范畴作为前提。也就是说，作为创制性诗艺的范畴，"如真现相"的三重规定——"何所在""何所是"以及"何所如"，既相互区分，又关联一体。从其整体性关联来考量，诸范畴的顺序安排并非任意，而是逐步推进对诗艺本身的规定的进程，直到导出诗艺本身的"本质相"。这本身就是逻各斯在自身、通过自相区分而造就的"推演"进程。在此，"如真现相"的三重规定，"三"是关乎诗艺本身的"数量"范畴，"规定"之为逻各斯的规定，即理性关系的规定，则是关乎诗艺本身的"性质"范畴。这在亚里士多德的范畴分类中，是紧随"本质所是"的两个范畴。令人惊讶的是，数量与性质范畴，都不是即刻聚拢并附着在就其为具体实现完满的诗艺之本质所是，而是拢集并展开为"诗艺本身"的诸范畴规定，并且这正是为了导向、成全诗艺本质所是的出场——作为业已经过"如真现相"三重范畴中介的、每一次皆实现了自身完满的"本质相"。这一实现了的诗艺"本质相"却才是诗艺学仍要展开规定的本质之事。

诗艺范畴的整体性关联为理解所谓的"题外话"问题提供了合乎诗艺之事的新视线。紧接着关于戏剧呈现方式的"演述"，亚里士多德转述了从语源和语用上追溯戏剧诗（悲剧与喜剧）起源的意见。此即所谓题外话。这一关于戏剧起源及其"名分"的"争执"至少隐含以下两个方面的意义：第一，与戏剧的"演述"这一呈现方式相关，马上就会让人反应到剧场舞台的"表演"。因而这里所谓的起源，与其说是就创制性诗艺本身而言的行动呈现的起源，不如说是就其作为"表演"的行动呈现的起源。但是对于亚里士多德而言，这里所涉及的行动呈现，"演述"应该是第一

位的，“表演”则是第二位的，表演的技艺不在诗艺学范畴的完整规定之
内。因此第二，将戏剧行动的起源回溯到生活世界的实践行动，这里“行
动”仍然根本上归属于实践性的行动，至深地牵扯到政治学和伦理学意义
上的政治活动，尚未从中分立出来赢得自身的事情和目标。①

亚里士多德转述这一意见争执，无疑认可其语源与语用上的实践
乃至政治关联，即戏剧（δρᾶμα）与行动（δρᾶν / πράττειν）以及“做”
（ποιεῖν）的关联。但是就诗艺“起源”而言，亚里士多德根本不会认同
这意见，因为随后就在第四、五两章专门阐述这一问题。诗艺的兴起，有
其自身的原因，因而对诗艺历史起源、时间性历史的展开乃至完成，绝不
是通过历史考察的探究（ἱστορία）而予以描述，而是通过诗艺本身原因
（αἰτία）和目标 / 自然（τέλος / φύσις）来规定，由此把握诗艺本身的所
是与所应是——他必须重回诗艺学诸范畴来展开这些相应的规定。

II.　量范畴与如真现相（μίμησις）的逻各斯

亚里士多德所知的量范畴已然包含于诗艺范畴的规定性之中。但为
了建筑诗艺之知的缘故，或者说为了我们的缘故，有必要引入康德意义上
的量范畴，其工具性运用将诗艺学的洞见凝聚于其透明性中。② 这里将涉
及不同方面的“范畴”，尽管各自含义有所不同，但这些范畴都是在知性
（Verstand）层面而言的，即便亚里士多德自己所使用的也不例外。需要
注意的是，纯粹知性的量范畴，其运用不是为了在自我意识反思中“认识

---

① 尤其比较刘小枫：《谐剧与政体的德性——亚里士多德〈论诗术〉第三章题中的外话
　试解》，载《重庆大学学报》（社会科学版），2011年第3期，第1—5页。鉴于命名的
　争执，从语源和语用角度，将戏剧起源追溯到希腊生活世界的政治状况，进而将悲剧
　诗与喜剧诗的对立与政体德性的对立对应起来，应该说有其合理性，也不乏洞见。但
　将“题外话”涉及的问题完全归结为政治学，则完全是曲为之说。
② 与康德将范畴紧紧限制在知性的运用上具有根本不同，运用康德式的量范畴领会希腊
　划时代智慧与哲学诸整体形态的知，这是博德（Boeder）的洞见。
　内斯克（Neschke）对量范畴的运用，是在结构主义基础上的所谓“文本分析”，并且
　实际上是以内容和形式的对立为前提的纯形式分析。这不乏洞见，但也仅仅是停留为
　“语言”分析，不能在此范畴的运用中深入诗艺学自身所要求的本质之事。

论"意义上的概念划分，而是为了创制性逻各斯当下呈现中的διάνοια，即推理之思或贯穿所思的运思。这一贯穿所思的运思（διάνοια）乃是努斯（νοῦς）与逻各斯（λόγος）的中介，一方面嵌入、贯穿逻各斯在自身的自相区分，使之成其为理性的"推演"，而这一推演构成逻各斯奠定自身根据的知／科学；另一方面始终关联到努斯原则，使之在逻各斯的科学／知中得以当下实现，尤其作为逻各斯自身奠定的最高根据而在逻各斯科学当中现身，并因此成为逻各斯科学事情中的"第一"。

量范畴包含一、多、一切。从"一"开始，进而是"多"，最后是"一切"。就"一"而言，意指收拢于整体性的如真呈现本身。"何所在""何所是"与"何所如"，作为相互区分又相互联结的三重规定，构成了关乎创制性诗艺本身的范畴，拢集到"如真现相"（μίμησις）这一整体性上来。因此，实际上所谓诗艺诸范畴与"如真现相"诸规定，虽然各有侧重，却是根本上相互通约的。对"如真现相"诸规定的阐明即是对关乎诗艺本身的诗艺范畴的澄清。

就"多"而言，意指区分在展开诸杂多的同时具备对杂多的否定性。不论"技艺"（τέχνη），还是"如真现相"（μίμησις），甚至创制性逻各斯技艺（诗艺／τέχνη ποιητική），其所涵盖的范围都非常宽泛。区分和辨别诸诗艺范畴，旨在排除其他非语言形态的亦即无逻各斯的技艺，进而排除现身为语言的逻各斯技艺的杂多样态。首先，通过"何所在"范畴的规定，其他非语言形态的无逻各斯技艺首先被排除，进而节奏与韵律未拢集到凝结为语言形态的逻各斯的其他诗艺也被排除了。其次，通过"何所是"范畴的规定，诸神与非人的活动被排除了。具备节奏与韵律的逻各斯—语言只能呈现行动着的具备高贵肃穆与卑劣滑俗品性区分于自身的人。逻各斯承当于自身的只是具备实践品性的行动。最后，通过"何所如"范畴的规定，不仅不言自明地排除了所有其他模仿和呈现的方式，而且单就对具备实践品性的行动而言，也排除了从实践上来理解诗艺呈现中的行动的可能性，也即规定了诗艺对行动及其行动者的创制性呈现，只能是"叙述"或者"演述"。因此毫不奇怪，大受欢迎的抒情诗在诗艺学中根本没有位置。就连拥有高超诗艺的诗人品达（Pindar），亚里士多德一次都没提过。唯一以批评口吻提及的品达，是同名的演员。彼品达非此品达。

就"一切"而言，意指基于诗艺本身诸范畴的规定性所确定的诗艺学本质之事，即悲剧诗艺（附带史诗诗艺）与喜剧诗艺。通过辨别区分与排除杂多，诗艺范畴的规定并不停留为在一般意义上对诗艺本身的规定，而是导向诗艺"本质相"的确定，为本质相的逻各斯开辟道路。

诗艺范畴在量范畴中重新确认其规定，这是业已内在于逻各斯自相区分的逻各斯。经过"如真现相"的先行规定，诗艺学的本质之事最终映入眼帘：即悲剧诗艺、喜剧诗艺以及史诗诗艺。不是具体的某部作品，而是诗艺本身的就其各自实现完满而言的本质相。这一诗艺"本质相"每一次都要求自己展开为这一个整体。创制性诗艺的哲学必须深入这一整体的范畴规定，因为这是具备造成整体性区分于自身的诸逻各斯（λογοί）。正是这些区分造就了"这一个整体"。

第二节　如真现相（μίμησις）与诗艺自然（φύσις）及其完满（τέλος）

I.　诗艺的原因（αἰτία）、自然（φύσις）与完满（τέλος）

1.1 诗艺的原因：有朽之人的自然

"一般而言，诗艺的产生看来有两个特定的原因，都是出于【人的】自然。"（ἐοίκασι δὲ γεννῆσαι μὲν ὅλως τὴν ποιητικὴν αἰτίαι δύο τινὲς καὶ αὗται φυσικαί.）[①] 亚里士多德将诗艺的原因回溯到自然。究竟是何种自然？首先不是"自然学"（《物理学》）当中的自然。这里自然与技艺相对而立，涉及的是人之为人不能自主改变的事情（οὐκ ἄλλῳ

---

① Arist., Poet. 1448b4–5.

ἐνδεχόμεναι）。就亚里士多德哲学之为逻各斯科学来说，诗艺学属于本真的创制性逻各斯科学，自然学则属于理论性逻各斯科学的先行步骤，最终要过渡到简单纯粹的第一哲学／神圣学（θεολογία）。这就是说，尽管涉及"自然"，但诗艺原因向自然的回溯，并不意味着创制性逻各斯科学的事情及其原则根据要归结到理论性的逻各斯科学，也并不意味着诗艺学的原因要回溯到自然学。诗艺学具备自身的原因，也即具备自身的开端性原则与完满，作为根据，这规定和贯穿了诗艺学的整个运思及其本质之事。当然这并不是说诸科学之间只有区分而无关联。

亚里士多德将诗艺原因归结到有朽之人的自然。但这是人的何种自然？就自然（φύσις）的词义而言，自然在亚里士多德哲学中的含义包括1. 质料；2. 自身具有运动原则与起始的自然物；3. 本质所是（οὐσία）或本质相（εἶδος）。[①] 第二种意义已然排除。如果说亚里士多德始终要兼顾在质料和基底意义上的人的自然，这尤其是在就其为潜能／可能性（δύναμις）而要朝向自身实现（ἐνέργεια）的意义上。但他要返回的人的自然，归根到底不是质料意义上的自然，而是本质相、本质所是意义上的自然，亦即使某物是其所是的自然，每一次都是自身实现完满的自然。有朽之人的自然，就其是本质所是而言，即合乎人的完满（τέλος）的自然。

亚里士多德将诗艺原因追溯到人的自然。从人的自然来探究诗艺的原因，亚里士多德并非提出假设，而是提出判定。但要领会人的"自然"，进而澄清亚里士多德的这一判定是否合理，却始终要回溯到他对原因（αἰτία）的辨别。"所说原因有四种意义，其中之一我们说是'本质所是'或者'如其根据规定而是其所是'（因为把'为什么'归结为终极的逻各斯时，这'第一位的为什么'就是原因和开端性原则【本原】）；另一个原因则是质料和基底；第三个原因是运动由之起始的开

---

① Arist. Metaph. Δ, 1014b16–1015a19. Arbogast Schmitt, *Aristoteles Poetik,* Akademie, 2008, S.275–277. 斯密特（Schmitt）的基本立足点乃是人类学意义上的哲学，因此这里就"自然"的评注，对诗艺原因的解释，也归结到现代人类学意义上的"人"。这是我们不同意的。

端；第四个原因则与此相反，是'何所为'和善（因为这是生成和所有这些运动的完满实现［目的］）。"［τὰ δ' αἴτια λέγεται τετραχῶς, ὧν μίαν μὲν αἰτίαν φαμὲν εἶναι τὴν οὐσίαν καὶ τὸ τί ἦν εἶναι（ἀνάγεται γὰρ τὸ διὰ τί εἰς τὸν λόγον ἔσχατον, αἴτιον δὲ καὶ ἀρχὴ τὸ διὰ τί πρῶτον），ἑτέραν δὲ τὴν ὕλην καὶ τὸ ὑποκείμενον, τρίτην δὲ ὅθεν ἡ ἀρχὴ τῆς κινήσεως, τετάρτην δὲ τὴν ἀντικειμένην αἰτίαν ταύτῃ, καὶ οὗ ἕνεκα καὶ τἀγαθόν（τέλος γὰρ γενέσεως καὶ κινήσεως πάσης τοῦτ' ἐστίν.）]①

亚里士多德将诗艺的原因追溯到有朽之人的自然，不是在其质料基底的意义上，而是在其本质所是的意义上。但就原因（ἀτία / διὰ τί / οὗ ἕνεκα）的四重区分本身，亚里士多德已然确认，本质所是（οὐσία / τὸ τί ἦν εἶναι）、开端 / 原则（ἀρχή）与实现完满（τέλος）拢集到原因（ἀτία / διὰ τί / οὗ ἕνεκα）上来。正是对"为什么"的追问，思想才要求与质料（ὕλη）彻底区分开来，其余三者则在相互区分的同时，鉴于原因而相互关联，在其最纯粹而简朴的意义上，三者是自身同一的，即纯粹思想的所思 / 纯粹洞见所见（νόησις νοήεως）。只有"知道"原因才能达到和具备科学的知（ἐπιστήμη）——在追根究底的意义上，逻各斯科学每一次都只与相应本质之事的本质所是、所以是的是（οὐσία / τὸ τί ἦν εἶναι）、开端 / 原则（ἀρχή）与实现完满（τέλος）打交道。科学的知即对此的知；逻各斯与之打交道即对此的当下呈现。

亚里士多德回溯到有朽之人的自然来判定诗艺的原因，旨在从探寻原因（αἰτία）来进一步规定"如真现相"，从而推进对诗艺本身的规定。这也是诗艺学作为创制性逻各斯科学自身所要求的使命，因为逻各斯技艺在此不停留为"技艺"，而是要呈现为知。由此亚里士多德的洞见落实在这一判定："如真现相"（μίμησις）归属于人之为人的"自然"——在原因区分中的本质所是、所以是的是（οὐσία / τὸ τί ἦν εἶναι）、开端 / 原则（ἀρχή）与实现完满（τέλος）这三重意义上的自然。在此，"模仿

---

① Arist., Metaph. 983a26ff.. 此外1013a25ff..

呈现" / "如真现相"甚至是与生俱来的、随着人的成长而达致成熟完善的，构成了人与一切其他生命 / 生物从根本上相区分的标识。[①] 这里生命 / 生物不仅仅指动物，或者具有灵魂的生物，在彻底的意义上，甚至包括了永生诸神。

就此，亚里士多德说："因为对于［有朽之］人来说，'如真呈现'是从孩提的时候起就与之共生俱长、构成其自然的；有鉴于此，与其他生物相区别者，正在于人是最善于'如真呈现'的，并通过'如真呈现'成就了知识的最初学习；所有人也都能从'如真呈现者'得到快乐……原因在于，【求知的】学习不仅对于哲学家而言是最快乐的，而且对于其他【所有】人也同样如此，只不过他们就此［不论在求知的学习上，还是在从学习中获得快乐的感受上］分有的程度较为有限。"（τό τε γὰρ μιμεῖσθαι σύμφυτον τοῖς ἀνθρώποις ἐκ παίδων ἐστὶ καὶ τούτῳ διαφέρουσι τῶν ἄλλων ζῴων ὅτι μιμητικώτατόν ἐστι καὶ τὰς μαθήσεις ποιεῖται διὰ μιμήσεως τὰς πρώτας, καὶ τὸ χαίρειν τοῖς μιμήμασι πάντας……αἴτιον δὲ καὶ τούτου, ὅτι μανθάνειν οὐ μόνον τοῖς φιλοσόφοις ἥδιστον ἀλλὰ καὶ τοῖς ἄλλοις ὁμοίως, ἀλλ' ἐπὶ βραχὺ κοινωνοῦσιν αὐτοῦ.）[②] 通过对 "如真现相" 就其作为创制性诗艺的 "原因" 且出于有朽之人本质所是意义上的 "自然"，亚里士多德得以明确诗艺的两个特定原因：1. "如真呈现" 蕴含了求知；2. "如真呈现" 带来愉悦。简言之，"如真现相" 属于人之所是的自然，之所以构成创制性诗艺的原因，尤其是因为具备这一个特质：导向求知的学习及相应的快感。

但是，二者的紧密联结并不意味着诗艺的原因可以归结为一个；相反，二者不仅相互区分，而且相互间不可替代。这在悲剧诗艺本质相的规

---

① 亚里士多德自己将科学划分为三，即创制性科学、实践性科学与理论性科学。基于亚里士多德对人的本质所是的判断，戴维斯（Davis）将人的 "自然" 划分为三，即能够模仿呈现的动物、具有逻各斯（理性）的动物以及政治的动物，旨在最终将包含了诸分科的亚里士多德哲学最终归结为古典政治哲学。参见Michael Davis, *The Poetry of Philosophy: On Aristotle's Poetics*, St. Augustine's Press, 1992, P.4, 比较刘小枫：《巫阳招魂》，第105页、第359—366页。

② Arist., Poet. IV, 1448b5–9, 12–15.

定中将变得清楚。诗艺的原因乃是在其"何所为"或者目的因的意义上来理解的，尤其与诗艺创制的"如真现相"的观赏者相关。求知的学习尤其涉及对逻各斯"推演—呈现"每一有机环节的精确了解和推导发展；相应的快乐则尤其涉及从怜悯和恐惧这样的承受性情感中解放出来，亦即解放到对"如真现相"这一个整体本身的"知"当中去，亦即在知的判断中"净化"这些情感，让这一知的实现活动臻于完满。

1.2 诗艺的原因：如真现相与求知

"所有人从其自然而来都求索着知。"（πάντες ἄνθρωποι τοῦ εἰδέναι ὀρέγονται φύσει.）[①] 人从其自然而来即求知。对于亚里士多德而言，求知并非单纯的经验意义上的认识，最终这一求知，指的是在爱智慧意义上的求知，亦即在知道那第一的原因和开端性原则意义上的求知。这是自相区分了的有朽之人对神圣的哲学之知，人在这一意义上知道；神是"一切"的原因和开端性原则，但这一知归根到底是为神所拥有的。[②] 根据逻各斯科学的划分，神圣学（θεολογία）作为第一哲学具有双重性：既是理论性科学的顶点，因而内在于理论性科学，又超出逻各斯科学的限域，作为原则统领和贯穿创制性的、实践性的和理论性的科学。正是鉴于这一具备双重性的神圣性，作为逻各斯科学的哲学能够将自身的知把握为有朽之人所能达到和获得的"智慧"——展现在逻各斯自相区分所实现的当下。在此，人的自然始终就其神圣的方面而言具备相应的尊严与安顿。

亚里士多德始终将"原因"回溯到逻各斯，回溯到逻各斯自身带向当下呈现的知。这里将诗艺原因回溯到作为如此之人的自然的"如真现相"，要说的正是向逻各斯的运思、逻各斯的创制性呈现的回溯。所涉及的"知"，在此具体化为逻各斯在自身、自相区分的"运动"。必须

---

① 　Arist., Metaph. 980a21.

② 　cf. Arist., Metaph., 983a4–11: οὔτε τῆς τοιαύτης ἄλλην χρὴ νομίζειν τιμιωτέραν. ἡ γὰρ θειοτάτη καὶ τιμιωτάτη· τοιαύτη δὲ διχῶς ἂν εἴη μόνη· ἥν τε γὰρ μάλιστ᾽ ἂν θεὸς ἔχοι, θεία τῶν ἐπιστημῶν ἐστί, κἂν εἴ τις τῶν θείων εἴη. Μόνη δ᾽ αὕτη τούτων ἀμφοτέρων τετύχηκεν· ὅ τε γὰρ θεὸς δοκεῖ τῶν αἰτίων πᾶσιν εἶναι καὶ ἀρχή τις, καὶ τὴν τοιαύτην ἢ μόνος ἢ μάλιστ᾽ ἂν ἔχοι θεός. ἀναγκαιότεραι μὲν οὖν πᾶσαι ταύτης, ἀμείνων δ᾽ οὐδεμία.

注意，这里求知的学习所涉及的知，根本不是在近代意识哲学意义上的"认识"，因而也没有什么认识论。具体的诗歌创作本身并不是科学，因而不能跻身于知。但是作为"如真现相"，诗艺的创制性呈现始终包含了知——具体而言即创制性的逻各斯本身。亚里士多德对诗艺原因的回溯，对"如真现相"的规定，令人惊讶的是，不是回溯到"无逻各斯"（ἄλογον），进而也不是回溯到情感或者承受性（πάθος），而是回溯到逻各斯，回溯到逻各斯精确的区分与联结。正是在如此呈现的逻各斯区分与联结之中，"如真现相"能够而且必须结筑为整体性的呈现。"观看"这一呈现，在不会受到伤害的情形下，能够造成求知的学习（μανθάνειν）和观赏的快乐（χαίρειν / ἡδονή）。就此而言，正是为了包含求知的学习和与之联结的快乐的"观看"（θεωρεῖν），人才致力于通过创制性技艺实现的"如真呈现"（μίμησις）。这是何所为（οὗ εἴνεκα）的目的因：作为要达到的目标是在后的，作为行动的起因是在先的。

1.3 诗艺的原因：如真现相与快乐

作为诗艺产生的原因之一，快乐从根本上系缚于"如真现相"蕴含的求知意义上的学习。其关键在于，这里特定的学习与快乐实现在技艺的创制之中，因为"如真现相"必须实现为创制性技艺所创制的形象。因此在对所呈现形象的观看中，习得（μανθάνειν）并且推知（συλλογίζεσθαι），个别如此这般而是其所是，例如"这个就是那个"。如果先前未曾见过原型而有所知，则不能获得【从如此呈现的形象推知其原型的】这种快乐，而是基于技艺加工、色彩等其他此类原因获得【求知习得的】快乐。①

亚里士多德并不是直接论述诗艺本身的如真呈现，而是借用了绘画的情形来论说"观看"的学习与快乐。与柏拉图在床的譬喻中所用到的绘画例子的情形一样，正是基于对绘画这一造型艺术的例证式运用，带来了对求知的学习及其快乐的至深误解，以至于最终偏离了亚里士多德的根本意图。第一，将通过如真呈现的形象的求知的学习简单理解为建立所呈现

---

① Cf. Arist., Poet. IV, 1448b15–19.

形象与其原型的对应关系，因而将亚里士多德的"如真现相"概念简化为"模仿／摹仿"。第二，将由所呈现形象推知其原型的求知快乐与由技艺加工、色彩等因素的辨别导致的快乐对立起来，将二者认作是相互排斥的关系，尤其是将后者从系缚于技艺创制意义上的求知学习所带来的快乐排除出去，归结到与技艺之求知分离的或者无关的"审美愉悦"。但这里事实上并不涉及康德式的"审美愉悦"，而是系缚于知的快乐。从所呈现形象推知原型的求知及其快乐只是创制性技艺求知学习及其快乐的一种情形。就绘画这一造型技艺而言，推知原型、技艺加工和色彩等因素最终都要拢集到技艺创制的如真呈现本身，因为亚里士多德所谓的求知学习和快乐正在于此。回到诗艺本身的创制性呈现，其求知学习和相应的快乐始终出于如此这般的"如真现相"：整一行动结筑的整体性情节本身。

诗艺则是纯粹创制性的逻各斯技艺，其产生的原因在于其"如真呈现"的创制蕴含了求知与相应的快乐。这既是就创制呈现本身而言，也是就创制所呈现者而言。但这里求知学习与快乐都要回返到逻各斯的自身区分与联结，而不是回溯到"无逻各斯／非理"（ἄλογον），进而也不是回溯到情感或者承受性（πάθος）。与痛苦相对，快乐（χαίρειν／ἡδονή）只是看起来属于激情或承受性（πάθος）。这里诗艺造就的快乐，并非出于身体性的或者出于承受性的快乐，而是出于求知学习的因而是出于灵魂之逻各斯的创制性的快乐。

对快乐的本质性规定在《伦理学》。亚里士多德明确判定，快乐与痛苦贯穿整个生命，对出于逻各斯自身来导向决断的实践性行动、对实现于实践性行动的卓越德性（ἀρετή）与幸福（εὐδαιμονία）至关重要。就其始终与有朽之人的自然／完满实现（φύσις／τέλος）相关而言，快乐（ἡδονή）是人之为人标识自身德性出类拔萃（ἀρετή）的品性（ἦθος），不仅与善相关，而且涉及幸福（εὐδαιμονία），即乐于为某个善好灵神的指引而行动和生活。快乐是善，自身不运动，但却使实现活动（ἐνέργεια）臻于完善（ἐντελέχεια），亦即使生命臻于完善。不同的实现活动具备不同的快乐，最高贵、最快乐的实现活动即幸福。就有朽之人而言，最好、最愉悦、最幸福的在于合乎努斯（νοῦς）的生活，即沉思洞见本身的生活，因为这人因此乃是智慧的，为神所最爱。[①]

不同的实现活动具备不同的快乐。这一判定对领会《诗艺学》中的创制性逻各斯技艺的创制呈现具备的独特快乐至关重要。根据诗艺原则及其目标，创制性逻各斯技艺的创制活动并非任意的创制，而是朝向完满实现的创制，亦即能够构成诗艺本身，合乎其本质所是的创制要实现为完满的整体性"如真现相"——具备开端、中段与完成的整体。悲剧诗艺作为实现完满的"本质相"便是如此之完满——就其关涉到具体的创制活动和所创制呈现的作品而言，与我们对诗歌的理解，乃至对文学的理解完全不同，这是具备开端、中段和结束的整一行动。对于亚里士多德而言，在最究竟的意义上，只有这样的"诗"才配得上称作"诗"。合乎自身本质所是的悲剧诗艺，其创制本身就指向实现独特的快乐，即与悲剧诗艺的创制相应的快乐，而非其他快乐。这一悲剧诗艺独具的快乐，一方面系缚于求知的学习，即悲剧诗艺逻各斯结筑的整体及其区分，另一方面则始终关涉"无逻各斯/非理"（ἄλογον），关涉承受性的激情（πάθος）——这里关涉尤其指：从恐惧和怜悯中解放出来。

1.4 附论：诗艺的起源与开端问题

诗艺产生的原因归结到有朽之人的自然。在此，关于诗艺产生的两个原因，向来就争执不休而不能有所断定。争执点在于，到底是要将快乐单独列为原因之一，还是将出于自然的韵律和谐与节奏视为诗艺的原因？[②] 这里断定，作为原因的"自然"，其首要的意义涉及诗艺的目标（τέλος），即诗艺创制的"如真现相"导致求知的学习和相应的快乐。"如真现相"（μίμησις）本身不是诗艺的原因。基于先行的三重范畴规定，诗艺产生的原因就是有朽之人从事"如真现相"创制性活动的原因，就此两个原因才具体到求知的学习与相应的快乐。同样出于"自然"的韵

---

① 就此尤其参见Arist., Eth. Nic., VII, 11–14, 1152b1–1154b35; X, 1–8,1172a16–1179a31.

② 就此尤其参见D. W. Lucas, *Aristotle Poetics: Introduction, commentary and Appendixes*, Oxford, 1968, P.74；罗念生：《罗念生全集》卷一，第31页。

律和谐与节奏本身，也不构成诗艺产生的原因。因为这里要回溯到的"自然"，是与质料基底区分开来的自然，而就其作为原因而言，更是已然得到区分了的原因，即是尤其作为起始的原因而指向诗艺的开端，作为何所为的目的因指向诗艺的完满实现，作为本质所是的原因则直接指向诗艺本身。

　　"'如真呈现'、韵律和谐和节奏都出于我们的自然（显然格律诗行是节奏的切分）"［κατὰ φύσιν δὲ ὄντος ἡμῖν τοῦ μιμεῖσθαι καὶ τῆς ἁρμονίας καὶ ῥυθμοῦ（τὰ γὰρ μέτρα ὅτι μόρια τῶν ῥυθμῶν ἐστι φανερὸν）……］[①] 亚里士多德再次返回到"如真现相"、韵律和谐以及节奏来阐明诗艺的兴起。这里我们有朽之人的自然首先是作为潜能（δύναμις）的自然禀赋，构成诗艺兴起的自然条件，对诗艺的特定起源的阐明具有决定意义，尤其是在时间历史意义上的起源。关于诗艺原因的相关争执并不明白，亚里士多德在此将诗艺原因追溯到历史性起源与原则性开端的重合之处，而且在展开论述时，二者始终交织在一起，但鉴于诗艺的完满，最终却要实现从起源到开端的根本转换。这一转换是在返回到诗艺范畴的"何所在"实现的；创制性逻各斯技艺的、如真呈现的"何所在"范畴在此是属于"我们的自然"的，即属于人之为人的本质所是。因此，基于"何所在"范畴，亚里士多德马上要推进到"何所是"与"何所如"。

　　就"何所是"的范畴而言，亚里士多德并不停留为创制行动中如真呈现的"行动"的区分，即行动品性的高贵肃穆或者卑劣滑俗的区分，而是返回到创制者／"诗人"的品性（ἤθη）的区分。诗艺兴起草创时的创制者或者诗人是就其自然而言极具禀赋者。创制者或者诗人的品性高低导致诗艺现相从起源到发展都不同。[②] 但亚里士多德将这一区分都归结到荷马这唯一者身上。诗艺从荷马才真正开始，尤其是就"何所如"范畴而言，荷马在叙述的史诗诗艺中开创了演述的悲剧诗艺与喜剧诗艺的典范。以此为开

---

① Arist., Poet. IV, 1448b20f..
② Arist., Poet. IV, 1448b22–33.

端，悲剧诗艺与喜剧诗艺在相互区分中的发展，再次返回到创制者或诗人的品性（ἤθη）之区分。这一品性亚里士多德也归之于人的"自然"。①

亚里士多德对诗艺产生的论述，首先追溯其原因，进而侧重其条件，而这都归结到有朽之人的自然，但自然却是已然得到区分的自然，尤其是鉴于原因的四重性得到区分的自然。因此关于诗艺产生和兴起的阐明，实际上有两条线索交织在一起，同时又随着阐述的展开而相互错开。第一，与有朽之人创制性如真呈现的自然禀赋相关，亚里士多德确定诗艺基于具有禀赋的创制者／诗人而得以"即兴偶发"（αὐτοσχεδιάσματα），在此诗艺赢得其时间历史中的起源，在此荷马以其卓越禀赋开创了诗艺创制的先河。第二，鉴于创制性如真呈现这一自然乃是从有朽之人的本质所是来说的自然，亚里士多德据此要判定的是诗艺的真正开端，即确定诗艺在顾及其时间性历史发展这方面而言的开端，在此荷马不仅是史诗诗艺的创制者，而且是悲剧诗艺和喜剧诗艺的开创者，是其典范的创立者。

诗艺自身要经历时间性历史的起源和发展最终达致自身实现完满，这是说，达到诗艺自身的自然，其本质所是、本质相的自身完满。由此亚里士多德将开端性的原因与完成性的实现完满，从两端来予以把握。这是极为关键的。需要强调的是，亚里士多德并不是在历史性探究的意义上来考察诗艺的历史起源，以及其在时间历史中的发展过程，而是致力于阐明诗艺涵括了时间历史的、朝向完满的实现进程。尽管这一进程具备时间历史的特征，实质上却是诗艺自然所要求的本质所是，以及其完满实现的范畴规定。诗艺范畴的规定不是别的，就是升扬为理性关系的逻各斯。作为理性关系的逻各斯，就其是"诗艺的"或创制性的而言，正是亚里士多德诗艺学要打交道的"创制性的逻各斯技艺"。也正因此，亚里士多德能够与"诗艺本身"打交道，并且将其展开为创制性的逻各斯科学。

---

① Arist., Poet. IV, 1448b34–1449a6.

II. 诗艺的历史展开与诗艺范畴的逻各斯

2.1 "何所如"："赠答者"的完满

荷马缔造了诗艺本身的开端，其完满则是具体实现了的、相互区分的悲剧诗艺与喜剧诗艺本质相。就诗艺时间性历史的起源与发展来说，悲剧诗艺与喜剧诗艺也都有其起源与历史发展，但都不是无止境向前前进的，而是要在其本质所是得到具体实现之后持守于自身的完成。这一判断在此返回到自然，这是诗艺本身的自然。亚里士多德说，历经各属性的归属过程，一旦具备自身的自然，悲剧诗艺就停下来了。（καὶ πολλὰς μεταβολὰς μεταβαλοῦσα ἡ τραγῳδία ἐπαύσατο, ἐπεὶ ἔσχε τὴν αὑτῆς φύσιν.）[①] 这是说，悲剧诗艺赢得其合乎本质所是的、具体实现完满的本质相之后，持守于自身的这一自然，而不是陷入无止境的继续发展。

在此所涉及的是何种意义上的诗艺的完满？对此亚里士多德的视线从未离开"如真现相"，仍然基于诗艺范畴来规定，只是展开顺序有所变化：首先是"何所如"范畴，这是演述之内逻各斯"推演"的完满规定；进而是"何所在"范畴，这是拢集节奏与韵律和谐的逻各斯具体化为具备特定格律的逻各斯；最后是"何所是"范畴，这是进一步明确将诗艺本身归结到悲剧诗艺与喜剧诗艺的"本质相"，诗艺学的本质之事由此得到确定。对悲剧诗艺本质相的规定适用于喜剧诗艺。但这里始终侧重与其时间性起源与历史进程的关联，对诗艺的范畴规定还不就是悲剧诗艺本身的本质相的自相区分（αὐτό τε καθ' αὑτὸ κρίναι），甚至不是对悲剧诗艺本质相与剧场观众的关系（πρὸς τὰ θέατρα）的规定。

悲剧诗艺的呈现方式即"演述"（πράττειν）。这里鉴于其历史发展，演述呈现方式在数量上的完满，与其说在于作为表演呈现者的演员的完满，不如说在于逻各斯的赠答者的完满。ὑποκριτής不应该按照通常的直接性理解翻译为表演呈现的"演员"，而应该翻译为逻各斯的"赠答

---

① Arist., Poet. IV, 1449a14f.

者"。就其与剧场中的舞台表演相关而言，埃斯库罗斯和索福克勒斯造成了悲剧诗艺创制的"演员／表演呈现者"（ὑποκριτής）在数量上的完满。但是埃斯库罗斯的贡献却在于，通过削减歌队合唱来削弱舞台表演对于悲剧诗艺创制呈现的意义，从而将凝结为对话形态之推演的逻各斯提升为骨干成分（τὸν λόγον πρωταγωνιστεῖν παρεσκεύασεν）。①

索福克勒斯确定"表演呈现者"在数量上为三，对此历史细节的实证一直难以索解，因而存在争议。这是因为偏离了亚里士多德的主旨。他根本不是在讨论戏剧表演上的发展和完满。只是在时间性历史的意义上，舞台表演的发展与悲剧诗艺发展相互呼应，前者构成了后者在古希腊生活世界中的日常景象，亦即构成后者创制性呈现的每一次实现的最后一个环节。尽管这一环节极具必要性和具有生活世界的基础，但对于在逻各斯（λόγος）当中、通过逻各斯来展开其哲学的亚里士多德来说，表演呈现涉及的仍然只是"πρὸς τι"（为了别的），而不是"καθ᾽ αὑτό"（出于自身），因而不是就其诗艺本身而言的规定性所在。索福克勒斯引入舞台画景，同样如此。

索福克勒斯的贡献实质上在于将悲剧诗艺从其附属性的表演呈现中收拢回悲剧诗艺的创制性呈现自身当中来。歌队被确定为逻各斯赠答者，参与对话形态的逻各斯推演进程。因此确定数量的三，只是在次要的和附属的意义上意指作为舞台表演呈现者的演员，其实质性的旨归则在于确定悲剧诗艺创制的逻各斯赠答者完满。亚里士多德明确说："应该将歌队看作是赠答者之一，构成整体的划分成分，【以对话形态】参与构造【作为情节的整一行动】，就像在索福克勒斯这里而非欧里庇得斯这里一样。"（καὶ τὸν χορὸν δὲ ἕνα δεῖ ὑπολαμβάνειν τῶν ὑποκριτῶν, καὶ μόριον εἶναι τοῦ ὅλου καὶ συναγωνίζεσθαι μὴ ὥσπερ Εὐριπίδῃ ἀλλ᾽ ὥσπερ Σοφοκλεῖ.）②

这一赠答者（ὑποκριτής）数量上的完满，却是凝结为特定语言形态

---

① Cf. Arist., Poet. IV, 1449a16–18.

② Arist., Poet. 1456a25–27. 罗念生的理解和翻译显然是执持于戏剧表演的结果。参见《罗念生全集》卷一，第77页。

的逻各斯技艺自身能够展开"推演"、能够自身开辟与自身实现的关键。逻各斯的"赠答"，展示逻各斯的相互作用、相互区分与联结，不仅在悲剧诗艺与喜剧诗艺之中，甚至在哲学的逻各斯技艺中（尤其是柏拉图的苏格拉底论辩性"对话"），逻各斯自身能够在相互的赠答—酬应中不断地"推演"和"运动"。悲剧诗艺，也包括喜剧诗艺，其创制性的逻各斯技艺旨在"如真呈现"行动，亦即在自身通过自相区分与联结来担当起行动，并以此对话形态的推演—呈现将行动构筑为自身具备原则根据和区分规定的逻各斯这一个整体。正是逻各斯赠答者作为"三"的完满，促使悲剧诗艺从萨提尔剧艺中解放出来，具备整一行动（μῦθος）的量度（μέγεθος）。

2.2 "何所在"：赠答—对话（δια-λόγος）

对诗艺本身的范畴规定已然推进到诗艺的本质相，诸范畴的相互关联更为紧密而有机，支撑着创制性逻各斯"如真呈现"的整体结筑。如果说悲剧诗艺的呈现方式是作为"赠答者"的逻各斯的"赠答"，那么其呈现的所在就具体到由赠答构筑起来的"赠答—对话"（δια-λεκτικός）。担当行动的逻各斯在此对话—赠答的运动中展开行动的推演。如此赠答的逻各斯推演，即便无须表演呈现，也能让读者／听者仿佛身临其境，当下"看见"这一行动的展开。这一行动的创制—呈现是赠答的逻各斯—语言。作为独一无二的语言形态，这是拢集了节奏、韵律和谐的具备特定格律的逻各斯。要确定每一诗艺本质相的格律形态，亚里士多德再次回溯到诗艺本身的自然。

就诗艺的缔造者荷马而言，荷马的缪斯智慧在此首先被把握为史诗诗艺。史诗诗艺的"何所如"范畴表明，史诗诗艺能够单纯通过"叙述"（ἀπαγγέλλειν），即按照特定顺序和尺度精确地呈现诗艺整体性创制所涉及的一切行动，这一切行动构筑为整一的行动整体。这里对话—赠答意义上的逻各斯仍是次要的，而相应的格律是唱诵的英雄格。从史诗诗艺进展为悲剧诗艺，这也体现在格律的变化上：从适合于唱诵的六音步英雄格，转进为近于日常语言的混合格律，尤其集中在短长格。悲剧诗艺虽然包含适于唱诵的格律，但更适合于"对话"的，更适于相互赠答的短长格占据绝对的主导地位——当然这也经历了一个时间历史方面的发展过程。

对此亚里士多德的论断是："加进对话之后，悲剧诗艺的自然似乎就找到了属己的格律；因为诸格律中最适宜于讲话的是短长格的格律。对此其证据是，我们在交互的对话中多用短长格的调子，六音步英雄格则用得极少，除非抛开了说话的腔调。"（λέξως δὲ γενομένης αὐτὴ ἡ φύσις τὸ οἰκεῖον μέτρον εὗρε· μάλιστα γὰρ λεκτικὸν τῶν μέτρων τὸ ἰαμβεῖόν ἐστιν· σημεῖον δὲ τούτου, πλεῖστα γὰρ ἰαμβεῖα λέγομεν ἐν τῇ διαλέκτῳ τῇ πρὸς ἀλλήλους, ἐξάμετρα δὲ ὀλιγάκις καὶ ἐκβαίνοντες τῆς λεκτικῆς ἁρμονίας.）[①]

即便这始终要返顾到舞台表演，尤其是亚里士多德必须考虑到表演呈现的诸种限制，但是逻各斯的赠答—对话，作为如此之逻各斯技艺的创制性呈现，这本身不能简单还原为戏剧表演。因为戏剧表演涉及的是表演技艺，而不是创制性的诗艺本身。[②]

2.3 "何所是"：悲剧诗艺与喜剧诗艺"本质相"

就其展现为具备"何所在""何所是"与"何所如"三重范畴规定的"如真现相"而言，诗艺学必须将质料与基底排除在外，仅仅聚焦诗艺本身，以便最终将诗艺本身的本质相升扬并把握为逻各斯科学的知。就其时间性历史方面的发展而言，诗艺最终要达致自身完满实现，才能真正成为诗艺学要与之打交道的本质性的事情。这就是说，不仅要从其质料先赋脱落，还要从其时间和历史的进程脱落，最后是就所有范畴规定而言都达到"本质相所应是"的形态。

首先何所如的完满在于：1. 荷马史诗是史诗诗艺的完满，这尤其是指"叙述"达到了最为典范的、第一等诗艺的整体这一个。古希腊古风时期实际上有很多史诗创制，今天只有残篇流传。这些史诗创制具有历史记述的特点，始终没有达到行动的整一性。2. 悲剧诗艺与喜剧诗艺的完满，

---

①   Arist., Poet. IV, 1449a23–28.

②   Cf. Arist., Poet., XXVI.

是演述上的完满，其标志是"三个"赠答者的对话形制，这不仅与史诗叙述区别开来，也与论辩的"对话"分庭抗礼。进而是何所在的完满：史诗诗艺的叙述采用六音步的英雄格律，而悲剧诗艺的演述则采取了三音步的短长格。拢集了节奏与韵律和谐的逻各斯具体化为具备特定格律的语言形态，准确来说即具备特定格律的逻各斯——"赠答—对话"。

"赠答—对话"，不是在舞台上模仿行动的演员的表演呈现，而是担当行动于自身的逻各斯的交互关系的推演呈现。就逻各斯的相互区分、相互推动而言，赠答—对话恔照必然性与可然性朝向整体的构筑来"创制"。将作为情节的行动构造为整体，只是鉴于这一整体性，诗艺本身具体实现完满的本质相才成为诗艺学的本质之事，也即诗艺学之为创制性的逻各斯科学，将创制性的逻各斯技艺本身升扬为科学的知。作为每一次皆重新开启和实现的创制性的"如真现相"，它自身不是科学，而仅仅是人工性技艺的创制行动，但这一创制性技艺本身及其具体实现完满的本质相，正是创制性的逻各斯科学要与之打交道的事情，被科学展开为合乎理性关系的当下呈现。

有必要再次强调：亚里士多德无意泛论希腊众多的文艺形式和文体类别，更无意泛论希腊的戏剧创作，尤其是"诗歌创作"。毫无疑问，开篇提及的相（εἶδος）向来具有多种含义。但诗歌的类型和体式已经作为质料先赋被排除。这里"相"是逻各斯技艺在创制中"如真呈现"的"这一个相"，即真正合乎诗艺本质所是的实现了的具体相。合乎本质所是的具体相，这一用语已然表明，一般而言的诗艺本身的诸范畴规定仍未构成对诗艺本质所是的真正规定，只有在其实现了的"本质相"当中，诗艺本质所是才能变得通透明澈。诗艺学的使命就是根据诗艺原则阐明具体实现了的诗艺本质相的诸理性规定。在"最好""最完善"的意义上，诗艺学的本质之事即悲剧诗艺的合乎其本质所是的这一个本质相、这一个逻各斯整体。不论是悲剧诗艺还是喜剧诗艺，都是如此这般实现了的诗艺的具体相，不可退回到"诗歌""作品"及其类型。

III. 完满（τέλος）规定下的诗艺历史与自然

悲剧诗艺的发展达到自身的"自然"之后，就止步不前了。亚里士多德这一论断至关重要。扩展到诗艺本身在时间历史的起源与发展进程，甚至可以说，诗艺本身的历史发展最终以悲剧诗艺的"自然"为目标。根据"如真现相"的范畴规定，这是诗艺本身实现为悲剧诗艺的本质相。但悲剧诗艺的本质相并非合乎一般而言的诗艺的本质所是，而是合乎悲剧诗艺的本质所是。一般而言的诗艺本身没有其独有的本质所是，只有实现为诗艺本身的"具体相"，才能谈论关乎诗艺本身的具体的本质所是。悲剧诗艺就是合乎其本质所是的"本质相"，诗艺作为如此之诗艺就持守于自身的完满。因为诗艺本身达到自身的自然即达到其目标的完满实现。

诗艺本身的完满实现（τέλος）将诗艺的历史和自然统摄到自身之下。亚里士多德按照"如真现相"的范畴规定来阐述三者的相互关联。就其时间性历史的发展进程而言，诗艺的起源回溯到有朽之人的特定自然，诗艺的发展最终止步于悲剧诗艺的自然。这是诗艺本身的发展史，而不是诗歌的发展史！这是鉴于诗艺的目标来规定诗艺历史的范畴，而不是以观察探究的方式描述诗艺的历史源流。由于传世文献的缺乏，亚里士多德对诗艺历史的论述长期以来几乎就是研究希腊文学史、诗歌史乃至戏剧史的"第一手材料"，能与其他文献材料，尤其是考古出土材料相互参校。也正是因此，亚里士多德蒙受了诸多不恰当的指责。但他根本无意于"如实"记载和描述希腊的诗歌历史。即便不断有所涉及，却总是在思想的展开中脱落。这种脱落即不断的排除，导向诗艺范畴的纯粹规定。如此这般的诗艺历史，构成诗艺范畴规定的补充，最终指向：诗艺学的本质之事实现为悲剧诗艺与喜剧诗艺。诗艺学必须深入其具体实现了的本质相的逻各斯区分，就诗艺本身而言，将创制性的逻各斯技艺升扬于逻各斯的科学。

对于亚里士多德，诗艺在时间性历史方面的发展最终实现为简单而彻底的诗艺区分：悲剧诗艺与喜剧诗艺。这一区分是诗艺目标（τέλος）达成完满后的得到具体确定的区分。无疑这涉及人在自身与自身的相互区分。首先就诗艺的历史起源而言，回溯到有朽之人的自然，其中最为关键的就是回溯到具有诗艺之自然禀赋的创制者／诗人在品性上的区分，最初是诗人的品性的高低导致对不同品性的行动的创制呈现，进而确定了悲剧诗艺与喜剧诗艺的区分。在开端处唯有荷马集于一身，能驾驭行动的高低两种品性，他的创制性呈现构成了典范。其次就诗艺的历史完成来说，回溯到悲剧诗艺的自然，即作为诗艺本身具体实现的本质相。喜剧诗艺并不例外。有朽之人的自然实现在悲剧诗艺和喜剧诗艺相互区分的完满创制呈现之中。这里有朽之人作为行动者，其品性是次要的，是为了逻各斯承当于自身的行动在其创制性呈现中的区分，才成其为创制性呈现的第一必须。

第四章
诗艺的具体相／本质相（εἶδος）：悲剧诗艺

第一节　诗艺的真正区分：悲剧诗艺与喜剧诗艺

I. 悲剧诗艺本质相的界定

作为诗艺本身具体实现了的本质相，亚里士多德对悲剧诗艺"本质所是"的界定如下："悲剧诗艺是高贵肃穆、完满实现、具有一定体量的'如真现相'，其何所在即基于调和修饰而令人愉悦的语言—逻各斯，作为本质相的何所在以分离的样态构成划分成分，其何所如在于【逻各斯担当于自身的】行动【自身呈现】，而不是通过叙述【呈现】，通过怜悯与恐惧来达成对如此这般的情感【承受性状态】的净化。"（ὅρος τῆς οὐσίας περὶ τραγῳδίας· ἔστιν οὖν τραγῳδία μίμησις πράξεως σπουδαίας καὶ τελείας μέγεθος ἐχούσης, ἡδυσμένῳ λόγῳ χωρὶς ἑκάστῳ τῶν εἰδῶν ἐν τοῖς μορίοις, δρώντων καὶ οὐ δι᾽ ἀπαγγελίας, δι᾽ ἐλέου καὶ φόβου περαίνουσα τὴν τῶν τοιούτων παθημάτων κάθαρσιν.）[1]

诗艺学的本质之事即对悲剧诗艺本质所是的规定。这一规定的具体要素再次回溯到"如真现相"及其诸范畴。通过"如真现相"的"何所在""何所是"与"何所如"三重范畴规定一般而言的诗艺本身，并在此规定的展开当中将其他诗艺排除在外，最后只确定唯一的诗艺本质相：

---

[1]　Arist., poet. VI, 1449b24–28.

悲剧诗艺（附带史诗诗艺）与喜剧诗艺，这是诗艺学的先行运思。唯有经过这一先行运思的中介，亚里士多德才能在运思进展到诗艺学本质之事的时候，重新拿起"如真现相"的诸范畴规定，直接界定悲剧诗艺的本质所是。在此悲剧诗艺本质所是的界定中，"何所在"范畴的逻各斯—语言仍然具有优先性：将节奏与韵律和谐拢集于自身，因而具备特定格律的逻各斯—语言或者凝结为语言形态的逻各斯。[①] 对于我们而言，这一界定事实上摆明了诗艺学根本要操心的事情，只有这独一无二的"本质之相"（εἶδος），但这是"最好"的、"最完满的"悲剧诗艺本质所是的"现相"。

II. 喜剧诗艺本质相的界定

众所周知，论述喜剧诗艺的所谓"诗艺学II"，在传世的《诗艺学》文本中是缺失的。虽然亚里士多德自己多次论及喜剧诗艺，但对这一诗艺的论述，究竟是他最终没有完成还是在流传中佚失了，始终聚讼纷纭，没有定论。这不是我们的论题。但这并非说对喜剧诗艺本质相的界定不重要，相反喜剧诗艺对于诗艺学极具重要性，因为喜剧诗艺与悲剧诗艺的根本区分，自身即构成诗艺本质之事，并且使诗艺本质之事的区分在规定上变得完备。喜剧诗艺同样是诗艺本身具体实现了的本质相，对其本质所是的相关界定，这里仅作简要说明。

第一，亚里士多德自己的规定：如先前在"如真现相"的"何所是"范畴所规定的，"喜剧诗艺是对卑劣滑俗的行动者的'如真现相'，所谓卑劣滑俗并非指一切坏的【东西】，而滑稽可笑则是'丑'的划分中的一种。因为滑稽可笑之事，或指某种错误，或指丑陋，不会引致痛苦或造成伤害，现成例子即滑稽面具又丑又怪而不会引致痛苦"。（ἡ δὲ κωμῳδία ἐστιν ὥσπερ εἴπομεν μίμησις φαυλοτέρων μέν, οὐ μέντοι κατὰ πᾶσαν κακίαν, ἀλλὰ τοῦ αἰσχροῦ ἐστι τὸ γελοῖον μόριον. τὸ γὰρ γελοῖόν ἐστιν ἁμάρτημά τι καὶ

---

① Arist., poet. VI, 1449b28–31.

αἶσχος ἀνώδυνον καὶ οὐ φθαρτικόν, οἷον εὐθὺς τὸ γελοῖον πρόσωπον αἰσχρόν τι καὶ διεστραμμένον ἄνευ ὀδύνης.）[1] 但与悲剧诗艺一样，喜剧诗艺要达到其成熟，达到其"自然"，其标志仍然是创制作为情节的、承当整一行动的逻各斯（καθόλου ποιεῖν λόγους καὶ μύθους）。[2]

第二，不少学者借用10世纪抄本《喜剧论纲》（*Tractatus Coislinianus*）关于喜剧诗的概述来推测亚里士多德对喜剧诗艺的论述。该抄本显然不是亚里士多德的文字，但断为亚里士多德学派的残片则似乎经得起推敲。但显然已经偏离了亚里士多德，因为论纲是在文体分类的意义上来界定喜剧诗。其中模仿亚里士多德悲剧诗艺的本质所是界定如下："喜剧是对于一个可笑的、有缺点的、具有相当体量的、完满实现了的对行动的如真呈现（'何所在'即基于调和修饰而令人愉悦的逻各斯—语言），以分离样态的划分成分包含在其本质相之中，其'何所如'在于【逻各斯担当于自身的】行动【自身呈现】，而不是通过叙述【呈现】，通过快感与笑来达成对如此这般的情感［承受性状态］的净化。"（κωμῳδία ἐστὶ μίμησις πράξεως γελοίας καὶ ἀμοίρου μεγέθους, τελείας,〈ἡδυσμένῳ λόγῳ〉χωρὶς ἑκάστῳ τῶν μορίων ἐν τοῖς εἴδεσι, δρώντων καὶ〈οὐ〉δι' ἀπαγγελίας, δι' ἡδονῆς καὶ γέλωτος περαίνουσα τὴν τῶν τοιούτων παθημάτων κάθαρσιν.）[3]

III. 喜剧诗艺与《诗艺学·II》

关于"诗艺学 II"历来聚讼纷纭。自从《喜剧论纲》（*Tractatus Coisilinianus*）在19世纪中叶复印传布之后，学界始终不乏借助这一论纲重构亚里士多德喜剧诗学的尝试。具有代表性的是扬科（Janko），他试

---

[1]　Arist., Poet. V, 1449a32–37.

[2]　Arist., Poet. V, 1449b8.

[3]　"Tractatus Coislinianus", in: *Aristotle on Comedy: Towards a Reconstruction of Poetics II*, Richard Janko, University of California Press, 1984, Pp.24–25, Pp.151–161. 中译参见罗念生：《喜剧论纲》，见《罗念生全集》卷一，第391–392页；罗念生翻译所使用的整理版本，限于条件未能过眼复核，大概可参考：*Comicorum Graecorum Fragmenta* I, ed., Kaibel, G., Berolini, 1899, S.50–53.

图通过语文学重构"诗艺学II"，不仅特别倚重《论纲》，而且为《论纲》与亚里士多德诗艺学之间的根本契合辩护。沃特森（Watson）则明确宣称要在扬科（Janko）的语文学整理与评注基础上对《论纲》作哲学式的理论解析，将其定位为"诗艺学II"的"梗概"（epitome），由此关联到亚里士多德哲学来为"诗艺学II"辩护。① 相关的研究与争论不在我们的视线之内。这里专门提及，不是为了涉入其中，而仅仅是为了重提这一问题：喜剧诗艺在诗艺学中究竟占据何种位置？在何种意义上？

就亚里士多德哲学的使命与目标而言，进而就创制性的逻各斯科学而言，"诗艺学II"究竟有没有写完、究竟是否已在历史流传中佚失、究竟该如何通过残篇以及相关证言等传世的或是考古的材料来重构亚里士多德的喜剧理论，这些都是无关紧要的事情。因为亚里士多德诗艺学的目标，与其说是为了一般性创制性技艺，或者史诗诗艺、悲剧诗艺乃至喜剧诗艺，不如说最终是为了悲剧诗艺本质相的当下呈现，即为了"最好"的悲剧诗艺本质规定的当下呈现，呈现为如其所应是的逻各斯的这一个整体。

无关紧要，这不是说构成与悲剧诗艺对立和区分的喜剧诗艺在诗艺学中是没有必要性的，实际上其必要性正在于造成思想的完备性。悲剧诗艺与喜剧诗艺的区分，首先是构成诗艺范畴在"如真现相"诸规定的展开中所达到诗艺本身的区分完备性，进而构成诗艺本身在其时间性历史的展开进程中所实现的诗艺具体相的区分完备性，最后诗艺哲学作为创制性逻各斯科学经过思想中介所实现和把握住的本质之事的区分完备性。

这一实现了的诗艺区分的完备性要说的是：人与自身的相互区分，始终为逻各斯承当于自身而得到推演—呈现，因而能够在"如真现相"之中当下呈现和当下看见。但正是因为要回溯到人的自相区分，因而最终要回溯到人的本质所是，回溯到他的完满实现。合乎人的本质所是及其完满实现的乃是"最好"的，这只有努斯（νοῦς）意义上的人。亚里士多德哲

---

① 就此参见Walter Watson, *The lost Second Book of Aristotle's Poetics*, The University of Chicago Press, 2012.

学的真正目标和使命，都是为了在科学中当下实现这一有朽之人能够实现的"最好"。逻各斯科学每一次皆以各自"最好的"为本质之事和最高目标。科学既要在逻各斯的自相区分中当下实现诸思想的区分规定性，也要由此通向结束诸区分规定而达到区分中的纯粹完满当下——作为"如其业已得到规定而是其所应是"的"这一个"。

相应于创制性科学，正是基于这一区分的逻各斯当下呈现，只有"最好"的悲剧诗艺，后者根据当下的"如真现相"诸范畴得到规定。"何所在""何所是"以及"何所如"，这三重范畴的规定，亦即创制性逻各斯技艺的"逻各斯"／理性关系，共同规定了创制性诗艺的具体实现了的本质相，让最好的悲剧诗艺展现在"这一个整体"的规定性之中。最好的，在纯粹而绝对的意义上，只是悲剧诗艺本质相的"这一个整体"。换言之，在创制性的逻各斯科学中，唯有合乎自身本质所是的悲剧诗艺作为这一个整体而得到规定的本质相与科学的本质之事相匹配，一旦确认这一点，为了思想的完备性而在区分中得到规定的喜剧诗艺本质相，就成为次要的、最终要消逝的附属性思想环节。既然阐论喜剧诗艺本质相规定的"诗艺学II"在诗艺学中服务于思想的区分的完备，最终要从诗艺学本质之事的事业中消逝，那就不如让迄今"佚失"的"诗艺学II"得其所哉。这就是我们对问题的回答。

尽管如此，这里仍需简要补充说明喜剧诗艺对于人从其本质而来的区分的意义。就这里涉及《诗艺学》而言，喜剧诗艺的意义已然展现在诗艺范畴的运思当中。首先正是在如真现相的范畴规定中，有朽之人从其无区分的日常状态中拔擢而出，相应地作为与悲剧诗艺相区分的对立方面，喜剧诗艺在诗艺范畴的运思中构成本质性的环节，进而构成诗艺本身的具体实现了的本质相。在此"人之为人究竟是何种意义上的人"这一问题具有决定性。这里人乃是有朽之人，并且只是鉴于在自身与自身相区分的意义上才得以彰显。对于亚里士多德来说，这一有朽之人的自相区分，不能在直接性的意义上被看见，而只能在间接性的意义上，在作为逻各斯科学的哲学之知的完满秩序整体的区分中得到当下的呈现和把握。

就从理论性哲学上升到顶点，即上升到原则与开端本身而言，第一哲学的明断在于有朽之人的不死的本质所是乃是暂时地与神分享的，因而与神相似。完满、神圣且始终驻留于自身的只有神（θεός）。有朽之人的不死的神圣所是却不是鉴于人与神的区分来确定，而是始终落实在人在自身与自身相区分来加以展开。这就是说，要把握人之为人的本质所是，必须始终反顾到人作为人的有死的方面。在区分的意义上，有死的方面甚至是根本上附属于人的本质所是的。

就实践性科学来看，有朽之人与自身的区分当下展开并实现于行动本身，由此，品性的辨别并非作为结果来表示对人所做的评判，而是标识展开着、行动着的行动本身的区分，并且这种标识并非单纯就行动而评判行动，而是归因于人之本质所是的对行动本身区分的评判。在此，品性（ἦθος）唯有鉴于人的卓越方面（ἀρετή）才是合乎人的本质所是的，相应的行动也才是卓越的，具备了"品性"的。因此品性的区分毋宁是要剔除非理的或无逻各斯的行动，这种行动与人的本质所是不相称，在严格的意义上说，甚至还不成其为实践的"行动"。

既不像理论性科学在静观沉思中辨别有朽之人的自身区分，由此确认人的本质所是，也不像实践性科学在实践行动中展现品性的区分以排除实质上不具备卓越德性的所谓行动，创制性科学是要将人及其行动的辨别与区分本身通过逻各斯的创制当下加以完整的展现。这里，语言形态的逻各斯将人及其行动承当于自身，对人及其行动的创制就是在逻各斯—语言朝向整体实现的推演中对此"如真现相"。换言之，有朽之人及其行动的"所不是"以及"所不应是"的方面在逻各斯的创制呈现中具有同等的权利！对此亚里士多德有最深刻的洞见！在如真现相的"何所是"范畴规定中已经昭然若揭的正是人的行动及其品性的区分，即高贵肃穆与卑劣滑俗，相应的诗艺本身的"具体相"的区分，即悲剧诗艺（以及史诗诗艺）与喜剧诗艺的区分。与之相应，这尤其切中有朽之人就其承受性情感方面的区分，即经过承受痛苦的快乐与无须承受痛苦而仅仅是滑稽可笑而引起的快乐的根本区分。这两种不同质性的快乐的区分直接受到逻各斯创制—

呈现中的行动及其品性区分的限定。总而言之，这里悲剧诗艺与喜剧诗艺的区分不仅涉及创制性逻各斯技艺创制—呈现中自身区分的完备，而且对于把握有朽之人的自身区分具有本质性的意义。对于亚里士多德哲学思想的使命而言，这一区分旨在让有朽之人从其生活世界的无区分状态中拔擢出来，让人的"所应是"与"所不应是"在逻各斯技艺的创制中当下现身——就其始终现身于行动而言，逻各斯的创制致力于呈现行动的完满整体。因此，唯有喜剧诗艺才能构成实质上与悲剧诗艺相区分的一方，并且与悲剧诗艺具有同样的权利，构成创制性逻各斯技艺的具体实现了的"本质相"，从而成为亚里士多德的创制性科学必须与之打交道的事情。

第二节 悲剧诗艺"本质相"的范畴

I. 悲剧诗艺本质相的划分与区分

1.1 逻各斯"这一个整体"

亚里士多德哲学是逻各斯科学，只与逻各斯打交道。哲学运思即逻各斯在自身和与自身的区分行动。这一逻各斯的自相区分致力于为了自身的逻各斯给予，准确说来，即为自身奠定根据。根据贯穿在逻各斯的自相区分之中，既构成逻各斯区分中的事情，也是区分的目标。在此逻各斯的区分行动要实现的是逻各斯自身。简言之，逻各斯实现逻各斯。

始终要返回这一问题：什么是诗艺学的本质之事？这就是在问：什么是创制性逻各斯科学的本质之事？逻各斯。这是沉浸于事情并且自身成事的逻各斯。用亚里士多德的话说，即本质所是（οὐσία）的逻各斯，或者如其业已得到规定而是其所应是的逻各斯（λόγος ὁ τὸ τί ἦν εἶναι λέγων），"本质所是"（οὐσία）或"如其业已得到规定而是其所应是"（τὸ τί ἦν εἶναι）在逻各斯为自身奠定根据的自相区分中带向当下现身。如此之逻各斯的自身实现，换言之，即创制性的逻各斯创制逻各斯。并且这是朝向整体实现完满的创制，亦即创制为"这一个整体"。这构成创制性逻各斯的目标和原则。

创制性逻各斯科学与创制性逻各斯技艺打交道，这一技艺即逻各斯本身，但这是凝结为具备理性规定的语言形态的逻各斯。如此之逻各斯不仅自身成其为事情，而且作为根据贯穿整个的哲学运思。具体而言，诗艺学的原则与根据当下在此，贯穿诗艺哲学的先行之思，进而贯穿本质之事，直到返归自身。首先这一原则决定了创制性诗艺本身的规定展现为如真现相的范畴，进而原则基于诸范畴规定自身在事情中当下现身，使得本质之事只能是如此规定的而如真呈现的事情，最后原则并不外在于事情本身，相反事情本身诸规定的展开实现了作为目标的原则。因此，作为诗艺学的本质之事，作为创制性诗艺本身具体实现了的本质相，悲剧诗艺的本质所是，乃是自身实现于自身的逻各斯"这一个整体"。

具备逻各斯区分的"这一个整体"，贯穿整个本质之事的诸范畴规定的展开，因为这是整体的"划分"与"区分"，而基于诸区分与划分，最终诗艺学的本质之事亦即悲剧诗艺的本质相要实现为"这一个整体"。因此，亚里士多德对悲剧诗艺本质相的思想，必须展开为诗艺范畴规定，尤其展现在就"性质"（ποῖον）而言的划分（μήρη）。就其为诗艺学本质之事而言，诗艺学实际上与这些划分的规定性打交道。这也包括就"数量"（πόσον）而言的划分。[①]

1.2 诗艺范畴与性质划分

要界定具体实现了的悲剧诗艺本质相的本质所是，这必须经过诗艺范畴的先行中介。但先行的"如真现相"诸范畴规定的具体落实，根本就内在于对本质所是的界定。这一界定涉及悲剧诗艺的"如其所应是"，而不是直接性的"如其所是"。唯有根据诸诗艺范畴的规定，悲剧诗艺"本质所是"才能够作为"本质相"来把握：根据诸范畴规定而是其所应是，是如此这般的悲剧诗艺本质相。对悲剧诗艺本质所是的这一规定，重又具体展开并实现为"何所是""何所如""何所在"三重范畴的推演。当然这

[①]　Insb. Cf. Arist., Metaph. XII.1, 1069a18–21: περὶ τῆς οὐσίας ἡ θεωρία· τῶν γὰρ οὐσιῶν αἱ ἀρχαὶ καὶ τὰ αἴτια ζητοῦνται. καὶ γὰρ εἰ ὡς ὅλον τι τὸ πᾶν, ἡ οὐσία πρῶτον μέρος· καὶ εἰ τῷ ἐφεξῆς, κἂν οὕτω πρῶτον ἡ οὐσία, εἶτα τὸ ποιόν, εἶτα τὸ ποσόν.

是逻各斯自身的"推演"。

这里就"性质"（ποῖον）而言的"划分"（μήρη），并不简单等同于每一次都能明确辨别的"部分"。这一划分附着于悲剧诗艺的本质所是，是亚里士多德根据悲剧诗艺本质所是解析出来的性质"划分"。这些"划分成分"作为要素或者环节，每一次都要更为深入和具体地落实与展开。这些"划分成分"既是对悲剧诗艺本质相的"解析"与"切割"，因此构成整体之内的相互区分，又是悲剧诗艺"如真现相"诸范畴规定的具体化实现——在这个意义上我们说是诗艺本身的具体实现，因此相互关联并拢集到诸范畴，构成实现了的诸范畴的相互区分。

关于作为整体的悲剧诗艺本质相在性质方面的划分，亚里士多德说道："由此可见，作为整体，悲剧诗艺必须包括六个决定其性质的划分成分，即结筑为整一行动的情节、行动者的品性、语言呈现的言辞形态、贯穿所思的运思、行动呈现的可见外观和唱段的歌行制作。其中两个是如真呈现的'何所在'，一个是如真呈现的'何所如'，另三个为如真呈现的'何所是'。除此之外别无其他。†不少诗人†都使用了这些划分成分，如其每一成分都应是悲剧诗艺的本质性划分。因为作为整体，悲剧诗艺具备行动呈现的可见外观、行动者的品性、结筑为整一行动的情节、语言呈现的言辞形态、唱段的歌行制作以及同样的贯穿所思的运思。"（…ἀνάγκη οὖν πάσης τῆς τραγῳδίας μέρη εἶναι ἕξ, καθ' ὃ ποιά τις ἐστιν ἡ τραγῳδία· ταῦτα δ' ἐστὶ μῦθος καὶ ἤθη καὶ λέξις καὶ διάνοια καὶ ὄψις καὶ μελοποιία. οἷς μὲν γὰρ μιμοῦνται, δύο μέρη ἐστίν, ὡς δὲ μιμοῦνται, ἕν, ἃ δὲ μιμοῦνται, τρία, καὶ παρὰ ταῦτα οὐδέν. τούτοις μὲν οὖν †οὐκ ὀλίγοι αὐτῶν† ὡς εἰπεῖν κέχρηται τοῖς εἴδεσιν· καὶ γὰρ †ὄψις ἔχει πᾶν† καὶ ἦθος καὶ μῦθον καὶ λέξιν καὶ μέλος καὶ διάνοιαν ὡσαύτως. ）[1]

性质划分的"六"要归结为范畴区分的三：首先是"何所是"范畴，包括结筑为整一行动的情节（μῦθος）、行动者的品性（ἤθη）以及贯穿所

---

[1] Arist., Poet. VI, 1450a7–14. 亚里士多德在论述性质的六重划分时，没有严格按照诗艺范畴的推演顺序。但我们将其按顺序归结到诗艺范畴，大体与《诗艺学》的章节编排相应。

思的运思 / 推理之思（διάμοια）；其次是"何所如"范畴，尤指可见的行动呈现的外观景象（ὄψις）；第三是"何所在"范畴，包括语言呈现的言辞形态（λέξις）和唱段的歌行制作（μελοποιία）以及贯穿所思的运思（διάνοια）。贯穿所思的运思（διάνοια）贯穿在逻各斯的自相区分的推演—呈现之中，因此可以归结到任一范畴。此外特别值得注意的是，这里归属于何所如范畴的行动呈现的外观景象（ὄψις），能够将其他划分成分都席卷纳入自身之中，使得汇总了诸成分划分的悲剧诗艺本质相能够作为完满整体而在"如真呈现"的创制中当下现前。

1.3 悲剧诗艺整体的数量划分

根据"数量"方面的完满，亚里士多德把悲剧诗艺本质相划分如下：开场白（πρόλογος）、场次（ἐπεισόδιον）和退场（ἔξοδος）。就歌队合唱（χορικόν）而言，则划分为唱词吟诵（πάροδος）、合唱词（στάσιμον）和哀歌（κόμμος）。[①]

这一对悲剧诗艺本质相在"数量"方面的成分划分，是更加具有直观性和直接性的整体性构成的划分。这一划分尤其与古希腊悲剧创作与表演的实践相契合，也更为贴近。即便如此，这一对整体构成在数量上的分段，还是不能直接视为对希腊戏剧实践经验的"总结"。

这一"划分"也不是从悲剧诗艺本质所是的界定解析出来的。相反，这是诗艺原则决定了本质相的规定性必须划分为三。就"何所是"范畴的整一行动所要求的整体性而言，这里整体的三重性基于区分 / 划分要能够造就整体的完满，也就是划分为开端、中段和完成。其次是"何所在"范畴基于调和修饰而令人愉悦的、具备特定格律的逻各斯而言，歌队唱诵的逻各斯划分必须内在地构成赠答者"数量"为"三"的完满。

---

① 具体参见Arist., Poet. XII, 1452b14–27. 关于情节在"数量"上的成分划分集中在第12章。这一章真伪存有疑虑。鉴于第12章是承接第11章的，后者论述情节在"性质"上的成分划分，这里持审慎态度。比较陈中梅《诗学》译注，第93–94页。

II. "最好" 悲剧诗艺的范畴

2.1 "何所是"：μῦθος, ἤθη, διάνοια

对于亚里士多德而言，诗艺范畴的 "何所是" 按照顺序包括：第一位的结筑为整一行动的情节（μῦθος），第二位的行动者的品性（ἤθη），第三位的贯穿所思的运思 / 推理之思（διάμοια）。

[A] 结筑为整一行动的情节（μῦθος）

结筑为整一行动的情节是 "悲剧诗艺的第一和最大"（πρῶτον καὶ μέγιστον τῆς τραγῳδίας）。① 这是悲剧诗艺本质相规定的 "第一"，因为它是悲剧诗艺的原则得以具体实现的关键所在，形象说来即悲剧诗艺的灵魂（ἀρχὴ καὶ οἷον ψυχὴν ὁ μῦθος τῆς τραγῳδίας）。② 进而言之，就 "何所是" 诗艺范畴而言，这也是整个诗艺学本质之事的具体实现了的 "第一"。人的行动的整一性结筑是诸划分成分中的最大，因为悲剧诗艺如真呈现的不是人，而是行动和生活（μέγιστον δὲ τούτων ἐστὶν ἡ τῶν πραγμάτων σύστασις. ἡ γὰρ τραγῳδία μίμησίς ἐστιν οὐκ ἀνθρώπων ἀλλὰ πράξεως καὶ βίου.）。③ 换言之，创制性逻各斯要担当于自身的不是作为行动者的人，而是行动本身。行动本身的整一性结筑是诗艺最为本真之事。甚至沉浸于事的诗艺学原则也要鉴于结筑为整一行动的情节才能得到阐明。因此亚里士多德将《诗艺学》的主要篇幅都献给了这一悲剧诗艺的 "第一和最大"。

"因此诸事情和结筑为整一行动的情节是悲剧诗艺的完满 / 目标，而完满 / 目标是一切中的最大。"（ὥστε τὰ πράγματα καὶ ὁ μῦθος τέλος τῆς τραγῳδίας, τὸ δὲ τέλος μέγιστον ἁπάντων.）④ 对于亚里士多德来说，诗艺学的原则归根到底是就行动的整体性结筑而言的，因此原则内在于结筑为整

---

① Arist., Poet. VII, 1450b23.
② Arist., Poet. VI, 1450a38f.
③ Arist., Poet. VI, 1450a15–16.
④ Arist., Poet. VI, 1450a22–23.

一行动的情节。换言之，悲剧诗艺的情节自身包含了原则和根据，结筑行动以实现自身原则为目标，而原则与根据正是基于行动的展开和结筑而贯穿在情节整体之中。作为自身具备开端、中段和完成区分的整体，结筑为情节的整一行动自身即是诗艺原则和目标，遵循必然性或可然性的安排和结筑实现自身。进而言之，所谓诗艺学原则归根到底是具体实现了的诗艺原则，亦即悲剧诗艺的结筑为情节的整一行动"这一个整体"。

诗艺原则凝结于悲剧诗艺的事情自身。这是归属于诗艺"何所是"范畴的事情。这里事情即悲剧诗艺的结筑为情节的整一行动。然则事情自身基于原则究竟如何规定而成其为如此这般的事情？在确定悲剧诗艺本质相的、沉浸于情节的整体性结筑这一原则之后，亚里士多德仍然就其"性质"方面的划分成分来展开论述。最为重要的划分成分即行动的突转（περιπέτεια）和发现（ἀναγνώρισις）。但是第三个成分划分受苦／苦难（πάθος）则引起困惑。[①] πάθος一般而言即承受性的情感或者激情，自身也可成为技艺的"何所是"；[②] 这里亚里士多德却说："受苦是导致毁灭或痛苦的行动。"[③] πάθος作为承受性情感，本身并不是行动，但总是与行动相关涉。这里亚里士多德称πάθος为"行动"，并非简单的等同，而是就其是"性质"上的成分划分而归属于作为情节的整一行动。至于第18章在"性质"的成分划分基础上做出的分类，只是各有侧重的分类，因而只有附带性的意义，并不是悲剧诗艺的本质意义上的事情。[④] 但是受苦［情感］，准确说即承受性，却贯穿在悲剧诗艺乃至史诗诗艺的结筑为整体性情节的整个行动进程。就此而言，受苦的情感始终与行动的突转和知的发现相终始，也正是由于行动根本上乃是受苦的行动、承受性的行动，突转和发现才构成了悲剧诗艺情节结筑的关键。

---

① Cf. Lucas, P.134f..
② Arist., Poet. I, 1447a27–28: καὶ γὰρ οὗτοι διὰ τῶν σχηματιζομένων ῥυθμῶν μιμοῦνται καὶ ἤθη καὶ πάθη καὶ πράξεις.
③ Arist., Poet. XI, 1452b11–13: πάθος δέ ἐστι πρᾶξις φθαρτικὴ ἢ ὀδυνηρά, οἷον οἵ τε ἐν τῷ φανερῷ θάνατοι καὶ αἱ περιωδυνίαι καὶ τρώσεις καὶ ὅσα τοιαῦτα.
④ Arist., Poet. XVIII, 1455b32–1456a3.

根据诗艺原则，在结筑为整一行动的情节中，复杂行动（πρᾶξις πεπλεγμένη）高于简单行动（πρᾶξις ἁπλῆ），因为复杂行动具有出于情节的整体性结筑的突转（περιπέτεια）和发现（ἀναγνώρισις）。[①] 为何突出这二者？这是"最好的悲剧诗艺"的关键所在，进而是创制"最好的悲剧诗"的关键所在，最适合于达到出于悲剧诗艺本质所是的作用，实现悲剧性的快乐。最好的悲剧诗艺（καλλίστη τραγῳδία），这说的是作为情节的整一行动之结筑合乎悲剧诗艺本质所是的本质相，以及拢集于这一本质相的量与质。构筑具备必然性或者可然性的整体这一个，不是如其所是，而是如其所应是来构筑。这里对整体的构筑必须实现在作为"何所是"的行动本身的结筑。最好的悲剧诗艺要如此结筑受苦的行动：突转与发现同时发生，并由此将行动带向完成。这导致最恰当的、合乎悲剧诗艺本质所是的情感：悲剧性的快乐。

突转（περιπέτεια），即行动的发展根据必然或可然原则，从一个方向转至相反的方向。[②] 突转首先与行动者的品性（ἦθος）交织在一起，由此突转的分类也就是反顾到行动者的行动结筑的分类。这一分类是为了排除具有不在行动结筑进程之中的其他突转方式，并确定只有高贵严肃品性的行动者在行动的展开进程中从顺达之境转入败逆之境才是最好的行动结筑（σύνθεσις）[③]——最好悲剧诗艺的结筑，进而是"最好悲剧诗"的结筑。只有属于几家名门望族的已知者能与如此之行动的突转相称。

发现（ἀναγνώρισις），指从不知到知的转变，即让置身于顺达之境或败逆之境的人认识到对方原来是自己的亲人或者仇敌。[④] 实质上这一发现的规定已经以突转为基础了。"与突转同时发生，则为最好的发现，例如《俄狄浦斯王》中的'发现'。"（καλλίστη δὲ ἀναγνώρισις, ὅταν ἅμα

---

① Arist., Poet. X, 1452a12–21.

② Arist., Poet. XI, 1452a22ff. 最佳的例子是索福克勒斯的《俄狄浦斯王》（1452a3–26）。

③ Cf. Arist., Poet. XIII, 1452b21ff..

④ Arist., Poet. XI, 1452a29ff..

περιπετεία γένηται, οἷον ἔχει ἡ ἐν τῷ Οἰδίποδι.）[1] 对发现的分类，主旨仍在于排除不能参与到构筑整体性情节的行动进程中的"发现"。[2] "一切'发现'，其最好者出自事情本身，以令人吃惊的方式按照可然性而发生。例如索福克勒斯的《俄狄浦斯王》和《伊菲革尼娅》，因为伊菲革尼娅想要送信回家是可能的。"（πασῶν δὲ βελτίστη ἀναγνώρισις ἡ ἐξ αὐτῶν τῶν πραγμάτων, τῆς ἐκπλήξεως γιγνομένης δι᾽ εἰκότων, οἷον ἐν τῷ Σοφοκλέους Οἰδίποδι καὶ τῇ Ἰφιγενείᾳ· εἰκὸς γὰρ βούλεσθαι ἐπιθεῖναι γράμματα.）[3]

　　突转和发现都归属于结筑为整一行动的情节。情节是悲剧诗艺的灵魂，是其完满实现。但"此外，悲剧诗艺最能裹挟灵魂的［结筑为整一行动的］情节划分成分，即突转和发现"。（πρὸς δὲ τούτοις τὰ μέγιστα οἷς ψυχαγωγεῖ ἡ τραγῳδία τοῦ μύθου μέρη ἐστίν, αἵ τε περιπέτειαι καὶ ἀναγνωρίσεις.）[4] 鉴于行动的整一性，整一行动结筑中的突转（περιπέτεια）和发现（ἀναγνώρισις）从根本上相互交织在一起。但究竟在何种意义上"裹挟灵魂"？这正好涉及情节在"性质"上的第三种划分成分：受苦［情感］。亚里士多德视为"行动"的受苦［情感］，尤其对情节中特定的行动事件具有标识性。但受苦［情感］并不只限于特定的行动事件。正是作为性质划分的成分，对于情节才变得不可或缺。不可或缺在于，受苦［情感］是悲剧诗艺的"何所是"范畴规定了的行动本身所具备的。就此而言，受苦［情感］自身并非行动，但却本质上归属于行动，始终作为受苦的情感伴随着行动，激发着行动，贯穿在行动的整个运动过程之中，并且要作为承受苦难的行动而激发相应的情感，从而能实现净化，尤其是恐惧与怜悯情感的"净化"，即在观赏者这里引致"悲剧诗艺特有的快乐"。不论是作为承受苦难的行动事件，还是作为贯穿整一行动的受苦［情感］，相应的行动尤其要引发怜悯与恐惧，而这一"激发"的最佳实

① Arist., Poet. XI, 1452a32f..
② Cf. Arist., Poet. XVI.
③ Arist., Poet. XVI, 1455a16–19.
④ Arist., Poet. VI, 1450a33–35.

现在于行动突转与知的发现同时发生。

在此有必要回忆悲剧诗艺本质相界定的最后一个规定，即通过怜悯和恐惧导致如此这般情感的净化。⑤ 这是《诗艺学》争议最多也最热烈、对后世（尤其是文艺复兴时期以来）影响最为深远的位置。⑥ 这里不能也无意过多涉入其中。要确定的是：悲剧诗艺的创制—呈现是合乎诗艺范畴规定的"如真现相"，但最终这一创制—呈现要归结为整一行动结筑的整体性情节的创制—呈现。亚里士多德从开始就如此论断："结筑为整一行动的情节是行动的如真现相，因为我所说的情节就是事情的结筑。"（ἔστιν δὲ τῆς μὲν πράξεως ὁ μῦθος ἡ μίμησις, λέγω γὰρ μῦθον τοῦτον τὴν σύνθεσιν τῶν πραγμάτων.）⑦ 恐惧与怜悯应该出自整一行动结筑本身而不是其他，尤其不是舞台表演诸要素造成的可观景象。唯有引发怜悯和恐惧的行动结筑才能带来悲剧诗艺所独有的快乐。⑧

这里尤其需要提出的问题是：为什么亚里士多德在第6章只在界定悲剧诗艺本质所是时突兀地提到与怜悯和恐惧紧密关联的"净化"，后面就几乎完全遗忘了"净化"，但在对悲剧诗艺本质相就性质而言的划分成分展开论述时，更准确地说，是在规定悲剧诗艺本质相的"灵魂"、诗艺的"何所是"范畴、整一行动所构筑的整体性情节时，他却始终将怜悯和恐惧与悲剧诗艺所独有的快乐相提并论？亚里士多德对"净化"的遗忘导致纷争不休，而"悲剧诗艺""独具快乐"也似乎难以索解。

与其偏离亚里士多德而致力于解谜的智力游戏和博学展览，不如始终回到诗艺学的本质之事，看其运思的展开进程如何实现圆满，亦即看诗艺

---

⑤　Arist., Poet. IV, 1449b27–28.
⑥　相关争议集中在以下几点：1. 尽管Tarán／Gutas新校版与Kassel通行版在文字上保持一致，但鉴于个别地方有所损蚀，释读的争议始终存在。究竟是亚里士多德的原文还是后学的窜改（interpolation），这始终未能获得定论。2. 第二格究竟是所属二格还是分离二格。3. 在前两点基础上，最核心的争议在于究竟应该如何理解怜悯、恐惧和净化。
⑦　Arist., Poet. IV, 1450a3–5.
⑧　尤其参见Arist., Poet. XIV, 1453b1–14.

哲学的逻各斯如何在自身与自身相区分、为自身奠定根据，并将这一根据奠定展开为当下呈现的知。具体而言，作为创制性科学，诗艺哲学只与创制性逻各斯技艺本身、与诗艺本身打交道，进而只与诗艺本身具体实现了的本质相打交道，最终尤其与悲剧诗艺本质所是的规定性打交道。怜悯和恐惧的承受性情感、净化以及悲剧诗艺所独具的快乐都必须收拢到悲剧诗艺的本质相之中，作为其本质所是的逻各斯或理性关系规定来予以领会。就此而言，亚里士多德无须对此作额外的阐明，而是径直放在诗艺学本质之事的最大和第一当中，即放在悲剧诗艺结筑行动的情节当中来，用以规定悲剧诗艺的本质相。

悲剧诗艺创制呈现的行动乃是具备承受性［情感］的受苦行动。就其与悲剧诗艺的实现作用（ἔργον）相关而言，准确说即与悲剧诗艺的目的或者实现完满相关而言，如真呈现的行动已然被规定为引起恐惧和怜悯的行动，这一行动要按照必然性或者可然性实现为行动的完满整一体，呈现为可见可观的景象（ὄψις）。作为"何所是"范畴的结筑为整一行动的情节与作为"何所如"范畴的可见可观的景象融合为一体，旨在悲剧诗艺的完满（τέλος）或者作用（ἔργον）的实现，即赢得与之相应的悲剧诗艺所独具的快乐。

"通过可见可观的【舞台表演呈现的】景象，不是引致恐惧而仅仅是以怪诞的方式造成可怕，这与悲剧诗艺无关。因为不应该通过悲剧诗艺追求任意每一种快乐，而应该只追求悲剧诗艺本身所具有的快乐。既然【悲剧】诗人应该通过如真现相，从怜悯和恐惧而来成就快乐，显然要将怜悯和恐惧置入事情之中、在事情之中来加以创制。"（οἱ δὲ μὴ τὸ φοβερὸν διὰ τῆς ὄψεως ἀλλὰ τὸ τερατῶδες μόνον παρασκευάζοντες οὐδὲν τραγῳδίας κοινωνοῦσιν· οὐ γὰρ πᾶσαν δεῖ ζητεῖν ἡδονὴν ἀπὸ τραγῳδίας ἀλλὰ τὴν οἰκείαν. ἐπεὶ δὲ τὴν ἀπὸ ἐλέου καὶ φόβου διὰ μιμήσεως δεῖ ἡδονὴν παρασκευάζειν τὸν ποιητήν, φανερὸν ὡς τοῦτο ἐν τοῖς πράγμασιν ἐμποιητέον.）[1]

---

[1]　Arist., Poet. XIV, 1453b8–14.

　　能够由之获得悲剧诗艺所独有的快乐的行动，是结筑为自身具备整体性区分的情节的行动。如此之行动作为创制性诗艺的本质之事，根本为承受性所贯穿而始终显现为受苦的行动。这并非一般意义上的受苦，而是行动者所承当于自身的行动应该作为引致恐惧和怜悯的行动来呈现。换言之，受苦的行动不仅是体现在突转与发现规定中的行动，而且鉴于与观赏者的根本关涉，这是从所应引致的恐惧与怜悯来对受苦的行动加以限定。但这一限定始终来自行动朝向完成的整体性结筑本身，而行动的突转与知的发现尤其能够实现对恐惧和怜悯的激发。因此作为行动结筑的情节的性质划分成分，唯有突转、发现与承受性情感构成了这样的规定性，旨在实现悲剧诗艺的"实现作用"，获得悲剧诗艺所独有的快乐。

　　悲剧诗艺的"'如真现相'不仅是实现完满的行动【呈现】，而且是能引起恐惧和怜悯的行动事件【呈现】；当行动事件与意见【的期待】相反、交互间这个因为那个而发生—生成，这是最好的（更好的）行动之生成。这样的行动之发生—生成比出于自发的或者出于巧合的生成，更能使人惊异。甚至出于巧合的行动的发生—生成，却看起来如其合乎创制的措意安排而发生—生成，这也极为令人惊异。例如阿尔戈斯城的弥缇斯雕像砸死对弥缇斯负有杀人罪责【原因】的凶手，他在观赏雕像的时候，雕像倒下砸中了他。因为这种事情看来不会无缘无故地发生，因此，这种行动的发生—生成必然是更好的行动结筑的情节"。（ἐπεὶ δὲ οὐ μόνον τελείας ἐστὶ πράξεως ἡ μίμησις ἀλλὰ φοβερῶν καὶ ἐλεεινῶν, ταῦτα δὲ γίνεται καὶ μάλιστα [καὶ μᾶλλον] ὅταν γένηται παρὰ τὴν δόξαν δι' ἄλληλα· τὸ γὰρ θαυμαστὸν οὕτως ἕξει μᾶλλον ἢ εἰ ἀπὸ τοῦ αὐτομάτου καὶ τῆς τύχης, ἐπεὶ καὶ τῶν ἀπὸ τύχης ταῦτα θαυμασιώτατα δοκεῖ ὅσα ὥσπερ ἐπίτηδες φαίνεται γεγονέναι, οἷον ὡς ὁ ἀνδριὰς ὁ τοῦ Μίτυος ἐν Ἄργει ἀπέκτεινεν τὸν αἴτιον τοῦ θανάτου τῷ Μίτυι, θεωροῦντι ἐμπεσών· ἔοικε γὰρ τὰ τοιαῦτα οὐκ εἰκῇ γίνεσθαι· ὥστε ἀνάγκη τοὺς τοιούτους εἶναι καλλίους μύθους.）①

―――――――――

① Arist., Poet. IX, 1452a1–11.

　　对于指向观赏者的悲剧诗艺的完满实现而言，唯有引致恐惧与怜悯的受苦行动才能获得悲剧诗艺独有的快乐。这最终是说：怜悯与恐惧不仅构成悲剧诗艺如真现相的行动本身的规定性，而且构成如此之受苦行动所应引致的悲剧诗艺独有的快乐的本质性规定。这一本质性规定指向悲剧诗艺的"何所为"（οὗ ἕνεκα），亦即返回诗艺本身的原因（αἰτία）——作为目的因（τέλος）。求知学习激发的快乐是出于人之为人的自然的；就其作为诗艺的原因而言，这在首要的意义上构成诗艺创制的目的因。这一规定性进而指向每一具体实现了的诗艺本质相的潜能（δύναμις）[①]，因为与之相应的"实现作用"（ἔργον）乃是诗艺创制—呈现本身就其潜能（δύναμις）而言的"实现作用"。但诗艺的潜能之实现为"作用"，不仅仅是就诗艺自身潜能"如其所应是"而合乎本质所是，造成诗艺创制—呈现的"这一个整体"，而且始终将"何所为"的"所为"作为诗艺的目的因纳入对悲剧诗艺的本质所是的规定中来。所为为何？最终是悲剧诗艺所特有的快乐。

　　悲剧诗艺（乃至诗艺本身）的目的或实现完满（τέλος），在运思之中已然区分为三：第一，结筑为整一行动的整体性情节构成悲剧诗艺的目的或完满实现。这是就其"何所是"范畴而言的悲剧诗艺"本质相"本身；作为性质的划分成分中的第一和最大，结筑为整一行动的情节是悲剧诗艺"这一个整体"的"灵魂"。第二，就悲剧诗艺的本质相具备开端、中段和完成的整体性区分而言，"完成"之为悲剧诗艺本质相的目的和完满实现，正在于这是行动结筑的这一个完满整体，完满的整体不仅具备决断而来的开端，而且具备断然的结束以持守于自身，而不是无止境地不断地向前发展。第三，就悲剧诗艺本质相与自身"潜能"相应的实现作用（ἔργον）而言，实现作用之为悲剧诗艺的目的或者完满实现，则是按照必然性或可然性将如此这般负载承受性情感（πάθος）的行动结筑为整体的情节必须"创制"出悲剧诗艺所特有的快乐。

[①]　这是诗艺学开篇就已经明确的使命：ἥν τινα δύναμιν ἕκαστον ἔχει（Arist., Poet. I, 1447a9）。

　　这里悲剧诗艺"潜能"的"实现作用"，不能直接归结甚至等同于生活世界的"社会作用"，尤其是共同体中实践行动的政治效用。这里"作用"之为"目的"或者"何所为"，始终鉴于诗艺本身之为如此的创制性技艺而言的"作用"。因为技艺的创制总是为它的／有所为的（πρὸς τί），不仅仅是出于自身和为了自身的（καθ᾽ αὑτόν）。作为"何所为"的具体实现，悲剧诗艺的要达致目的的"实现作用"即激起悲剧诗艺特有的快乐。在此，实质上就一般而言的诗艺本身产生的"何所为"（目的因）在悲剧诗艺本质相中具体实现为诗艺本身达致目的的"实现作用"。这一"实现作用"自身即实现了的目的因或者"何所为"。这意味着，在诗艺的如真现相中，求知的学习激起相应的快乐，并不停留为抽象的诗艺本身的产生原因，作为目的或者何所为必须赢得其具体的实现——这是具体实现了的诗艺本质相所赢得的实现，准确说来，即悲剧诗艺基于自身所具的"潜能"通过激发恐惧和怜悯的行动本身赢得悲剧诗艺独有的快乐。

　　求知的学习及其相应的快乐都是出于有朽之人的"自然"。在第4章论述诗艺本身产生的原因时，亚里士多德就已经侧重在"观赏者"角度来看待诗艺的"何所为"或者目的因。悲剧诗艺所独有的快乐同样也是就"观赏者"而言的悲剧诗艺的何所为或者目的因。就其乃是悲剧诗艺本质相之"潜能"的"实现作用"而言，仍然是指向观赏者的实现作用。这里当然蕴含着创制性科学与实践性科学的相互关联，尤其是诗艺学与政治学的关联：观赏者乃是政治共同体中的行动者，即城邦的公民。但真正的观赏者并非现成在此，作为实践中的行动者仍有赖于政治技艺（τέχνη πολιτική）的"创制"。政治学的使命即在于政治共同体中合乎人之本质所是、合乎人之完满实现的有朽之人的"创制"。但诗艺学中观赏者不是从政治实践中的行动者来规定的，而是始终系缚于诗艺创制的如真现相。只是诗艺创制的如真现相才使得观赏者成其为如此这般的观赏者，其规定性并非出于自身的行动，而是"在与之不同者中的"，出于创制—呈现的行动这一"中介"的规定性。创制性的逻各斯技艺将创制者、行动者和观赏者都拢集到技艺创制的如真现相的当下。正是因此，观赏者赢得悲剧诗艺所独有的快乐，正是悲剧诗艺本质相之潜能的实现作用。

悲剧诗艺本质相之潜能的实现作用在于，观赏者通过"观看"悲剧诗艺的如真现相，赢得悲剧诗艺所独具的快乐。但这一快乐不是直接的，而是间接的，也即从根本上以悲剧诗艺如真呈现的结筑为情节的整一行动"这一个整体"为中介。正是鉴于这一独一无二的中介，我们才与亚里士多德的"净化"相遇：通过观赏悲剧诗艺的创制—呈现获得悲剧所独有的快乐，这是悲剧诗艺本质相之潜能在其实现作用中的净化过程！这一净化在根本上即为悲剧诗艺独有的快乐这一"中介"所规定，即由悲剧诗艺创制—呈的行动本身所规定。究竟是怎样的规定？求知的学习（μανθάνειν）。这是诗艺本身产生的另一个根本性原因。

必须注意，诗艺本身的原因是始终返回诗艺自身的、出于自身的原因；求知的学习及其相应的快乐植根于有朽之人的自然。创制性逻各斯技艺并非不朽者的特别赠予，而是有朽者的特定"自然"；作为诗艺本身的原因，有朽之人的特定"自然"鉴于创制性的区分而得到规定，进而构成了诗艺创制　如真现相的具体实现了的本质相的本质规定性，亦即构成了悲剧诗艺本质所是的规定性范畴。作为创制性逻各斯的科学，亚里士多德的诗艺哲学只与凝结为语言形态的逻各斯技艺本身打交道，亦即只与创制性逻各斯技艺的如真现相诸范畴规定打交道。诗艺哲学在逻各斯之中，通过逻各斯的自相区分为自身奠定根据，根据和原则由此实现在逻各斯的自相区分的当下。鉴于根据的逻各斯规定性，这里根据并非抽象的规定，而是贯穿在创制性技艺如真呈现的完满实现之中，亦即贯穿于这一个逻各斯整体的开端、中段和完成的区分。正是因此，诗艺的创制—呈现才是如其所应是的如真呈现；唯有如此这般的如真现相才是"最好"的诗艺创制。

悲剧诗艺创制—呈现的行动是受苦的行动，亦即具备承受性情感（πάθος）的行动。这里行动者的行动与实践领域规定的行动不同。实践行动乃是纯粹受逻各斯规定的具备卓越德性的行动，基于灵魂的区分已然将无逻各斯或者非理（ἄλογον）的活动彻底排除在外；如真现相的行动则始终是为无逻各斯或者非理（ἄλογον）所烙印的行动。悲剧诗艺的创制呈现以合乎逻各斯的方式将无逻各斯的和承受性的行动纳入逻各斯自相区分的整体秩序之中，"让"这一行动如其是无逻各斯的和承受性的行动而展开，如其合乎逻各斯的顺序安排而结筑为整一行动，作为这一个整体向观赏者当下呈现。因此合乎悲剧诗艺本质所是的创制呈现的行动，按照必然性或者可然性从顺达之境转入败逆之境，行动者在不自知的情形下造成转折，在转折发生时才知道原来如此却无可逆转。行动的顺逆突转和从不知到知的发现同时发生，承受性情感或者无逻各斯不是被弱化以至于消除，而是被强化以至于达到顶点。

承受性情感或者无逻各斯贯穿悲剧诗艺创制—呈现的行动的整体结筑。换言之，创制性的逻各斯技艺担当于自身并加以创制呈现的正是具备承受性情感和无逻各斯的行动。创制—呈现，不是清除也不是描述行动的承受性及其无逻各斯的状态，而是将承受性（πάθος）和无逻各斯（ἄλογον）都纳入逻各斯（λόγος）当中，将承受性和无逻各斯的行动创制—呈现为具备逻各斯规定的整体。对于观赏者来说，由承受性情感和无逻各斯烙印的行动始终如其合乎逻各斯的必然性那样，必定激发恐惧和怜悯的承受性情感。创制—呈现的行动，在逻各斯之中、合乎逻各斯地实现为逻各斯自相区分与联结之整体的生成运动进程，与此相应，恐惧与怜悯贯穿于得到精确安排的生成这一逻各斯整体推演—呈现进程的观赏。

观赏者的目光是双重的：第一，如在目前"观看"承受性和无逻各斯行动和相应的有朽之人作为行动者的苦难，由此激发恐惧与怜悯这类承受性情感，激发无逻各斯搅动灵魂。第二，如在目前"观看"将承受性和无逻各斯行动担当于自身的逻各斯，就其自身而言通过开端、中段和完成的整体性区分而结筑为整一行动的这一个逻各斯整体。这一个逻各斯整体的发生、生成直至实现完满导致悲剧诗艺所独有的快乐——这是使创制性逻各斯"如真呈现"就其潜能而言的"实现作用"（ἐνέργεια）臻于完满（ἐντελέχεια）。合乎诗艺本质所是的规定的观看，必须将第二重目光从第一重目光中解放出来，亦即要获得悲剧诗艺所独有的快乐必须从恐惧与怜悯承受性情感和无逻各斯中解放出来。在此，我们与悲剧诗艺"实现作用"（ἔργον）的"净化"相遭遇。这是有朽之人作为观赏者的自我区分，是系缚于悲剧诗艺的区分，亦即系缚于逻各斯技艺的创制—呈现的区分。

在对诗艺范畴、如真现相三重规定的先行运思中，亚里士多德就已经明确，"何所是"的行动并非如其在实践领域那样"在自身"的运动过程，而是如其在创制性技艺的创制—呈现中那样"在与之不同者"当中的，亦即在逻各斯当中的推演—呈现的实现过程。就悲剧诗艺而言，这是说，无逻各斯的、承受性的行动并非直接在实践中发生—生成的，而是在创制—呈现的逻各斯当中作为逻各斯发生—生成的。这正是亚里士多德创制性逻各斯科学的惊人洞见所在：无逻各斯者、承受性情感在逻各斯之中！逻各斯技艺的创制—呈现并非简单地将无逻各斯者和承受性情感当作单纯的否定性加以否定并排除在外，而是将无逻各斯的、承受性情感的"行动本身"担当于自身，亦即收拢到凝结为具备理性规定的语言形态的逻各斯，根据悲剧诗艺的原则以精确的方式如真呈现其生成为整体的实现过程，即逻各斯—语言整体的发端、展开到结束的实现过程。

悲剧诗艺如真呈现的行动具备双重性，正是这一双重性决定了观赏者的目光是双重的。但被无逻各斯、承受性情感所烙印的行动在创制—呈现的逻各斯之中已然得到区分：不是实践领域中的行动本身，而是恰好作为无逻各斯的、具备承受性情感的行动，构成创制性呈现的"何所是"范畴规定，构成逻各斯的本质性环节，被逻各斯自相区分的行动带向如真现相的当下实现。相应的，观赏者的观看，不再是看见实践领域中的行动本身（正因此亚里士多德始终对表演呈现中对实践领域行动的简单"摹仿"持否定态度而排斥在诗艺本身的规定之外），而是"观看"作为以具备承受性情感和无逻各斯的行动为其"何所是"的逻各斯—语言所造就的可见可观的行动景象。

"净化"因此具备三重性：第一，恐惧与怜悯不再直接等同于日常生活的承受性情感，而是与悲剧诗艺创制—呈现中受苦行动相应的承受性。作为悲剧诗艺如真现相的观赏者，其恐惧与怜悯系缚于创制—呈现的独一无二的受苦行动并与之相始终。第二，被无逻各斯、承受性情感烙印的行动不再径直作为实践行动来领会，观看的目光必须从行动的直接性中解放出来，解放到如此之受苦行动的"何所在"的逻各斯，即解放到行动"如真现相"这一个整体的生成与实现当中去。第三，作为悲剧诗艺创制—呈现的"何所为"和目的因，观赏中悲剧诗艺所独具的快乐，乃是悲剧诗艺就其本质相自身潜能而言的"实现作用"。但这一"实现作用"与"何所为"并非只是单纯的"结果"，而是先行规定了悲剧诗艺必须"如其所应是"地创制—呈现，决定了结筑为情节的整一行动必须如其所应是地开始，进而合乎逻各斯地展开直至实现为如此结筑的这一个整体。唯有致力于创制—呈现如其所应是的完满整体的实现活动，相应的只有对创制—呈现的行动实现为如此这般的完满整体的当下"观看"，悲剧诗艺所独有的快乐才成其为如其所应是的快乐——不再是承受性情感，而是在其纯粹性当中让实现活动本身"臻于完满"。尤其需要强调的是：不仅就实际的施行实现活动本身而言，而且就其为看见实现活动整体而言的知道本身的实现而言，快乐甚至强化了对"实现作用"的整个运动进程的分判洞察力和细节把握力。① 正如亚里士多德在第4章已经指出的，这对于诗艺创制的

_____

① Arist. Eth. Nic., X.4, 1174b23: τελειοῖ δὲ τὴν ἐνέργειαν ἡ ἡδονή. Dazu X.5, 1175a20–21: ἄνευ τε γὰρ ἐνεργείας οὐ γίνεται ἡδονή, πᾶσάν τε ἐνέργειαν τελειοῖ ἡ ἡδονή. Dazu X.5, 1175a30–1175b1: συναύξει γὰρ τὴν ἐνέργειαν ἡ οἰκεία ἡδονῆς. μᾶλλον γὰρ ἕκαστα κρίνουσι καὶ ἐξακριβοῦσιν οἱ μεθ᾽ ἡδονῆς ἐνεργοῦντες, οἷον γεωμετρικοὶ γίνονται οἱ χαίροντες τῷ γεωμετρεῖν, καὶ κατανοοῦσιν ἕκαστα μᾶλλον, ὁμοίως δὲ καὶ οἱ φιλόμουσοι καὶ φιλοικοδόμοι καὶ τῶν ἄλλων ἕκαστοι ἐπιδιδόασιν εἰς τὸ οἰκεῖον ἔργον χαίροντες αὐτῷ· συναύξουσι δὲ αἱ ἡδοναί, τὰ δὲ συναύξοντα οἰκεῖα· τοῖς ἑτέροις δὲ τῷ εἴδει καὶ τὰ οἰκεῖα ἕτερα τῷ εἴδει. Dazu Cf. Arist., Poet. XXIII, 1459a18–21: δεῖ τοὺς μύθους καθάπερ ἐν ταῖς τραγῳδίαις συνιστάναι δραματικοὺς καὶ περὶ μίαν πρᾶξιν ὅλην καὶ τελείαν ἔχουσαν ἀρχὴν καὶ μέσα καὶ τέλος, ἵν᾽ ὥσπερ ζῷον ἓν ὅλον ποιῇ τὴν οἰκείαν ἡδονήν. [就像在悲剧诗艺诸现相中一样，史诗诗艺的情节也应该结筑为戏剧性行动，环绕着整一的行动而具备开端、中段和完成，以便能像在其整体性中的生命（生物）一样，造就［史诗诗艺］所特别给出的快乐。]
在悲剧诗艺本质相诸规定得到确定之后，亚里士多德专门附论史诗诗艺。从一开始就明确指出二者所应有的快乐应该只来自完满实现的"如真现相"的整体本身。但这一"快乐"并非康德意义的与认识扩展无关的纯粹"审美愉悦"，而是与创制—呈现的完满实现相应的"求知的快乐"。严格说来，亚里士多德根本不识得经过自我意识反思中介了的"审美愉悦"。

"如真现相"的观赏而言极为重要。一言以蔽之：这是见其所应见，知其所应知的快乐，正如亚里士多德的"哲学家"，不论是作为完满的实践行动的沉思洞见（νοεῖν）还是在理论思辨完满形态中短暂的却如其神圣的沉思洞见（νόησις νοήσεως），在其神思的实现活动中所具备的完满快乐。

　　柏拉图对史诗与悲剧的指责，正是因为其诗艺激起承受性情感（πάθος），将灵魂导向"非理"的欲望，而不是导向知。亚里士多德正好相反：唯有激起恐惧、怜悯乃至惊异等情感的诗艺创制才称得上最好的亦即合乎悲剧诗艺本质所是的创制。但这是基于将创制—呈现中的行动与实践性领域的行动相区分，亦即将创制呈现的行动从实践领域的行动本身及其直接性中解放出来，如其在创制—呈现中具备自身的运动进程：作为将行动担当于自身的逻各斯的推演—呈现，实现为具备整体性区分的整一行动"这一个整体"。就其具备完整的诗艺范畴规定性而言，亚里士多德的所思事实上包括两个方面：第一，行动创制必须是受苦或者承受性行动，激发恐惧、怜悯乃至惊异等激情；第二，行动创制必须作为逻各斯的自身区分实现为整一行动完满的当下呈现，这一当下呈现能够在观照中被当下把握为"这一个"通透的整体，在观照中见所应见，知所当知。所见所知这一实现活动本身伴随着从激情和非理中解放出来的快乐——快乐使这一实现臻于完满。

　　归根到底，"净化"旨在求知意义上的学习的快乐。作为诗艺本身产生的两个原因，在此是诗艺本身的目的或者实现完满。这里求知意义上的学习对于获得悲剧诗艺所独有的快乐具有至关重要的意义。悲剧诗艺所独有的快乐，一方面始终系缚于悲剧诗艺创制中受苦行动亦即被无逻各斯和承受性情感烙印的行动的"如真现相"，另一方面则始终与受苦行动所激发的恐惧和怜悯情感相关涉。对于"观看"悲剧诗艺如其所应是的创制—呈现的观赏者而言，将无逻各斯（ἄλογον）转置于逻各斯的推演—呈现，将承受性情感转化为逻各斯秩序中的"如真现相"的"何所是"，将恐惧与怜悯的承受性情感纯净化为观照"如真现相"整体生成本身的快乐，其关键即在于，这是求知意义上的学习（μανθάνειν）。①

亚里士多德深知，爱智慧意义上的"求知"源于"惊异"（θαυμάζειν），并且"惊异"的激情（πάθος）始终伴随着爱智慧的求知。直到追问最高原因和根据的第一哲学，作为激情（πάθος）的惊异（θαυμάζειν）仍然搅动着从事哲学活动的人。最高的原则与神圣的洞见（νοῦς θεός）甚至是最令人惊异的事情。② 对此柏拉图早已了然于心：对于从事哲学活动的人，亦即对于哲学家而言，惊异（θαυμάζειν）作为激情（πάθος），既是从事哲学活动的肇始，也贯穿哲学活动的始终。③ 但就作为求知起源的惊异而言，在一般意义上而言的求知活动中的惊异都促成了求知。并非只有哲学活动才起源于惊异，被惊异贯穿，相反，正是哲学的求知对惊异的这种从原则而来的确认和领会，才使得惊异内在于求知的规定性，甚至构成哲学独一无二的起源，进而构成哲学求知活动的真正开端。

"因为不论现在还是最初，人都是由于惊异才开始从事爱智慧的思想活动。开始是对身边无可理解者【无出路者】感到惊异，继而从微小处逐步前进，对更大的疑难感到惊异，例如月亮【所承受的】变化，太阳（和星辰）的变化，以及一切的生成。处于疑难困惑和惊异中的人觉出自己无知（因此一个爱'神—话'的人在一定意义上就是爱智慧的人；因为'神—话'源出于惊异而得以构筑）。因此，当人们为了摆脱无知而从事爱智慧的思想活动，显然是为了知道而追求知，而不是为了某种实用。"（διὰ γὰρ τὸ θαυμάζειν οἱ ἄνθρωποι καὶ νῦν καὶ τὸ πρῶτον ἤρξαντο φιλοσοφεῖν, ἐξ ἀρχῆς μὲν τὰ πρόχειρα τῶν ἀπόρων θαυμάσαντες, εἶτα κατὰ μικρὸν οὕτω προϊόντες καὶ περὶ τῶν μειζόνων διαπορήσαντες, οἶον περί τε τῶν

---

① 《形而上学》卷一980a21–27论求知为人的自然，以感觉为论述起点，特举视觉为例，而《诗艺学》第4章1448b4–19论诗艺本身产生的原因，是从人之自然而来的求知学习及其快乐，论述也特举视觉艺术绘画为例，可相互发明。

② Cf. Arist. Metaph. 1072b24–26: εἰ οὖν οὕτως εὖ ἔχει, ὡς ἡμεῖς ποτέ, ὁ θεὸς αἰεί, θαυμαστόν· εἰ δὲ μᾶλλον, ἔτι θαυμασιώτερον.

③ Cf. Plato, Theaet.155d. 比较M. Heidegger, "Was ist das – die Philosophie?" in: *Gesamtausgabe*, Bd.11, Klostermann, 2005, S.22.

τῆς σελήνης παθημάτων καὶ τῶν περὶ τὸν ἥλιον ［καὶ περὶ ἄστρων］ καὶ περὶ τῆς τοῦ παντὸς γενέσεως. ὁ δ᾽ ἀπορῶν καὶ θαυμάζων οἴεται ἀγνοεῖν ［διὸ καὶ ὁ φιλόμυθος φιλόσοφός πώς ἐστιν· ὁ γὰρ μῦθος σύγκειται ἐκ θαυμασίων］· ὥστε εἴπερ διὰ τὸ φεύγειν τὴν ἄγνοιαν ἐφιλοσόφησαν, φανερὸν ὅτι διὰ τὸ εἰδέναι τὸ ἐπίστασθαι ἐδίωκον, καὶ οὐ χρήσεώς τινος ἕνεκεν.）①

　　这段引文亚里士多德旨在说明理论性科学，尤其是指向要将自身确认为有朽之人的"智慧"的纯粹哲学的知。这不是创制性科学的知，也不是实践性科学的知，而是既属于理论性科学又超出了理论性科学的第一哲学的知，即寻求第一开端／原则和第一原因的知。但同样在此，亚里士多德却是超出了第一哲学，而在其哲学的整体视野中来打量哲学的求知与惊异的关系。也就是说，亚里士多德在"爱智慧"的意义上指明，惊异在何种意义上构成哲学事业或者爱智慧的思想活动的源起。以惊异为源起的究竟是何种意义的求知？

　　简而言之："惊异将令人惊异者置入凝神观照，在记忆中找到安顿，化身为对令人惊异之显现的根据之追问，最终自弃于对这一根据的洞见：惊异消逝于知。这一知不仅知道'如其所是'，而且知道为什么必定'如其所是'。鉴于知，对惊异的激发才得以安顿止息；只有尚未洞见到原因，才成其为令人惊异的。"② 这一对于古希腊哲学的开端乃至其在亚里士多德这里的完成而言都具有关键意义的"惊异"，导向的求知并非近代基于意识的认识论的求知，而是在奠定根据意义上的求知。对于这 奠定根据的哲学求知，亚里士多德哲学已然赢得了在哲学—爱智慧事业中的自觉：哲学的求知被把握到逻各斯的科学（ἐπιστήμη）当中，亦即奠定根据（λόγον διδόναι）实现在逻各斯的自相区分（κρῖναι λόγῳ）当中，而逻各斯的自相区分乃是"给出逻各斯"这一根据奠基（λόγον διδόναι）的当下实现，实现为具备原则与根据于自身的如其所应是的知。

---

① Arist., Metaph., A, 982b11–21.

② H. Boeder, *Grund und Gegenwart als Frageziel der früh-griechischen Philosophie*, Martinus Nijhoff, 1962, S.7. Cf. Arist., Metaph. 983a16.

在惊异（θαυμάζειν）中，"令人惊异者被经验为ἄλογον（不合理），作为这样的ἄλογον（不合理）要求某个λόγος（理由），要求某个解释（Auslegung）。惊异者则带着追问踏上了λόγον διδόναι（给予逻各斯）的道路；——λόγον διδόναι，几乎没有别的措辞可以像这个措辞那样契合希腊诸哲学家的展开进程。这其中所称述的'给予'（geben）是λόγον ἔχειν（具有逻各斯）的独一无二的宣示；——λόγον ἔχειν，这某个'具有'（Habe），在其中诸哲学家曾瞥见了人之为人所独具且出类拔萃的特质。那个措辞【译按：即λόγον διδόναι】要说的却是：由此阐明某事并使之变得透明，因为放置于根据（Grund）之上"。①

如此之惊异贯穿整个的爱智慧的思想事业。尤其在诗艺哲学，在创制性的逻各斯科学中，鉴于逻各斯技艺的创制—呈现，进而鉴于如真现相中的行动与实践领域行动的本质相关性，有朽之人始终置身于惊异导向的求知。这是说，在逻各斯通过自相区分和自身奠定根据将无逻各斯（ἄλογον）和承受性情感（πάθος）纳入逻各斯技艺创制的秩序整体，将其带向合理的亦即合乎逻各斯的当下的如真现相。无逻各斯的、被承受性情感烙印的［受苦］行动不仅以其合乎诗艺创制的必然性激起恐惧和怜悯，还尤其鉴于无逻各斯的行动而激发惊异之情，但与无逻各斯的行动被转置到逻各斯的创制—呈现并纳入逻各斯如其所应是的秩序整体之中相应，在观赏中却导致求知的快乐，这一快乐乃是创制性逻各斯技艺如其所应是地实现完满的"臻于完满"。不仅悲剧诗艺创制如此，史诗诗艺创制也同样如此，恐惧、怜悯和惊异，都要随着无逻各斯的烙印消融于逻各斯技艺创制的构筑，这一构筑中逻各斯推演—呈现作为见其所应见、知其所当知的"实现完满"，其"实现作用"即如此这般被规定的快乐。

惊异与无逻各斯（ἄλογον）、与承受性情感（πάθος）的关系，必须返回到灵魂（ψυχή）意义上的有朽之人的区分才能得到确定。亚里士多德将灵魂区分为无逻各斯和具有逻各斯的，无逻各斯者进而区分为植物性或

---

① Ebd. Boeder, *Grund und Gegenwart*, S.6.

营养性的无逻各斯与能够在某种意义上分有逻各斯的无逻各斯；相应的具有逻各斯进而区分为严格意义上的、纯粹的具有逻各斯与在服从意义上分有、合于逻各斯的。[①] 本性上是无逻各斯而合于、分有逻各斯的无逻各斯能够在实践行动中，从属于逻各斯的规定并造成具有德性的行动。这里无逻各斯根本上与欲望、与承受性情感相关，与之相应的是无序、无一逻各斯，非理。因此必须强调，到此为止我们都是在亚里士多德哲学整体中，即在灵魂中有朽之人的逻各斯区分来论述惊异、无逻各斯、承受性情感对求知的快乐的规定性关系。

　　表明这一点至关重要，因为在诗艺学当中，亚里士多德总体上是在诗艺原则的先行规定下涉及无逻各斯（ἄλογον）的，因而已经将无逻各斯纳入按照必然性或可然性结筑为整一行动的逻各斯整体之中。无逻各斯所烙印的行动，固然最能引起惊异，但并不直接等同于惊异之事。无逻各斯所烙印的行动，或者因为系缚于舞台表演呈现却不合诗艺的整体性原则而成其为无逻各斯的，或者因为不能构成结筑为整一行动的情节整体的有机划分成分却被纳入情节中来而成其为无逻各斯的。如此之"无逻各斯"，

---

① 　Cf. Arist., Eth. Nic. I.13, 1102a5–1103a10. 中译尤其参见：《尼各马可伦理学》，廖申白译注，商务印书馆，2003年，第32–34页。

亚里士多德明确要将其从悲剧诗艺和史诗诗艺创制—呈现中排除出去。①

———————

① Arist., Poet. XXIV, 1460a11–18: δεῖ μὲν οὖν ἐν ταῖς τραγῳδίαις ποιειν τὸ θαυμαστόν, μᾶλλον δ' ἐνδέχεται ἐν τῇ ἐποποιίᾳ τὸ ἄλογον, δι' ὃ συμβαίνει μάλιστα τὸ θαυμαστόν, διὰ τὸ μὴ ὁρᾶν εἰς τὸν πράττοντα· ἐπεὶ τὰ περὶ τὴν Ἕκτορος δίωξιν ἐπὶ σκηνῆς ὄντα γελοῖα ἂν φανείη, οἱ μὲν ἑστῶτες καὶ οὐ διώκοντες, ὁ δὲ ἀνανεύων, ἐν δὲ τοῖς ἔπεσιν λανθάνει. τὸ δὲ θαυμαστὸν ἡδύ· σημεῖον δέ, πάντες γὰρ προστιθέντες ἀπαγγέλλουσιν ὡς χαριζόμενοι. （在悲剧诗艺诸现相中应该创制惊异【之事】，在史诗诗艺现相中则更能容纳不合理之事——不合理之事最能引致惊异——因为观赏者并不【直接】看见这行动【本身】。如果将追赶赫克托尔一事放在舞台上【表演】，就会显得滑稽可笑：希腊士兵站着不去追赶，阿喀琉斯则摇头示意【不要追赶】。在史诗诗现相中则不会被察觉，引起注意。令人惊异之事让人快乐；由此可见：所有人在叙述事情时都会夸张过度，其意在于让人喜悦。）
Arist., Poet. XV, 1454b6–8: ἄλογον δὲ μηδὲν εἶναι ἐν τοῖς πράγμασιν, εἰ δὲ μή, ἔξω τῆς τραγῳδίας, οἷον τὸ ἐν τῷ Οἰδίποδι τῷ Σοφοκλέους. （在事情中的事不应该是无逻各斯的 [按：即有悖于、不合于结筑整一行动的逻各斯]，如果不可避免，也要放在悲剧诗艺创制—现相之外，例如索福克勒斯的《俄狄浦斯王》就是如此。）这里亚里士多德是承接上文论述，品性（ἦθη）也要合乎结筑为整一行动的情节的必然性与可然性，从而构成情节整体的有机成分。他还专门提到悲剧诗艺的"解"（λύσις），尤其将著名的"机械作用"（ἀπὸ μηχανῆς）排除在情节的有机构筑之外，就此而言偏离于、不合于乃至有悖于结筑整一行动的逻各斯，乃是无逻各斯的、非理的或者不近情理的。（Cf. 1454a33–1454b6）
Arist., Poet. XXIV, 1460a27–30: τούς τε λόγους μὴ συνίστασθαι ἐκ μερῶν ἀλόγων, ἀλλὰ μάλιστα μὲν μηδὲν ἔχειν ἄλογον, εἰ δὲ μή, ἔξω τοῦ μυθεύματος, ὥσπερ Οἰδίπους τὸ μὴ εἰδέναι πῶς ὁ Λάιος ἀπέθανεν… （不应该从无逻各斯的"成分"来构筑逻各斯；最好不要有无逻各斯 [不合理之事]，如果不可避免，也要放在行动布局之外，就如俄狄浦斯不知道拉伊俄斯是怎么死的这事。）此处字句与上段引文几乎一致，所论述者可相互发明。即便如此，亚里士多德并没有将情节构筑中的无逻各斯者完全排除在外。他最终将评判的标准归诸作为创制性逻各斯技艺的诗艺之高超，即便这是在返回到创制者"诗人"的意义上。他说："但是，如果已经编制了【无逻各斯之事】，而且看起来得到非常契合逻各斯的安排，那么即便是荒诞不经 [按：即不在其位置而显得不可理喻的] 的事情也可将其纳入【逻各斯的创制】。因为在《奥德赛》中奥德修斯被放在海岸上这一不合理之事，要是由蹩脚的诗人来创制，那就显然会是让人难以容忍的。但这'诗人'【荷马】却通过其他长处加以美化【让人感到愉悦】，由此掩饰了荒诞不经之处【使之不再显示出来】。（† ἂν δὲ θῇ καὶ φαίνηται εὐλογωτέρως ἐνδέχεσθαι καὶ ἄτοπον † ἐπεὶ καὶ τὰ ἐν Ὀδυσσείᾳ ἄλογα τὰ περὶ τὴν ἔκθεσιν ὡς οὐκ ἂν ἦν ἀνεκτὰ δῆλον ἂν γένοιτο, εἰ αὐτὰ φαῦλος ποιητὴς ποιήσειε· νῦν δὲ τοῖς ἄλλοις ἀγαθοῖς ὁ ποιητὴς ἀφανίζει ἡδύσμων τὸ ἄτοπον. 1460a34–1460b1）
不难理解，为什么亚里士多德尤其在这两个位置挑明"无逻各斯"的安置问题。第一，论述行动者品性时，突然强调无逻各斯者偏离、不合情节整体的逻各斯结筑原则因而要排除情节的"解"之外。因为"机械作用"的"神"解决不仅不合于情节的逻各斯构筑，而且也有悖于行动者在品性上的统一性。无逻各斯的行动，不能合理保证行动者自身统一性和情节整一性构筑的逻各斯原则，如果说仍然要在诗艺创制中有所但是作为受苦的行动，亦即为承受性所烙印的行动始终与灵魂区分中的无逻各斯在根本上相关涉，因此作为承受性情感（πάθος）的无逻各斯（ἄλογον）在诗艺创制—呈现中始终现身在场，并且作为如此这般的承受性行动，纳入诗艺创制—呈现的逻各斯整体当中。就其作为实践行动本身而言，受苦的行动始终为无逻各斯所烙印；就其构成创制—呈现中凝结为逻各斯—语言的行动而言，这已经是逻各斯的基于原则的自相区分和朝向完满的实现。——这一双重性拢集到诗艺创制—呈现本身这一如其所应是的"如真现相"，激发惊异、恐惧和怜悯，造成的却是凝神观照这一诗艺创制—呈现整体的求知的快乐。作为悲剧诗艺创制之潜能的实现作用，作为实现完满的目的因，"求知的快乐""让"惊异、恐惧和怜悯都构成了悲剧诗艺创制—呈现的逻各斯环节。

　　悲剧诗艺所独具的求知的快乐，与其说是生活世界的实际发生，不如说是凝神于观见中的遗忘——遗忘生活的劳苦——沉浸在悦人的逻各斯—语言的当下——这曾是缪斯所赠予的知。且回忆赫西俄德鉴于缪斯的歌者自述：

> … ὁ δ᾽ ὄλβιος, ὅντινα Μοῦσαι
>
> φίλωνται· γλυκερή οἱ ἀπὸ στόματος ῥέει αὐδή.
>
> εἰ γάρ τις καὶ πένθος ἔχων νεοκηδέι θυμῷ
>
> ἄζηται κραδίην ἀκαχήμενος, αὐτὰρ ἀοιδὸς

容纳，是因为这已经涉及诗艺创制—呈现的行动与实践领域的行动的相关性。虽然亚里士多德没有完全否定诸如"机械作用"对于悲剧诗艺创制的必要性，但也将其排除在合乎悲剧诗艺本质所是的行动结筑本身之外。

第二，论述悲剧诗艺与史诗诗艺何者优劣时，亚里士多德虽然再次强调要将无逻各斯的、不合理的行动排除在行动结筑的布局之外，但是也承认史诗诗艺比悲剧诗艺更能在创制—呈现中容纳无逻各斯的、悖理的行动事件，甚至还能由此激发更大的惊异之情，可能带来更大的相应的快乐。即便如此，就诗艺本身的原则始终沉浸并贯穿具体实现了完满的本质相而言，史诗诗艺现相反而要鉴于悲剧诗艺本质相的规定性才能得到规定。合乎诗艺原则的史诗诗艺创制固然是"好的"，但合乎诗艺原则的悲剧诗艺创制乃是"最好"的。唯有后者才能称得上诗艺哲学的最终使命：如其所应是，亦即如其业已得到规定而是其所是，因为这是最好。

Μουσάων θεράπων κλεῖα προτέρων ἀνθρώπων

ὑμνήσει μάκαράς τε θεοὺς οἳ Ὄλυμπον ἔχουσιν

αἶψ᾽ ὅ γε δυσφροσυνέων ἐπιλήθεται οὐδέ τι κηδέων

μέμνηται· ταχέως δὲ παρέτραπε δῶρα θεάων. ①

"得缪斯友爱的是福佑之人，甜美动人的歌从他口中流淌而出。如若有人，为新近灾祸击中，心生痛苦，在哀伤中心神渐趋枯萎，只需一位歌者，缪斯的仆人【献身于缪斯者】，歌唱古人的光荣事业和住于奥林波斯山的极乐之神，他就会即刻忘却苦楚，不再记得悲伤。缪斯的礼物很快就让他变了个样【安慰了他】。" ②

缪斯的赠礼说的是智慧的语言。语言并非"道说"，而是让之知的当下呈现。凝结为语言形态的逻各斯本身的当下现相，乃是不朽缪斯对于有朽之人的知的赠礼。但智慧业已消逝。缪斯的献身者或者说智慧的歌者已然沦落为游吟诗人（ῥαψῳδός）或者创制者"诗人"（ποιητής）。凝结为语言形态的逻各斯本身的当下现相，乃是创制性技艺的人工性制作。正如柏拉图的苏格拉底所言，他们或者徒具缪斯仆人的身份，痴迷于宗教式的灵感与迷狂，实则却一无所知，或者凭借出于人之自然禀赋的"技艺"创制不具备真理之知的理念"影像"。与哲学兴起后大行其道的时代潮流相应，人工性的诗艺创制在希腊世界也大放异彩。如果说柏拉图哲学为了赢得真理的说服力和真理之知而承担起自身使命，将论辩性逻各斯技艺与创制性的逻各斯技艺彻底区分开来，即将逻各斯技艺的创制从真理意义上的求知中排除出去，那么亚里士多德哲学则是将创制性逻各斯技艺纳入哲学自身的整体性区分之中，在科学（ἐπιστήμη）的意义上与创制性诗艺"如

---

① Hes., Theog. 96–103. Cf. Theog. 55: λησμοσύνην τε κακῶν ἄμπαυμά τε μερμηράων.

② 此为自译，但求达意而已。所用诸参校译本：Hesiod, *Theogonie*（Griechisch / Deutsch），Übers. und hrsg. von Otto Schönberger, Reclam, 1999, S.11；Heisiod, *Theogony Works and Days Testimonia*, ed. and trans. by Glenn W. Most, Harvard University Press, 2006, P.11；吴雅凌：《神谱笺释》，华夏出版社，2010年，第98–99页、188–189页；赫西俄德：《工作与时日·神谱》，张竹明、蒋平译，商务印书馆，1991年，第29页。

真现相”的本质规定性（逻各斯）打交道，由此确定，作为逻各斯技艺创制的“如真现相”在其具体实现了的、最好的和整体的意义上，蕴含着求知的学习和求知的快乐。——但就其作为悲剧诗艺创制—呈现的“这一个整体”抵达观赏者时，与其说是单纯 “求知活动”的快乐，不如说是基于对恐惧和怜悯等情感的“净化”的快乐。①

　　逻各斯 “拢集一切”且 “让之成为显然可见的”（δηλοῦν）。逻各斯—语言的创制—呈现让逻各斯实现为完满的如真现相。投身到如真现相的当下，凝神观见中遗忘苦难，沉浸于逻各斯—语言的愉悦。然而智慧业已消逝。哲学之思要确认：在何种意义上诗艺创制能承担起“智慧”？不在一般而言的创制性技艺之中，也不在一般而言的创制性诗艺本身，而是仅仅在此意义上：作为诗艺本身具体实现了诗艺本质相的规定，悲剧诗艺要将受苦的行动转置为逻各斯自身的行动，在激发恐惧与怜悯，唤起惊异中实现求知的快乐。对此，在悲剧诗艺的现实呈现中已然达致自知：作为有朽之人，唯有在受苦中学习审慎的智慧！亦即有如埃斯库罗斯《阿伽门农》的歌队所唱：

τὸν φρονεῖν βροτοὺς ὁδώ–　　　他【宙斯】为有朽者指引道路：
σαντα, τὸν πάθει μάθος　　　　要明智而慎思！
θέντα κυρίων ἔχειν·　　　　　　他以立法的方式规定：

---

① 比较第三章第2节第一部分（Ⅰ）关于诗艺原因的论述。Dazu Cf. Boeder, "Vom Begriff in der aristotelischen Poetik"（1982）, *Das Bauzeug der Geschichte*, S.272.

在荷担中学习！[①]

明智慎思（φρονεῖν）的审慎智慧涉及有朽之人实践行动的德性。然而要论到悲剧诗艺乃至一般而言的诗艺本身的对于有朽之人的"教化"，这首要的是政治学与伦理学的使命，亦即在实践行动领域当中来看如何实现人的自相区分，以赢得人之为人的本质所是。《政治学》第八卷，亚里士多德在"音乐"教育名目下论及的悲剧诗艺的"净化"，固然与悲剧诗艺本质相自身潜能而言的实现作用具有本质上的一致性，但这已经是在实践行动的教化中来打量，涉及的首要任务即在实践行动本身的当下实现政治共同体中的有朽之人的自身区分，实现合乎人之本质所是或者实现完满的"人"的"创制"。[②]

[B] 行动者的品性（ἤθη）

作为诗艺创制—呈现的"何所是"，行动、行动者和行动者的品性（ἤθη），三者始终交织关联为一体。诗艺创制—呈现的"何所是"范畴首要指的就是结筑为情节的整一行动。对于亚里士多德而言，行动只能是有朽之人的行动。行动者的品性（ἦθος）和贯穿所思的运思（διάνοια）同样属于"何所是"范畴，因为二者尤其是品性（ἦθος）决定了行动者的"特定性质"（ποιούς τινας），进而决定了行动的特定性质（ποιούς

---

① Aeschyl. Agam. 176–178. 自译但求达意，与上下文相应。汉译已有诸多版本供参考：
罗念生："是宙斯引导凡人走上智慧的道路，因为他立了这条有效的法则：智慧自苦难中得来。"（《阿伽门农》175–176，《埃斯库罗斯悲剧六种》，《罗念生全集》第二卷，上海人民出版社，2016年，第250页。）
缪灵珠：

> 宙斯，你指示苍生"知"之途径；
> 宙斯，凭借你的威灵，
> 你规定"知从苦中来"的命令。

（《缪朗山文集》第五卷，章安祺编订，中国人民大学出版社，2011年，第128页。）
陈中梅：

> 宙斯引导凡人思考，定下这条
> 规章：智慧来自痛苦的煎熬。

（《埃斯库罗斯悲剧集》，陈中梅译，辽宁教育出版社，1999年，第300页。）
② Cf. Arist., Polit. VIII, 1341b32–1342b33.

τινας）。① 就此而言，品性的区分决定了行动者和行动的区分，进而决定了诗艺本身具体实现了的如真现相在"何所是"范畴的根本区分：即区分为悲剧诗艺高贵肃穆的行动者及其行动与喜剧诗艺卑劣滑俗的行动者及其行动。②

尽管行动者及其品性始终在行动中同时出现，但在诗艺的创制—呈现中，不是行动附着于行动者及其品性，而是行动者及其品性附着于行动及其创制性的结筑。悲剧诗艺的第一和最大只能是行动的结筑本身。悲剧诗艺"诸性质中最重要的是行动之事的结筑。因为悲剧诗艺的如真现相不是人而是行动和生活 [幸与不幸都在行动中，实现完满也是某个行动而非某种性质。鉴于品性就有某种性质，而鉴于行动导致的不是幸福就是幸福的对立面]。行动者不是为了呈现品性而行动，而是品性通过行动才围拢到行动者身上。因此，行动之事，即结筑为整一行动的情节是悲剧诗艺的目标【实现完满】，目标【实现完满】是一切之中的最大"。③结筑为整一行动的情节是悲剧诗艺的"灵魂"；悲剧诗艺的"如真现相是行动的创制—呈现，主要是为了行动的如真现相才成其为对行动者的创制—呈现"。（ἔστιν τε μίμησις πράξεως καὶ διὰ ταύτην μάλιστα τῶν πραττόντων.）④ 甚至没有行动就没有悲剧诗艺的创制—呈现，而没有品性仍可以造成悲剧诗艺的创制—呈现。（ἔτι ἄνευ μὲν πράξεως οὐκ ἂν γένοιτο τραγῳδία, ἄνευ δὲ

---

① Cf. Arist., Poet. VI, 1449b36–1450a6: ἐπεὶ δὲ πράξεώς ἐστι μίμησις, πράττεται δὲ ὑπὸ τινῶν πραττόντων, οὓς ἀνάγκη ποιούς τινας εἶναι κατά τε τὸ ἦθος καὶ τὴν διάνοιαν（διὰ γὰρ τούτων καὶ τὰς πράξεις εἶναί φαμεν ποιάς τινας [πέφυκεν αἴτια δύο τῶν πράξεων εἶναι, διάνοια καὶ ἦθος] καὶ κατὰ ταύτας καὶ τυγχάνουσι καὶ ἀποτυγχάνουσι πάντες）…τὰ δὲ ἤθη, καθ᾽ ὃ ποιούς τινας εἶναί φαμεν τοὺς πράττοντας…

② Cf. Arist., Poet. II, 1448a1–18.

③ Arist., Poet. VI, 1450a15–22: μέγιστον δὲ τούτων ἐστὶν ἡ τῶν πραγμάτων σύστασις. ἡ γὰρ τραγῳδία μίμησίς ἐστιν οὐκ ἀνθρώπων ἀλλὰ πράξεως καὶ βίου [καὶ εὐδαιμονία καὶ κακοδαιμονία ἐν πράξει ἐστί, καὶ τὸ τέλος πρᾶξίς τις ἐστίν, οὐ ποιότης· εἰσὶν δὲ κατὰ μὲν τὰ ἤθη ποιοί τινες, κατὰ δὲ τὰς πράξεις εὐδαίμονες ἢ τοὐνατίον]· οὔκουν ὅπως τὰ ἤθη μιμήσωνται πράττουσιν, ἀλλὰ τὰ ἤθη συμπεριλαμβάνουσιν διὰ τὰς πράξεις· ὥστε τὰ πράγματα καὶ ὁ μῦθος τέλος τῆς τραγῳδίας, τὸ δὲ τέλος μέγιστον ἁπάντων.

④ Arist., Poet. VI, 1450b3–4.

ἠθῶν γένοιτ' ἄν· ）①

　　唯有通过行动，行动者才能或者中的或者偏离目标。行动者构成行动与品性的中介：品性很大程度上决定了行动者如此这般的行动，但行动者如此这般的品性只能在行动中当下实现，即呈现为如此这般的行动者的行动，导致行动目标实现或者落空。品性必须通过行动者的行动实现在行动本身之中。简而言之，行动者的中介作用在于将品性和运思，进而行动者自身都拢集到行动本身当中去。就悲剧诗艺本质相而言，诸性质成分划分都要服务于诗艺创制—呈现实现为完满整体的行动结筑。行动者的品性也要服务于整一行动的完满结筑，换言之，要在结筑为整一行动的情节整体中作为如其所应是的行动者的品性来加以创制—呈现。

　　就实践领域的行动而言，行动者品性与行动的统一关键在于行动的抉择（προαίρεσις），因为正是特定样子的"抉择"将品性实现在具体可见的行动本身，让抉择之为如此的抉择而显现于行动，但也正是行动的抉择将品性造成为具体可见的因而是可以通过行动本身当下把握住的。与此不同，在创制性诗艺中，行动已然是"在"将节奏和韵律和谐拢集于自身的、赠答者的逻各斯—语言当中的行动。这里行动的抉择乃是创制性诗艺的创制—呈现中的"何所是"。对抉择行动的"如真现相"，即如其作为逻各斯—语言而合乎逻各斯的"运动"来加以创制—呈现。"品性则让行动之抉择显示出来【成为可见的】，即显示其是何种性质的抉择［在这些抉择的情形中，抉择抑或逃避【的动作】是没有显示出来的］——因此，在说话者是做出抉择还是逃避【抉择】没有全然如其所是显示出来的情形下，他们【按：指前文提及的古今创制者'诗人'】就不曾握有逻各斯—语言所呈现的【行动者的】品性。"（ἔστιν δὲ ἦθος μὲν τὸ τοιοῦτον ὃ δηλοῖ τὴν προαίρεσιν, ὁποία τις ［ἐν οἷς οὐκ ἔστι δῆλον ἢ προαιρεῖται ἢ φεύγει］ - διόπερ οὐκ ἔχουσιν ἦθος τῶν λόγων ἐν οἷς μηδ' ὅλως ἔστιν ὅ τι προαιρεῖται ἢ

---

① Arist., Poet. VI, 1450a23–25.

φεύγει ὁ λέγων.）[1] 行动者的品性每一次都与抉择行动一道在创制—呈现中实现出来，品性的统一性贯穿在整一行动的完满结筑当中，亦即贯穿在完满的创制性逻各斯"这一个整体"当中。

行动的"抉择"（προαίρεσις）问题，首要的当然是涉及实践行动领域的卓越德性（ἀρετή），进而在此基础上展开为实践行动中道德德性（ἦθος）的区分。但在创制性诗艺的创制呈现中，拢集了诸实践性要素于自身的行动本身已然凝结在语言形态的逻各斯。行动不在其直接性之中，而是在得到了中介的直接性之中。但自身完满的中介，即创制性逻各斯技艺的如真现相，始终与实践性行动相关涉。实践行动被纳入逻各斯创制—如真呈现之中构成诗艺的"何所是"范畴的规定性，与"何所如"以及"何所在"范畴的规定性一道，共同构成了诗艺本身乃至具体实现了的诗艺本质相的规定性。对行动者品性及其行动的"性质"规定，最终要纳入对结筑为整一行动之情节的"何所是"规定性之下。

因此为了始终保持行动者的整一性与行动的整一性相一致，对行动者品性的刻画只能出自结筑为整一行动的情节本身，而个是其他。具体说来，逻各斯—语言的言辞形态要能合乎并且展示行动者的品性，就必须在整一行动的结筑当中来加以创制—呈现。"就像在行动之事情方面对行动的结筑一样，在品性方面也必须始终追求按照必然性或者可然性来构筑品性：如此这般品性的行动者按照必然的或者可然的原则而说出如此这般的言辞或者做出如此这般的举动，一桩行动事件随着一桩行动事件按照必然的或者可然的原则而发生—生成。"（χρὴ δὲ καὶ ἐν τοῖς ἤθεσιν ὁμοίως ὥσπερ καὶ ἐν τῇ τῶν πραγμάτων συστάσει ἀεὶ ζητεῖν ἢ τὸ ἀναγκαῖον ἢ τὸ εἰκός, ὥστε τὸν τοιοῦτον τὰ τοιαῦτα λέγειν ἢ πράττειν ἢ ἀναγκαῖον ἢ εἰκὸς καὶ τοῦτο μετὰ τοῦτο γίνεσθαι ἢ ἀναγκαῖον ἢ εἰκός.）[2]

至此可以明断的是：行动者之为如此这般的行动者，在于行动者持续

---

[1]　Arist., Poet. VI, 1450b8–10. Cf., Poet. XV, 1454a17–19: ἕξει δὲ ἦθος μὲν ἐὰν ὥσπερ ἐλέχθη ποιῇ φανερὸν ὁ λόγος ἢ ἡ πρᾶξις προαίρεσίν τινα 〈ἥ τις ἂν〉 ᾖ, χρηστὸν δὲ ἐὰν χρηστήν.

[2]　Arist., Poet. XV, 1454a33–36.

具有的统一品性，而品性则实现在每一次都做出抉择的行动本身的当下，换言之，蕴含抉择的行动本身彰显了品性，进而构成了对行动者之为如此这般的行动者的规定。对于亚里士多德而言，行动者及其品性不外在于行动本身，相反只有通过行动并在行动之中，行动者才能成其为具有如此品性的现实行动者。因此对行动者及其品性的创制—呈现并不外在于行动的创制—呈现，而是拢集并统一到行动的创制—呈现。也正是因此，就诗艺创制的"何所是"范畴而言，行动者的品性构成悲剧诗艺本质相的性质成分划分，不仅具体实现于"如其所应是"的行动，而且构成行动中的行动者的规定性。最终对行动及其品性的区分与规定都要返回到行动者的区分与规定，亦即行动者的规定与区分因此必然地被纳入对结筑为整体情节的行动及其相应品性的创制当中——诗艺"创制—呈现""如其所应是"的行动者。

　　诗艺"创制—呈现"要将行动者及其品性放在行动的创制之中来创制—呈现。这里创制—呈现的是行动者的何种行动？作为整体性情节的整一行动之结筑。结筑为整一行动的情节在性质上划分为突转、发现和承受性情感。在此，行动者、品性和行动融合为一体，具体落实在行动的突转和知的发现这一情节构筑的"灵魂裹挟者"。但亚里士多德并没有专门分章论述诗艺创制的是何种行动者。行动者总是已经在行动中的，因而根本上归属于行动的规定和区分。尽管第15章专门论述了品性的四种规定性，但亚里士多德始终强调行动者品性的创制与塑造必须归属于结筑为整一行动的情节本身，不仅要作为统一的品性保持与情节的整体性和一贯性相应，而且要遵循结筑情节的诗艺学的创制性原则，即遵循必然性和可然性，合乎逻各斯的规定。① 最终三者统一于如此这般的行动及其结筑，旨在致力于或者服务于"最好"的悲剧诗艺创制的"如真现相"——悲剧诗艺的"本质相"，在诗艺学当中，悲剧诗艺创制的"如真现相"始终是纯粹的没有质料先赋的"本质相"。"如其所应是"的本质相没有现成的具备质料先赋的对应物"诗歌作品"。——最好的悲剧诗艺创制—呈现就其

① Arist., Poet. XV, 1454a16–1454b17.

潜能而言，相应的要通过如此之行动激起怜悯与恐惧，最终实现悲剧诗艺的"实现作用"：悲剧诗艺所独有的快乐。

至此，就悲剧诗艺创制的"何所是"范畴而言，应该如何创制—呈现"最好"的悲剧诗艺本质相（καλλίστη τραγῳδία），实质上具体化为如何创制—呈现具备如此之品性的行动者相应的行动，也就是：诗艺创制—结筑整一行动，应该致力于什么样的目标，应该避免什么错误，应该从何而来造就悲剧诗艺创制—呈现的"实现作用"。（ὧν δὲ δεῖ στοχάζεσθαι καὶ ἃ δεῖ εὐλαβεῖσθαι συνιστάντας τοὺς μύθους καὶ πόθεν ἔσται τὸ τῆς τραγῳδίας ἔργον.）① 首先就侧重于行动的突转而言，亚里士多德强调悲剧诗艺构思精良的情节创制必须是单线而非双线的（ἀνάγκη ἄρα τὸν καλῶς ἔχοντα μῦθον ἁπλοῦν εἶναι μᾶλλον ἢ διπλοῦν），② 即只能是单纯的"好人"由顺达之境转入败逆之境的。好坏各得其所的双线结构则受观众愿望左右，激起的并非悲剧诗艺所独有，而且更是喜剧诗艺所独有的快乐（ἔστιν δὲ οὐχ αὕτη ἀπὸ τραγῳδίας ἡδονὴ ἀλλὰ μᾶλλον τῆς κωμῳδίας οἰκεία·）。③ 就悲剧诗艺的突转行动必须激起恐惧与怜悯而言，亚里士多德将"完人"和"恶人"完全排除在外。行动者只能是出身高贵、具有卓越德性（ἀρετή）和正义（δικαιοσύνη）但不完美的人，因为犯了严重错误而由顺达之境转入败逆之境，自身承受自身造就的"厄运"。④ 最终只有行动者近亲之间的杀戮才构成"最好"悲剧诗艺创制—呈现的行动，能激起恐惧和怜悯，导致悲剧诗艺所独有的快乐。⑤ 就行动的生成与知的关系而言，行动者明知不可为而为之的事情（不管是做了还是未做）必须排除在外，只有不知情

---

① Arist., Poet. XIII, 1452b28–30.
② Arist., Poet. XIII, 1453a12. 但此处所说的单线与双线只涉及行动者由顺达之境转入败逆之境的行动"突转"及其对于行动者的后果，这与第10章（1452a12–21，cf. XIII, 1452b30–33）区分情节的简单构筑（ἁπλῆν）与复合构筑（πεπλεγμένην）不同，后者指的是结筑为整一行动的整体情节，包括了突转、发现和承受性情感等完备的情节的性质划分成分。
③ Arist., Poet. XIII, 1453a30–39.
④ Arist., Poet. XIII, 1452b28–1453a12.
⑤ Arist., Poet. XIV, 1453b14–26.

的情况下亲人相残，之后才知情的行动才是亚里士多德所谓的悲剧诗艺"应该"创制—呈现的。这里行动的突转和知情的发现包括两种情形：第一，不知情时相残，事后发现—知晓相互间的亲人关系；第二，不知情时欲相残，但因及时发现—知晓而住手，最后亲人相认。[①]

必须重申：亚里士多德根本无意建构一般而言的悲剧理论，只关心创制性诗艺哲学的实现形态。从一开始他就已经明确，诗艺学只与诗艺本身打交道，进而只与具体实现完满的诗艺本质相打交道。"如真现相"的诗艺范畴规定，以及作为创制性逻各斯技艺的诗艺在其时间历史的实现进程，这一诗艺学先行的运思构成了诗艺学本质之事的铺垫。经过这一先行之思的中介，创制性逻各斯技艺收拢到诗艺本质相的区分当中。一方面鉴于"何所是"范畴，史诗诗艺与悲剧诗艺一道区别于喜剧诗艺，另一方面鉴于"何所如"范畴，悲剧诗艺与喜剧诗艺一道区别于史诗诗艺。悲剧诗艺与喜剧诗艺之间的区分尤其具有彻底性，因为展示了就"品性"（ἦθος）而言的人的根本区分。就诗艺之为人工性创制的完备区分而言，悲剧诗艺与喜剧诗艺是同等不可或缺的。但就其涉及基于"何所是"范畴"品性"（ἤθη）的卓越德性（ἀρετή）而言，悲剧诗艺，尤其是"最好"的悲剧诗艺的本质相才称得上诗艺学的最为本质的事情——这只有返回到亚里士多德哲学整体才能变得清楚：亚里士多德哲学的使命旨在"最好"（κάλλιστος）的完满实现。

就"最好"悲剧诗艺本质相的"何所是"范畴规定而言，亚里士多德的回答尤其令人惊异，是当今之人最不能索解的环节。在与品性这一行动规定性相关的意义上，究竟是何种行动者？亚里士多德的回答：从顺达之境转入败逆之境的，既不能是道德上的"完人"（ἀρνὴ ἐπιεικής），也不能是道德上的"恶人"（μοχθηρός / πονηρός），而只能是"处于之间"

---

① Arist., Poet. XIV, 1453b27–1454a 15. 亚里士多德实际上认为，知情时相残，但及时发现相认，这样的情节创制是最好的（1454a2–8）：βέτιον δὲ τὸ ἀγνοοῦντα μὲν πρᾶξαι, πράξαντα δὲ ἀναγνωρίσαι· τό τε γὰρ μιαρὸν οὐ πρόσεστιν καὶ ἡ ἀναγνώρισις ἐκπληκτικόν. κράτιστον δὲ τὸ τελευταῖον, λέγω δὲ οἷον ἐν τῷ Κρεσφόντῃ ἡ Μερόπη μέλλει τὸν υἱὸν ἀποκτείνειν, ἀποκτείνει δὲ οὔ, ἀλλ᾽ ἀνεγνώρισε, καὶ ἐν τῇ Ἰφιγενείᾳ ἡ ἀδελφὴ τὸν ἀδελφόν, καὶ ἐν τῇ Ἕλλῃ ὁ υἱὸς τὴν μητέρα ἐκδιδόναι μέλλων ἀνεγνώρισεν.

的行动者（ὁ μεταξύ），"这样的人既不是鉴于卓越德性也不是鉴于公正而显得与众不同；之所以陷入厄运，既不是因为使坏也不是因为作恶，而是因为犯了某种错误；属于拥有显赫声望和幸福生活的这类人，例如俄狄浦斯、缇厄斯特斯以及出身于他们这样家族的著名人物"。（ἔστι δὲ τοιοῦτος ὁ μήτε ἀρετῇ διαφέρων καὶ διδαιοσύνῃ μήτε διὰ κακίαν καὶ μοχθηρίαν μεταβάλλων εἰς τὴν δυστυχίαν ἀλλὰ δι' ἁρμαρτίαν τινά, τῶν ἐν μεγάλῃ δόξῃ ὄντων καὶ εὐτυχίᾳ, οἷον Οἰδίπους καὶ Θυέστης καὶ οἱ ἐκ τῶν τοιούτων γενῶν ἐπιφανεῖς ἄνδρες.）[1] "因此行动结筑精良的情节必须是单线的，而不应是如某些人所主张的双线结构；不可以从败逆之境转入顺达之境，而是相反，从顺达之境转入败逆之境；不是【有意】作恶【犯罪】，而是犯下重大错误所导致的；行动之人或者如前所述，或者更好些，或者更差些。"
（ἀνάγκη ἄρα τὸν καλῶς ἔχοντα μῦθον ἁπλοῦν εἶναι μᾶλλον ἢ διπλοῦν, ὥσπερ τινές φασι, καὶ μεταβάλλειν οὐκ εἰς εὐτυχίαν ἐκ δυστυχίας ἀλλὰ τοὐνατίον ἐξ εὐτυχίας εἰς δυστυχίαν μὴ διὰ μοχθηρίαν ἀλλὰ δι' ἁμαρτίαν μεγάλην ἢ οἵου εἴρηται ἢ βελτίονος μᾶλλον ἢ χείρονος.）[2]

这确实是令人惊异的：亚里士多德最后竟然将在"最好"的悲剧诗艺创制—呈现（"如真现相"）中担当行动的行动者仅仅规定为寥寥几家对希腊人而言出身于曾经所是的"高门贵族"的人物。并且他一再强调和阐明自己这一判断的合理性。[3]悲剧诗艺必须如此创制—呈现：出身高门

---

[1]　Arist., Poet. XIII, 1453a7–12.

[2]　Arist., Poet. XIII, 1453a12–17.

[3]　Cf. Arist., Poet. XIII, 1453a10–12.（见上文）
　　　XIII, 1453a17–22: σημεῖον δὲ καὶ τὸ γιγνόμενον· πρῶτον μὲν γὰρ οἱ ποιηταὶ τοὺς τυχόντας μύθους ἀπηρίθμουν, νῦν δὲ περὶ ὀλίγας οἰκίας αἱ κάλλισται τραγῳδίαι συντίθενται, οἷον περὶ Ἀλκμέωνα καὶ Οἰδίπουν καὶ Ὀρέστην καὶ Μελέαγρον καὶ Θυέστην καὶ Τήλεφον καὶ ὅσοις ἄλλοις συμβέβηκεν ἢ παθεῖν δεινὰ ἢ ποιῆσαι.
　　　XIV, 1454a9–15: διὰ γὰρ τοῦτο, ὅπερ πάλαι εἴρηται, οὐ περὶ πολλὰ γένη αἱ τραγῳδίαι εἰσίν. ζητοῦντες γὰρ οὐκ ἀπὸ τέχνης ἀλλ' ἀπὸ τύχης εὗρον τὸ τοιοῦτον παρασκευάζειν ἐν τοῖς μύθοις· ἀναγκάζονται οὖν ἐπὶ ταύτας τὰς οἰκίας ἀπαντᾶν ὅσαις τὰ τοιαῦτα συμβέβηκε πάθη. περὶ μὲν οὖν τῆς τῶν πραγμάτων συστάσεως καὶ ποίους τινὰς εἶναι δεῖ τοὺς μύθους εἴρηται ἱκανῶς.

贵族的行动者由于重大错误，从顺达之境转而陷入败逆之境的厄运。这一判断不是以外在于创制性技艺的理由和根据为基础的，而是由诗艺本身的创制性原则规定的。"根据技艺的最好的悲剧诗艺创制—呈现出自这样的行动结筑。"（ἡ μὲν οὖν κατὰ τὴν τέχνην καλλίστη τραγῳδία ἐκ ταύτης τῆς συστάσεώς ἐστι.）①

在第9章阐明诗艺创制—呈现的必然性与可然性原则时，亚里士多德专门提及对行动者的"命名"与行动事件的选择问题。与喜剧诗艺创制—呈现在人物命名乃至行动创制方面具有极大任意性不同，他虽然承认悲剧诗艺主要使用传统故事和人名，但是悲剧诗艺创制—呈现的人和事都可以虚构创制。因为创制—呈现整—行动及其整体性构筑，必须遵循诗艺的必然与可然原则，而这一诗艺原则只能是出于行动的整体性创制—呈现，而不是出于行动者的现成的、作为历史事件的人名和掌故。② 也就是说，出身"高门贵族"的行动者并非单纯因为其人其事是众所周知的历史事件，才成为悲剧诗艺创制—呈现的首选，而是因为悲剧诗艺之为"如其所应是"的、合乎悲剧诗艺本质相规定的，尤其是合乎悲剧诗艺创制—呈现的具备行动整体性的情节，才必然地构成悲剧诗艺创制—呈现的行动的担当者。

悲剧诗艺创制—呈现高贵肃穆的行动。担当行动的行动者要比"我们"更好（βελτίων）。何种意义上的"更好"？对于亚里士多德而言，这里诗艺创制呈现的行动始终与实践性行动相关涉，因此行动者的"更好"首先是在伦理意义上的品性（ἦθος）的更好和出类拔萃（ἀρετή），这是没有疑义的。但对诗艺创制—呈现的行动和行动者规定，并不全然等同于实践领域的伦理规定，这里毋宁是创制性技艺的原则占主导。亚里士多德以索福克勒斯与欧里庇得斯的区别为例，说明对悲剧诗艺的"如真现相"只能出于诗艺本身，而不是其他。就更好的行动者的创制而言，悲剧

① Arist., Poet. XIII, 1453a22–23.
② Cf. Arist., Poet. IX, 1451b11–26.

诗艺必须按照"如其所应是"（οἴους δεῖ ποιεῖν），而不是单纯按照"如其所是"（οἶον εἰσίν）来创制行动者。① "如其所应是"与"如其所是"这一作为行动者的有朽之人的区分，并不是单纯根据伦理德性的原则而做出的，因此可以简单还原到实践性行动的逻各斯科学中来加以评判，而是在创制性技艺的原则的规定之下，服务于悲剧诗艺"如真现相"实现完满这一目的，因此始终要在创制性逻各斯科学之内来加以评判。② 正是在此基

---

① Cf. Arist., Poet. XXV, 1460b32–35.
② 亚里士多德在第25章讨论"疑难与解答"时专门涉及诗艺的正确（ὀρθός）与错误（ἁμαρτία）标准应该从诗艺本身出发来衡定。这里"技艺"的错误与技艺创制的行动者的错误是两回事。

Arist., Poet. XXV, 1460b13–21: πρὸς δὲ τούτοις οὐχ ἡ αὐτὴ ὀρθότης ἐστὶν τῆς πολιτικῆς καὶ τῆς ποιητικῆς οὐδὲ ἄλλης τέχνης καὶ ποιητικῆς. αὐτῆς δὲ τῆς ποιητικῆς διττὴ ἁμαρτία, ἡ μὲν γὰρ καθ᾽ αὑτήν, ἡ δὲ κατὰ συμβεβηκός. εἰ μὲν γὰρ προείλετο μιμήσασθαι ＊＊ ἀδυναμίαν, αὐτῆς ἡ ἁμαρτία· εἰ δὲ τὸ προελέσθαι μὴ ὀρθῶς, ἀλλὰ τὸν ἵππον 〈ἅμ᾽〉 ἄμφω τὰ δεξιὰ προβεβληκότα, ἢ τὸ καθ᾽ ἑκάστην τέχνην ἁμάρτημα, οἷον τὸ κατ᾽ ἰατρικὴν ἢ ἄλλην τέχνην ［ἢ ἀδύνατα πεποίηται］ὁποιανοῦν, οὐ καθ᾽ ἑαυτήν.

Ibd. XXV, 1460b22–29: πρῶτον μὲν τὰ πρὸς αὐτὴν τὴν τέχνην· ἀδύνατα πεποίηται, ἡμάρτηται· ἀλλ᾽ ὀρθῶς ἔχει, εἰ τυγχάνει τοῦ τέλους τοῦς αὑτῆς（τὸ γὰρ τέλος εἴρηται），εἰ οὕτως ἐκπληκτικώτερον ἢ αὐτὸ ἢ ἄλλο ποιεῖ μέρος. Παράδειγμα ἡ τοῦ Ἕκτορος δίωξις. εἰ μέντοι τὸ τέλος,ἢ μᾶλλον ἢ 〈μὴ〉 ἧττον ἐνεδέχετο ὑπάρχειν καὶ κατὰ τὴν περὶ τούτων τέχνην, ［ἡμαρτῆσθαι］οὐκ ὀρθῶς· δεῖ γὰρ εἰ ἐνδέχεται ὅλως μηδαμῇ ἡμαρτῆσθαι.

这里诗艺的独立于政治和其他技艺的评判准则，并不是所谓的艺术的"审美"准则。在阐明净化和悲剧诗艺所独具的快乐与作为悲剧诗艺创制的目的因的求知学习的快乐之间的关系时，已然表明，这里的"艺术"并不在近代以来"意识"概念基础上来理解，也不在近代以来的纯粹审美范畴的涵盖之内。斯密特（Schmitt）对《诗学》的详尽评注已经强调诗艺的"认识"是相对于"理论"的认识次一级的认识，但与实践的认识和理论的认识一样都归属到"认识"的统一性当中。但这一判断的"认识"不仅没有摆脱"意识"概念，而且还原到人类学哲学。这个"认识"概念不仅不符合亚里士多德，与康德也大相径庭——当然，将康德哲学放在人类学哲学的视域之内，是一般研究的主流倾向，这里限于篇幅不作评论。

这一判断的另一个后果在于，将诗艺的认识视为理论的认识的"附属"，从根本上瓦解了诗艺学相对于实践行动的科学与理论观见的科学的真正独立性。事实上，诗艺学作为创制性逻各斯的科学，根本不能纳入甚至消融在理论观见的逻各斯科学，尽管最终三分的逻各斯科学都在神圣学亦即第一哲学的统领之下。但这一希腊式的"统领"，不仅与中世纪基督教神学的"上帝"，也与近代概念把握的哲学的"绝对"完全不同。因为亚里士多德始终凝视着荷马，哲学继承并把握智慧的划时代赠予：阿伽门农是希腊联军的"统领"，阿喀琉斯等联军将领具有同等的尊严；宙斯身为诸神与有朽之人的"父亲"，波塞冬和哈得斯仍与之三分天下并具有同等的尊严。

础上，亚里士多德赢得了诗艺学对更好的行动者的规定性：甚至不妨在伦理德性（ἦθος）上有所不足，但仍然是最配得上高贵肃穆行动的担当者，即出身于高门贵族的英雄人物，例如阿喀琉斯、奥德修斯与俄狄浦斯。[①]

唯有确定了在最好悲剧诗艺创制—呈现中对行动者"如其所应是"的规定性，行动者犯下的"严重错误"（ἁμαρτία μεγάλη）这一聚讼纷纭的问题才能变得通透。[②] 鉴于创制—呈现的行动始终具备与实践行动的根本关涉，行动者的"错误"理所当然具有伦理、政治乃至法律层面的含义，尤其是伦理学在"品性"方面的评判与归责。[③] 但创制—呈现的行动始终被置于创制性技艺的创制规定之中，亦即始终要从创制性悲剧诗艺的范畴规定，尤其是基于"何所是"范畴的规定来理解。这就是说，"错误"尤其要在与行动的突转、发现以及承受性情感的规定性相交涉，进而与行动者的"品性"相交涉。行动者的"错误"本身蕴含了道德的（实践性行动本身的）、理智的（知的）和情感的（受苦的和激情的）共同作用；三者作为行动的相关要素已然"运作"于行动的实现本身。亚里士多德根本没有排除上述任何一个方面，但仍以不言自明的方式将"错误"纳入创制—呈现结筑为情节的整一行动当中来予以规定，因此《诗艺学》没有详尽阐明这些因素的具体作用。也正因此，对行动者的品性的规定反而变得极其关键。因为这里品性不再是单纯道德意义上的卓越德性（ἀρετή），而是突出古风时代占主导的、荷马的缪斯智慧尤其注重的、基于出身高贵而贯穿所有方面的出类拔萃（ἀρετή）。行动者被规定为出身高门贵族者，错误也只能涉及高贵之人的近亲相残。这与其说是实践性行动科学的本质之

---

① Cf. Arist., Poet. XV, 1454b8–15: ἐπεὶ δὲ μίμησίς ἐστιν ἡ τραγῳδία βελτιόνων ἢ ἡμεῖς, δεῖ μιμεῖσθαι τοὺς ἀγαθοὺς εἰκονογράφους· καὶ γὰρ ἐκεῖνοι ἀποδιδόντες τὴν ἰδίαν μορφὴν ὁμοίους ποιοῦντες καλλίους γράφουσιν· οὕτω καὶ τὸν ποιητὴν μιμούμενον καὶ ὀργίλους καὶ ῥαθύμους καὶ τἆλλα τὰ τοιαῦτα ἔχοντας ἐπὶ τῶν ἠθῶν τοιούτους ὄντας ἐπιεικεῖς ποιεῖν † παράδειγμα σκληρότητος οἷον τὸν Ἀχιλλέα ἀγαθὸν καὶ Ὅμηρος †.

② 相关争执可归结为：ἁμαρτία意指"道德错误"还是"理智错误"？尤其参见Leon Golden, "Hamartia, Ate, and Oedipus", in: *The Classical World*, Vol. 72, No. 1（Sep., 1978）, pp. 3–12.

③ Cf. Arist. Eth. Nic., III.1, 1109b30–111b3; V.8, 1135a15–1136a9.

事，不如说是创制性诗艺的本质之事。亚里士多德关于创制性科学与实践性科学的根本区分必须贯穿各自的本质之事的逻各斯的当下规定。

在此同样令人惊讶的是，对于领会亚里士多德与荷马，亦即哲学与智慧的继承与区分，最好的悲剧诗艺创制—呈现的行动者的错误（ἁμαρτία）是极为关键的切入点。因为行动者的"错误"（ἁμαρτία）不仅与亚里士多德哲学整体中所领会的道德"德性"（ἀρετή）规定相关，而且尤其与早期希腊智慧形态中行动者的在一切方面"出类拔萃"（ἀρετή）相关。尽管卓越德性的含义具有根本差别，但道德德性与出类拔萃在创制性诗艺的"如真现相"中交汇，具体体现为悲剧诗艺创制—呈现的高贵的行动者。亚里士多德将史诗诗艺把握到具体实现了完满的悲剧诗艺的原则规定之下。悲剧诗艺与史诗诗艺都要创制—呈现"高贵肃穆"的行动者。行动者与行动一道属于诗艺"如真现相"具体实现了的"何所是"范畴。但是史诗诗艺所涉及的事情及其行动，并不是单纯作为诗艺本身在区分中的具体"本质相"，而且更是在哲学的所把握的创制性科学中不再承认为应然的缪斯智慧所赠予的知。哲学与智慧已然根本区分开来。亚里士多德的目光从来没有离开荷马，他具备对荷马之继承的自知，但荷马"创制—呈现"的事情必须纳入创制性的逻各斯科学当中来予以把握。尽管如此，亚里士多德对于悲剧诗艺本质相的规定在呼应着以荷马之名被给予的缪斯所赠之知。进而言之，亚里士多德的哲学规定正好为我们切入这一智慧的领会提供了合乎实事的契机。

悲剧诗艺创制—呈现中"犯错"的行动者只能是出身高门贵族者，既不应是不朽的诸神，也不应是卑劣滑俗的有朽者。亚里士多德从根本上将"神"从悲剧诗艺的创制中排除出去。甚至鉴于"机械作用"（ἀπὸ μηχανῆς）而现身的神，如果不属于结筑为整一行动的情节，也要被排除在外。某个神的干预导致"目盲"或者"神志失常"（ἄτη），也不在考虑之内。尤其值得注意的是：亚里士多德的《诗艺学》论述史诗诗艺和悲剧诗艺的共同之事，甚至一句都未提诸神的行动和对有朽者行动的干预，即便荷马史诗中诸神的干预实质上始终至关重要，而悲剧中尤其是埃斯库罗斯和索福克勒斯的悲剧中有大量的实例。行动者只能是有朽之人自身。他是"如其所应是"的行动者。"如其所应是"说的是，悲剧诗艺的行动者的"品性"继承了荷马的智慧形态中呈现的"品性"：这并非单纯伦理道德意义上得到区分的德性上的卓越，而是在一切方面都出类拔萃的卓越（ἀρετή）。当然这已然同时受到道德伦理意义上的根本限定。就伦理方面而言，与其说行动者的品性系缚于高贵出身，不如说系缚于行动者基于灵魂区分的行动本身——这是相应于政治共同体的"我们"而言的卓越行动。但是就其返回到创制性诗艺而言，行动者的品性始终归结到出身高门贵族的行动者——这甚至是超出政治共同体的"我们"、比"我们一般人"要更好的独一无二的行动者。

如此之行动者"犯错"，不是因为某个神干预导致的"目盲"/"神志失常"（Ἄτη），也不是简单的命运之神所规定的命运表象（μοῖρα），而是因为自身的激情（πάθη）与特定的无知（ἄγνοια）。[①]与实践领域的行动也不同，因为行动之所以能够是实践的行动，亦即具备德性的行动，从一开始便是"如其所应是"的行动，亦即纯粹以灵魂之逻各斯为其原因和根据的行动，而不能是其他。对于悲剧诗艺创制—呈现的行动，特定的激情、特定的知、道德和法律的规则都已然在其中运行和发挥作用。[②]在此，亚里士多德并不是着力去强调行动者每一次行动的"抉择"（προαίρεσις）及其动因，而是特别强调从顺达之境到败逆之境的突转（περιπέτεια）与从不知到知的发现（ἀναγνόρισις），由此突出具备必然性或者可然性的决定性转折给行动者自身带来不可逆转的厄运

---

① Ἄτη 与 ἁμαρτία的语义和语用，参见Dawe, R. D., "Some Reflections on Ate and Hamartia", in: *Harvard Studies in Classical Philology*, Vol. 72 （1968）, pp. 89–123. 此外参考：Stallmach, J., *Ate: Zur Frage des Selbst- und Welt-verständnisses des frühgriechischen Menschen* （Beitr. zur klass. Phil., 18）. Meisenheim am Glan, 1968. （按：此书未有机会过眼）但Dawe强调ἁμαρτία的Ἄτη渊源，Golden已经表示了异议。参见Golden："Hamartia, Ate, and Oedipus"。
至于说希腊悲剧例如索福克勒斯的悲剧是命运悲剧，已是老生常谈。最具代表性和影响力者仅举一例：Reinhardt, K., *Sophocles*, Frankfurt am Main, Klostermann, 1933。
② 尤其比较斯密特（Schmitt）详尽的评注。参见：Schmitt, *Aristoteles Poetik*, S.439–476.

（δυστυχία）。这并不是说行动的抉择及其动因不重要，但是基于亚里士多德创制性科学与实践性科学的区分，对行动抉择的把握尤其归属于实践性的逻各斯科学，而创制性的逻各斯科学则尤其关注行动的必然或者可然的整体性实现——这一整体性的行动实现，鉴于"何所在"诗艺范畴，已然是"在……"的，亦即在凝结为如此之语言形态的逻各斯的当下呈现之中的。

因此，在诗艺学的本质之事中，亚里士多德关注的不是行动的伦理动因与伦理评判，而是关注行动以"如其所应是"的方式开端、发展以至于最后完成。行动者最后必须以自知的方式承担出于自身抉择的后果——这里乃是在自身"厄运"意义上的"偿债"。这不是简单的法律或者道德的审判，而是合乎人之为人本质所是的"如其所应是"的行动担当。高贵肃穆的有朽之人"自作自受"。"厄运"不能简单地还原为神定的"命运"，因为有朽之人以有所不知的抉择而肇始行动，最后以自知的方式承担、赞同这一厄运，即便最终是死亡。因而这里的行动者只能是"如其所应是"的行动者。唯有如此才是"优秀而卓越"（ἀρετή）的行动者。就其与亚里士多德伦理学的实践规定相关而言，这样的行动乃是"灵魂之大者"（μεγαλοψυχία）；就其是哲学在诗艺创制—呈现的意义上继承并牢牢把握住的缪斯智慧赠礼而言，这是能够在各方面皆出类拔萃、慷慨赴死的出身高门贵族的高贵者（ἀνὴρ ἀγαθός）。①

具备"大灵魂"的出类拔萃的高贵行动者，最终以自知的方式承担自身"抉择"的后果，承受其败逆中的苦难。这是抉择中的承担：悲剧性的行动、悲剧性的品性、悲剧性的行动者。对于观赏者而言，"最好"的悲剧诗艺创制—呈现"如其所应是"的行动者及其结筑为整体情节的整一行动，这是何种意义上的"灵魂裹挟"？进而高贵行动者的行动整体激起恐惧、怜悯和惊异，在何种意义上导致净化和知的快乐？导致知的快乐的不

---

① Cf. Arist., Eth. Nic., IV.3, 7–9, 1123a34–1125a35. 就此可参见：Jaeger, W., *Paideia: Die Formung des Griechischen Menschen*, De Gruyter, 1989（Nachdruck），I, 23–37.

是行动的结束，而是行动整体的实现本身。这取决于观赏者的"判断"。何种判断？这返回作为有朽之人的行动者与观赏者由此建立的关系：与观赏者的观照相关的只是行动者鉴于错误判断和特定的无知导致的厄运。同样的错误判断和特定的无知也可能在观赏者身上发生。但如此之"最好"的行动结筑唤起恐惧与怜悯，事实上只能通过观赏者的"判断的中介，即将行动者因自身不公正而陷入的厄运置于某种关系之中——即：如其所是与如其所应是——并且认识到：他不仅为那出于自身罪责必须承担的偿债所击中，而且被厄运所击倒"。观赏者对行动者的判断还区分了：是什么让他成为有罪责的和什么在其错误中对他施以致命一击。[①]

尽管剧场中"现成的观众"始终在亚里士多德诗艺学的视线之内，但是就诗艺本身而言，只是最不具备创制性的逻各斯技艺的，因而本质上不属于诗艺范畴的规定。即便如此，亚里士多德始终将观赏者纳入诗艺范畴的本质规定性之中，尤其将其把握到悲剧诗艺本质所是的界定之中。看起来不可思议，但实质上具备出于自身的根据。首先，就诗艺学只与创制性的逻各斯技艺本身打交道而言，"技艺"的人工性本质要求技艺的创制总是"有所为"的，即便是出于技艺自身的创制，且自身即具备整体性完满，也必须导向某个"什么"（πρὸς τί），以达成其实现。其次，就创制性诗艺兴起的原因而言，这必须返回到有朽之人的"自然"，作为业已鉴于原因的四重区分而得到区分的自然，意指创制性的"如真现相"蕴含着就观赏者而言的求知的快乐，这实质上构成了诗艺的"目的因"（τέλος）。进而，就作为诗艺本身具体实现了悲剧诗艺本质所是的界定而言，悲剧诗艺本质相就其潜能而言的"实现作用"最终实现在"净化"恐惧与怜悯等承受性情感导致的观赏者的快乐。

但最后的并且最根本的根据，并不能在诗艺哲学本身确立起来。毋宁是先行给定的。换言之，创制性的逻各斯科学自身并不能给出"如其所应

---

① Cf. Boeder, "Vom Begriff in der aristotelischen Poetik"（1982）, *Das Bauzeug der Geschichte*, S.272.

是"的根据。究竟为何诗艺创制要求"如其所应是"的、必须得到区分的观赏者？这是何种观赏者？这实际上必须通过实践性的逻各斯科学才能得到根据奠基：这里有朽之人，就其乃是政治共同体的行动者而言，合乎人之为人的本质所是的有朽之人仍需"政治技艺"的创制，进而就其当下实现在出于灵魂之逻各斯规定的行动本身而言，业已彻底自相区分，尤其是升扬于合乎人之为人的本质所是的行动者，只能是出于逻各斯实现于逻各斯的、行动着的逻各斯本身。具备如此德性自觉的有朽者，他配得上创制性诗艺所创制—呈现的行动者，配得上贯穿逻各斯 "如真现相""这一个逻各斯—语言整体"的洞见（δια-νοια）。何种洞见？"观看"享有幸福的有朽之人在行动中肇事并承担厄运这一行动实现的整体，意味着对有朽之人"如其所应是"与"如其所不应是"这一根本区分的领会——已然作为所知。

[Ｃ] 贯穿所思的运思（διάνοια）

作为诗艺的性质划分成分，διάνοια是最为灵活的，贯穿诗艺创制的整个"如真现相"，实质上可以归属于所有的诗艺范畴。亚里士多德尤其突出的"何所是"与"何所在"范畴：就归属于"何所是"范畴而言，第6章特别并提διάνοια与ἤθη，纳入行动及其整体性结筑之中来衡量；就归属于"何所在"范畴而言，第19章特别并提διάνοια与λέξις，尤其突出其语言的特殊言辞形态。但亚里士多德的具体论述和规定，始终着眼于此：διάνοια体现为语言的特殊言辞形态，即便作为"何所是"，贯穿诸行动的整一结筑的运思，同样已经凝结为逻各斯—语言在创制中的"推演—呈现"。

这是创制性逻各斯技艺的殊胜所在：如真创制—呈现的"一切"已然是逻各斯本身，进而鉴于"何所在"的范畴规定性，诸范畴皆拢集到此并实现为"如其所应是"的理性关系语言。这一逻各斯—语言将"如真现相"的这一个整体带向在自身的当下实现，换言之，"如真现相"之为逻各斯技艺的创制，乃是逻各斯基于自身奠定根据而在自身、与自身相区分的完满实现。创制性逻各斯技艺升扬于创制性的逻各斯科学，端赖于它是

"在逻各斯"之中的。创制—呈现的本质之事已然是逻各斯的，换言之，在此逻各斯乃是自身成事的。但逻各斯在自身的区分却并非"如其所是"的，而是"如其所应是"的，因为这不是逻各斯如其在智者的"智慧的技艺"（τέχνη σοφίστικη）中那样始终致力于没完没了的语言游戏，而是逻各斯如其根据原则按照必然性实现为自身完满的整体，即致力于创制—呈现包含了开端、中段与完成的整体性区分于自身的"这一个整体"。

对 διάνοια 的界定始终将其"何所在"留驻于视线之内。"贯穿所思的运思指的是行动者以【赠答—对话中的】言辞证明某事或者展示见识。"（διάνοιαν δέ, ἐν ὅσοις λέγοντες ἀποδεικνύασίν τι ἢ καὶ ἀποφαίνονται γνώμην.）① 更准确地说："贯穿所思的运思指的是【以赠答—对话中的言辞】证明某事'如其所是'或者'如其所不是'，或者展示一般而言的'什么'。"（διάνοια δὲ ἐν οἷς ἀποδεικνύουσί τι ὡς ἔστιν ἢ ὡς οὐκ ἔστιν ἢ καθόλου τι ἀποφαίνονται.）② "贯穿所思的运思是第三位的。贯穿所思的运思指的是'言说'有能力呈现在言辞中的事情和与事情相匹配的言辞，在言辞形态中，正是政治学和修辞学的'实现作用'。因为旧日的创制者—诗人创制呈现以政治方式言说的行动者，而现在的创制者—诗人则创制呈现以修辞方式言说的行动者。"（τρίτον δὲ ἡ διάνοια· τοῦτο δέ ἐστιν τὸ λέγειν δύνασθαι τὰ ἐνόντα καὶ τὰ ἁρμόττοντα, ὅπερ ἐπὶ τῶν λόγων τῆς πολιτικῆς καὶ ῥητορικῆς ἔργον ἐστίν· οἱ μὲν γὰρ ἀρχαῖοι πολιτικῶς ἐποίουν λέγοντας, οἱ δὲ νῦν ῥητορικῶς.）③ 汇聚到行动者身上的贯穿所思的运思与品性始终紧密相关，必须实现为行动者"如其所应是"的行动，并与行动一起构成诗艺的"何所是"范畴的所是。

究竟在何种意义上归属于"何所是"或者"何所在"范畴？对此亚

---

① Arist., Poet. VI, 1450a5—6.

② Arist., Poet. VI, 1450b11—12. 亚里士多德在这个位置同样是将贯穿所思的运思与行动者的品性连带一起来阐述的，并且尤其突出二者在行动者"言辞"形态中的实现。διάνοια 与 ἤθη 的并提，绝不是如 Lucas 所说属于"例外"（exceptional）。不过 Lucas 正确看到了 διάνοια 与 λέξις（=λόγος）的根本关联。参见：Lucas: *Aristotle Poetics*, P.195.

③ Arist., Poet. VI, 1450b4—8.

里士多德在第19章简短而清楚地做出了区分。文字不多，引述如下："对贯穿所思的运思的论述放在《修辞学》，因为这个论题毋宁属于修辞学的范围。凡是必须通过言辞来编制造就的，都具备'贯穿所思的运思'的根据。属于这种言辞形态的成分有证明与求解，情感的激发（例如怜悯、恐惧、愤怒等诸如此类），以及夸大事情的体量【重要性】或者突出事情的微小【无关紧要】。显然，若一定要【使行动之事】激发怜悯与恐惧，表明事情的重大或者可能，那么在事情当中就必须运用同样的【具备推理之思的】言辞成分。区别只在于，一者【行动之事本身】无须说教式的言辞就必然使之显示出来，一者则必须在【作为赠答者的】言说者所说出的言辞当中造成，并且是出于所说的言辞而得以生成。因为如果不需要通过所说言辞就能使之如其应是地显示出来，那么言说者的作用何在呢？"①

鉴于διάνοια与λέξις的根本关联，这里"何所在"范畴对于阐明διάνοια的区分是前提性的。值得注意的是：亚里士多德在论述中返回λόγος来展开对διάνοια的区分，而不是直接将其归之于λέξις。也正是因此，同样作为悲剧诗艺创制的"何所在"，作为悲剧诗艺本质相性质划分不可或缺的成分，διάνοια与λέξις并不相同。就此而言，διάνοια的λόγος特别归属于修辞学，尤其属于"修辞式的逻各斯推演联结"（ῥητορικὸς συλλογισμός）。这里λόγος（言辞）的"作用"（ἔργον）在于展示就其事情而言的逻各斯推演联结（συλλογισμός），即证明的推理——这正是贯穿于逻各斯联结的运思（διάνοια）。呈现为语言形态之逻各斯（λόγος）的διάνοια由此与λέξις区分开来。λέξις必须返回到语言自身才得以现身为如其所应是的

---

① Arist., Poet. XIX, 1456a34–1456b8: τὰ μὲν οὖν περὶ τὴν διάνοιαν ἐν τοῖς περὶ ῥητορικῆς κείσθω· τοῦτο γὰρ ἴδιον μᾶλλον ἐκείνης τῆς μεθόδου. ἔστι δὲ κατὰ τὴν διάνοιαν ταῦτα, ὅσα ὑπὸ τοῦ λόγου δεῖ παρασκευασθῆναι. μέρη δὲ τούτων τό τε ἀποδεικνύναι καὶ τὸ λύειν καὶ τὸ πάθη παρασκευάζειν （οἷον ἔλεον ἢ φόβον ἢ ὀργὴν καὶ ὅσα τοιαῦτα）καὶ ἔτι μέγεθος καὶ μικρότητας. δῆλον δὲ ὅτι καὶ ἐν τοῖς πράγμασιν ἀπὸ τῶν αὐτῶν ἰδεῶν δεῖ χρῆσθαι ὅταν ἢ ἐλεεινὰ ἢ δεινὰ ἢ μεγάλα ἢ εἰκότα δέῃ παρασκευάζειν· πλὴν τοσοῦτον διαφέρει, ὅτι τὰ μὲν δεῖ φαίνεσθαι ἄνευ διδασκαλίας, τὰ δὲ ἐν τῷ λόγῳ ὑπὸ τοῦ λέγοντος παρασκευάζεσθαι καὶ παρὰ τὸν λόγον γίγνεσθαι. τί γὰρ ἂν εἴη τοῦ λέγοντος ἔργον, εἰ φαίνοιτο ᾖ δέοι καὶ μὴ διὰ τὸν λόγον.

言辞形态，并且为διάνοια所贯穿而成其为理性关系的语言，即能够担当行动且构筑为整体的逻各斯。但就其只是"修辞式的逻各斯推演联结"（ῥητορικὸς συλλογισμός）而言，这里诗艺创制中呈现为语言形态之逻各斯（λόγος）的διάνοια却并不归属于修辞学，因为不再直接致力于修辞学的说服，而恰恰只是作为如此之"修辞式的逻各斯推演联结"（ῥητορικὸς συλλογισμός）汇聚到行动者及其品性的规定中去，以极富说服力的方式服务于诗艺创制—呈现的目标：结筑为整体性情节的整一行动的完满实现。①

但无须这种"修辞式的逻各斯推演联结"的言辞形态，亦即不需要说教式的言辞（ἄνευ διδασκαλίας），同样在担当行动于自身的逻各斯—语言本身中可见的是：单凭行动之事本身能够必然如其为διάνοια贯穿那样将διάνοια显示出来。在此，διάνοια，贯穿所思的运思或者说推理之思，融合在行动事件的创制，融合在将行动构筑为整体性情节的创制，也就是融合在行动及其整体性结筑当中，同样服务于诗艺创制—呈现的目标：结筑为整体性情节的整一行动的完满实现。διάνοια贯穿逻各斯的自身区分与联结，涉及行动之整体结筑的诗艺学的创制原则。如何肇始、展开和实现为这一个整体？正是διάνοια"让"悲剧诗艺创制—呈现的"这一个整体"得以"如其所应是"地现身。诗艺创制的整体是有机的完满整体。

这里鉴于"何所是"范畴对διάνοια所作的区分，始终受到"何所在"范畴的限制。这只是在悲剧诗艺性质划分意义上区分和限定了的διάνοια。但要进一步阐明διάνοια对于亚里士多德诗艺哲学的重要性，只有返回到对亚里士多德哲学整体的领会与判定。作为逻各斯的科学，亚里士多德的哲学只与逻各斯打交道，将逻各斯的本质之事建筑为逻各斯秩序体（λόγος-κόσμος）。但第一哲学或者神圣学的神圣之事超出逻各斯科学整体，构成

---

① Dazu cf. Schmitt, *Aristoteles Poetik*, S.599–560. 斯密特（Schmitt）的评注详尽阐述了与修辞学和诗艺学相关的逻辑（Logik）问题，尤其参见第586–560页。

其第一开端／原则和第一原因。努斯原则究竟如何为逻各斯科学奠基？以διά-νοια为中介。只是鉴于νοῦς与λόγος，διάνοια才赢得了自身的"中介"位置。正是因此，διάνοια，贯穿所思的运思或者推理之思，不能直接对译为知性或者理智。古希腊哲学根本不晓得近代哲学的"意识"。

2.2 "何所如"：ὄψις

一般都将ὄψις径直理解为舞台布景、服装和面具等。但这种理解不能阐明，就创制性诗艺本身而言，为何ὄψις必然构成悲剧诗艺性质方面的划分成分，尽管亚里士多德自己始终对表演方面的"外观"（ὄψις）持否定态度。事实上，正是这一否定判断表明亚里士多德对ὄψις的理解具有双重性。就其与诗艺本身的本质之事相关而言，ὄψις属于悲剧诗艺本质相的"何所如"范畴，对于悲剧诗艺的创制性"如真呈现"的实现具有至关重要的意义。

就其实现为剧场舞台的表演呈现而言，亚里士多德将行动呈现的外观景象（ὄψις）视为悲剧诗艺最无关紧要的划分成分，甚至排除在诗艺本身之外而归之于表演技艺。"行动呈现的外观景象虽然能裹挟灵魂，却最少技艺性，与诗艺所独具者关系最浅。因为即便不通过比赛【演出】或演员表演"，悲剧诗艺的潜能依然在此。况且在造就行动呈现的外观景象的效果上，服装面具制造者的技艺比诗人的技艺更具决定作用。（… ἡ δὲ ὄψις ψυχαγωγικὸν μέν, ἀτεχνότατον δὲ καὶ ἥκιστα οἰκεῖον τῆς ποιητικῆς· ἡ γὰρ τῆς τραγῳδίας δύναμις καὶ ἄνευ ἀγῶνος καὶ ὑποκριτῶν ἔστιν, ἔτι δὲ κυριωτέρα περὶ τὴν ἀπεργασίαν τῶν ὄψεων ἡ τοῦ σκευοποιοῦ τέχνη τῆς τῶν ποιητῶν ἐστιν.）①

对于悲剧诗艺的作用和效果，亦即对于造成恐惧和怜悯，进而对于导致悲剧性的快乐，表演意义上的行动呈现的外观景象（ὄψις）都是次要的。"通过行动呈现的外观景象来造成这种效果，比【行动的结筑】更少技艺性，且依赖于支出的耗费。"（τὸ δὲ διὰ τῆς ὄψεως τοῦτο

---

① Arist., Poet. VI, 1450b16–20. 比较第26章。亚里士多德衡论悲剧诗艺与史诗诗艺优劣高下时，尤其将舞台的表演呈现与诗艺的创制—呈现区分开来，将表演的评判从诗艺评判中彻底排除在外（Arist., Poet. 1461b26–1460a10）。

παραστευάζειν ἀτεχνότερον καὶ χορηγίας δεόμενον ἐστιν.）① 亚里士多德强调说，即便不"看"表演呈现，而只是"听"到或者"读"到事情的进展运动，例如仅仅"听到"《俄狄浦斯》的情节，也能获得悲剧性的效果。② 但他也明确说这三者都能有助于造成悲剧性效果。"无论是通过阅读还是通过观看表演，悲剧诗艺都能给人造成鲜明印象。"（εἶτα καὶ τὸ ἐναργὲς ἔχει καὶ ἐν τῇ ἀναγνώσει καὶ ἐπὶ τῶν ἔργων.）③ 这里造成的形象鲜明性在于其可见可观性。但行动呈现的整体性结筑的推演—运动同样具备形象的鲜明性，在与διά-νοια（贯穿所思的运思）相关联的情形下，其可见可观性在于贯穿所见的洞见（διάνοια），并且最终落实在语言呈现的言辞形态（λέξις）。这样的可见的行动呈现的外观秩序（ὁ τῆς ὄψεως κόσμος）是悲剧诗艺本质相的划分成分之一。④

因此，舞台表演呈现的景象可以构成诗艺创制的补充，但出于行动整体性结筑的行动呈现的外观景象，却才是真正意义上的灵魂裹挟者（ψυχαγωγικός）。这是何种可见可观性？何种行动呈现的外观景象？就其创制呈现本身而言，"在结筑组织［行动］情节并将它付诸言辞形态时，必须尽可能将其摆在眼前，犹如身临其境，非常清楚地'看见'【事情的】生成，才能做出恰当处理，且极少疏忽矛盾之处"。（δεῖ δὲ τοὺς μύθους συνιστάναι καὶ τῇ λέξει συναπεργαχζεσθαι ὅτι μάλιστων τιθέμενον· οὕτω γὰρ ἂν ἐναργέστατα ［ὁ］ ὁρῶν ὥσπερ παρ᾽ αὐτοῖς γιγνόμενος τοῖς πραττομένοις εὑρίσκοι τὸ πρέπον καὶ ἥκιστα ἂν λανθάνοι ［τὸ］ τὰ ὑπεναντία.）⑤ 与此相应的，通过听和读以至于观看，读者／听者／观者置身于逻各斯的整体性结筑中可见的秩序，仿佛亲身在场（anwensend），如在目前一般观赏这一"秩序"整体。——行动呈现最终要实现在必然关涉到诗艺的"感觉"

---

① Arist., Poet. XIV. 1453b7–8.
② Arist., Poet. XIV, 1453b3–6. Cf. XXVI, 1462a11–13.
③ Arist., Poet. XXVI, 1462a17–18.
④ Arist., Poet. VI, 1449b33.
⑤ Arist., Poet. XVII, 1455a22–26.

（αἴσθησις）。①

　　作为悲剧诗艺本质相的"何所如"范畴，"可见可观的秩序"（ὁ τῆς ὄψεως κόσμος）同样涉及诗艺本身与知的连接点。——如何论断诗人的正确与错误？其准则何在？基于何种知？创制性逻各斯技艺本身的"知"，而不是其他技艺的，不是其他的科学（实践性的和理论性的）的知。② 这样的知的评判只能从诗艺本身出发。诗艺本身能在创制性呈现中达致的"知"在何种意义上成为如此这般的知？不妨回忆荷马作为歌者的自知：缪斯女神在场，知道一切，而我们有朽之人则不知，只"知道"传闻中听来的事情。③ 但荷马的歌行所呈现的却是智慧的赠礼——知是让之知，来自不朽的缪斯女神的眷顾。

　　就其为缪斯的馈赠而言，荷马的创制并非出于技艺；就其被视作有朽之人诗艺创制的典范而言，这是最高的技艺。作为有朽之人创制的诗艺之知只在于如真现相本身。回到亚里士多德，回到逻各斯创制性呈现的"可见可观的秩序"，返回到悲剧诗艺本质相的整体来看到这一规定：只有基于构成情节的整一行动而来的"秩序"，将其造成"可见可观的秩序"，才是合乎诗艺原则的，合乎悲剧诗艺本质所是的，亦即作为如此这般的"如真现相"！如在目前，现身在场，亲身观见。在此观见中的当下之知。

　　作为"何所如"范畴，"可见可观的秩序"将创制者、结筑为情节的行动本身及其行动者与观赏者一并都拢集到悲剧诗艺本身，亦即拢集到创制性技艺的创制—如真现相的当下——鉴于"如真现相"的范畴规定，这一当下亦即在自身自相区分的逻各斯的当下。在此，有朽之人作为业已得到区分的"人"凝聚于此，赢得其独有的安顿。这里所说的安顿，并不

---

① Cf. Arist., Poet. XV, 1454b15f.: τὰ παρὰ τὰς ἐξ ἀνάγκης ἀκολουθούσας αἰσθήσεις τῇ ποιητικῇ. 就此究竟如何造成这种感觉的效果和避免出错，亚里士多德说已在公开发表的论著中谈过。一般都认为这指的是已经佚失的《论诗人》。

② Cf. Arist., Poet. XV, 1460b13–22.

③ Hom., Ilias II.484f..

是直接性的，而是间接性的，亦即已然升扬于逻各斯—语言在自身的自相区分，安顿于逻各斯—语言之为创制性技艺的推演—呈现。鉴于如此之安顿，创制者／诗人、行动者和观赏者都只有过渡性的消逝的意义——因为这里涉及的只是得到了区分的人，人之为人的本质所是必须在逻各斯的意义上来领会。

就创制者／诗人而言：根据诗艺范畴的规定，创制者即凝结为特定语言形态的逻各斯的创制者。一般而言的技艺创制者只不过"看起来"是诗人或者拥有诗人的名相，但唯有合乎诗艺本身诸范畴规定而创制的创制者才是真正的诗人，真正进入亚里士多德诗艺学的视线。创制者成其为"诗人"，尤其鉴于诗艺创制与有朽之人的特定自然的原因性关联，这只能是根据诗艺本身具体实现了完满的"本质相"展开创制活动的创制者——根据史诗诗艺、悲剧诗艺和喜剧诗艺本质相的范畴规定，他致力于创制自身实现完满区分的整一性行动"这一个整体"。

就行动者而言：行动者与行动本身都归属于诗艺范畴"何所是"，在"如真现相"的整体性结筑中二者始终融合为一体。但亚里士多德很清楚，不是行动者造成了行动，而是行动让行动者现身。第一位的和最重要的只是行动本身的整体性结筑，对此行动者毋宁是服务性的（dienlich）。只是为了行动及其整体性结筑，行动者的"品性"才必须同时纳入诗艺范畴的规定之中，构成悲剧诗艺本质相在性质上的划分成分。

这里行动总是受苦的承受性行动，具体落实在行动者身上。行动者及其行动始终具备承受性情感（πάθος）和"非理／无逻各斯"（ἄλογον），但并非实践性领域中、由实践行动意义上的逻各斯所规定的行动者及其行动直接出现，而是从根本上就属于间接的、"在与之不同者之中"（ἐν ἑτέροις）的如真呈现——在拢集了节奏和韵律和谐的逻各斯—语言之中。作为创制性技艺的逻各斯—语言将行动者及其行动担当于自身并将其带向逻各斯自身的如真呈现。行动的如真呈现并不是对实践行动的简单"摹仿"，而是旨在结筑为行动的"这一个整体"的"创制"。

就观赏者而言：拢集到创制性逻各斯技艺的如真现相，创制者、行动者与观赏者已然构成有朽之人的区分。根据作为诗艺具体实现的悲剧诗艺的"本质相"的范畴规定，不仅创制者要与诗人相区分，不仅行动者要区分为舞台的表演呈现者（演员）和逻各斯—语言的赠答者，[①]相应的观赏者也要进一步区分剧场的观众与逻各斯—语言推演运动的观赏者。就诗艺创制在古希腊生活世界的实现而言，这里所说的区分当然总是重合的。亚里士多德自己在论及ὄψις（行动呈现的外观景象）时，就一再论及剧场的舞台布景和表演，尽管这与诗艺创制的技艺距离最远。《诗艺学》的评注和研究一般也倾向于从希腊历史的生活世界来理解亚里士多德的诗学思想，因而始终困惑于ὄψις究竟何指，与其诗艺哲学的思想可谓渐行渐远渐无穷。

　　悲剧诗艺"本质相"在时间历史中的完满，就诗艺范畴"何所如"而言，即实现为"赠答者"（ὑποκριτής）的完满。"赠答者"并不能简单等同于舞台的表演呈现者（Schauspieler），而是要返回到合乎诗艺本质相的如真呈现本身来确认，即作为逻各斯—语言的赠答者（Antworter）。与此相应，"可见可观的秩序"（ὁ τῆς ὄψεως κόσμος）实质上也不能简单等同为剧场的舞台表演呈现，而必须返回到本质性的逻各斯自身的如真呈现——鉴于逻各斯的赠答而推演—呈现。与此相应，观赏者之为诗艺创制—呈现的"观赏者"必须也要加以区分，亦即区分为剧场中观看戏剧演出的观众与仅凭阅读或倾听来"观赏"的观众。简而言之：唯有对逻各斯—语言的推演—呈现的凝神"观见"，在贯穿所思的运思中见所当见（διάνοια），与灵魂的逻各斯运动相应，这样的观赏者才是在逻各斯意义上求知学习的观赏者，才是合乎悲剧诗艺本质相规定的"如真现相"的观赏者，是诸观赏者中品级的第一和最好。

　　但这里马上让人回想到甚至直接返回到实践行动领域当中的人的本质所是的规定——从灵魂之逻各斯而来得到规定，亦即涉及在实践性科学

------

① 在此创制—呈现中，实践性领域的行动者已经先行排除在外。实践行动的区分及其导致的有朽之人的区分将在政治学和伦理学中得到阐明。

中、在逻各斯行动之中政治共同体的人的创制——这尤其属于"政治技艺",即在政治共同体的创制中达成合乎人之本质所是／人的如其所应是的人的创制。毫无疑问创制性科学与实践性科学之间具有十分紧密的关联,尤其是鉴于人的本质所是的区分,但亚里士多德并没有将创制性科学归属于实践性科学,这里创制性科学有自身独具的事情和目标:创制性的逻各斯沉浸于事并且自身成事,即凝结为语言形态的逻各斯能够在自身担当起行动并且将其带向完满的"如真现相",创制为如此这般具备完满区分的"这一个逻各斯整体"。

2.3 "何所在": λέξις, μελοποινία, διάνοια

悲剧诗艺是创制性逻各斯技艺。诗艺创制即逻各斯在自身和与自身相区分的"推演—运动"。逻各斯技艺的创制凝结为特定语言形态,因而逻各斯自相区分的推演运动落实在语言自相区分的呈现运动。诗艺的创制性如真呈现将行动呈现"在"逻各斯之中,亦即呈现在语言之中。何种语言?已然是具备理性关系的语言。根据诗艺的"何所在"范畴,首先是拢集节奏与韵律和谐的逻各斯—语言,进而是特定格律的逻各斯—语言,就其诗艺本身的具体实现了的本质所是而言,即以三音步短长格格律为主的赠答—对话,最后在本质之事的语言规定性中,是语言呈现的言辞形态,尤其涉及特定样态的措辞达意构筑起来的完整的言辞整体。

究竟何种言辞整体?"基于调和修饰而令人愉悦的逻各斯—语言。"(ἡδυσμένῳ λόγῳ)① 这里具体到悲剧诗艺本质相的性质划分成分:语言呈现的言辞形态,亦即作为赠答—对话的"格律文结筑本身"(αὐτὴν τὴν τῶν μέτρων σύνθεσιν)② 和唱段的歌行制作,"在其中创制如真现相"(ἐν τούτοις γὰρ ποιοῦνται τὴν μίμησιν)。③ 基于调和修饰最令人愉悦的逻各斯—

---

② Arist., Poet. VI, 1449b34–35. 这里格律并非抒情格律,而是指对话,对话的言辞也要有应有的节奏、韵律和谐。比较罗念生译注(《罗念生全集》卷一,第39页)以及卢卡斯(Lucas)的注疏(*Aristotle Poetics*, P.99)。
③ Arist., Poet. VI, 1449b33–34.

语言尤指唱段的歌行制作（ἡ μελοποιία μέγιστον τῶν ἡδυσμάτων）。① 但是对于结筑为整一行动的悲剧诗艺创制而言，"何所在"范畴至关重要的实现在于具备内在格律的、呈现为赠答—对话的言辞形态。为此，亚里士多德必须回到"语言本身"，从其声音单位（φωνή）与表义／指意（σημαίνειν）的关系来阐明这一特定言辞形态在何种意义上构成了悲剧诗艺创制的"何所在"。但致力于说服的语言技艺的言辞形态则属于修辞学，不在诗艺的范畴之内，② 后者始终致力于将创制—呈现中整一行动的结筑实现为言辞形态的整体性联结。

专注于逻各斯—语言的亚里士多德毫无疑问是"语音中心"的。基于发音（φωνή）的辨别，亚里士多德将字母、词类到语段的解析都归结到音节与表义（σημαίνειν）的联结关系上来。作为合成的表义发音，语句或者语段能够相互联结而构成完整的表义整体。"语段则是合成的表义发音……但语段在两种意义上是整一，或者因为表示'某一个'，或者因为由诸多部分相互联结为整一，例如《伊利亚特》即有诸多部分相互联结为整一，对人的定义则通过表示某个【事物】而是整一。"（λόγος δὲ φωνὴ συνθετὴ σημαντικὴ ⋯ εἷς δέ ἐστι λόγος διχῶς, ἢ γὰρ ὁ ἓν σημαίνων, ἢ ὁ ἐκ πλειόνων συνδέσμῳ, οἷον ἡ Ἰλιὰς μὲν συνδέσμῳ εἷς, ὁ δὲ τοῦ ἀνθρώπου τῷ ἓν σημαίνειν.）③

这里尤其需要注意，作为语言形态的逻各斯，其发音（φωνή）之所以能够造成语言成分的区分和联结，根本在于发音与表义（σημαίνειν）的关系。正是非表义音与表义音二者诸成分的相互联结才能造成整一的语言形态。逻各斯不仅能够将表义发音的逻各斯从其所指示对象的"事物本身"中解放出来，而且能够将其指示对象转化为表义的"语言本身"并在联结中构筑为具有意义的语言整体。这一语言本身具有双重性，一方面总是指示着"某个什么"，另一方面，总是有"什么在此"。作为整体而构

---

① 　Arist., Poet. VI, 1450b16.

② 　Cf. Arist., Poet. XIX, 1456b8–19.

③ 　Arist., Poet. XX, 1457a23–30.

筑起来的语言形态因而是具有指示性的逻各斯。逻各斯总是能够"让什么在逻各斯自身中成为可见的",但不是见到"什么"的"本身"——鉴于发音能够辨别意义,甚至在"听到"当中也能"见到"。

作为"何所在"的逻各斯如真呈现其"何所是"。"何所是"总是"在……当中"而是其所是,却不是"在自身"而是其所是。这一"如真呈现"本身总是作为"……在……"而结筑为自身完满的整体。其整体的结筑,与其说依赖于在指示中所涉及的、在自身而是其所是的"何所是",不如说依赖于在指示中、在呈现中是其所是的"何所是"。就此而言,在实践性行动领域的行动本身的是其所是与在创制性技艺领域的行动本身的是其所是,根本就是两回事,二者相互区分,遵循各自的整体性原则而得以如其所应是。

除了发音(φωνή),还有词语(ὄνομα)。亚里士多德已经能辨别各种词类,但他的旨趣不是专门论述语法,而是通过词语的辨别和区分,确定最好的、最适合悲剧诗艺创制的言辞形态。[①] 如果说各类词都在英雄格史诗诗艺中有用武之地,那么隐喻词最适合短长格的戏剧诗艺,但由于呈现的是赠答—对话中的言辞形态,因此与无格律散文的言辞形态一样,也尤其包括普通词和装饰词等词类。[②] 对各词类的使用,"其中最重要的是善于使用隐喻词。唯独此中奥妙无法领教于人,善用隐喻词是具有禀赋的标志。要用好隐喻,须能看出相似之处"。(… πολὺ δὲ μέγιστον τὸ μεταφορικὸν εἶναι. μόμον γὰρ τοῦτο οὔτε παρ' ἄλλου ἄστι λαβεῖν εὐφυΐας τε σημεῖόν ἐστι· τὸ γὰρ εὖ μεταφέρειν τὸ τὸ ὅμοιον θεωρεῖν ἐστιν.)[③] 基于此,语言呈现的言辞形态须遵循这一原则:"对于语言呈现的言辞形态,其卓越德性在于明晰而不流于平庸。"(λέξεως δὲ ἀρετὴ σαφῆ καὶ μὴ ταπεινὴν εἶναι.)。[④]这里明晰尤其体现于逻各斯—语言在联结中的区分。联结中的

---

① 尤其参见Arist., Poet. XXI, 1457a31–1458a16.

② 尤其参见Arist., Poet. XXII, 1459a8–14.

③ Arist., Poet. XXII, 1459a5–8.

④ Arist., Poet. XXII, 1458a18.

区分与辨别使得相互联结的语词单位或联结的关系项凸显出来，言辞的结筑也因此成为通透且一览无余的有秩序的整体。

悲剧诗艺本质相的"何所在"范畴首要的在于语言呈现的言辞形态，这是具有与发音特质相关的格律的言辞整体。有韵律的歌行制作和贯穿所思的运思都要拢集到这一言辞整体当中。这一言辞整体能够将行动从其本身所是的实践领域转化和担当于自身，让行动"在"逻各斯—语言相互区分与联结的推演中当下现身，成为可见的——如其在创制中如是呈现而可见。将诸逻各斯—语言结筑为言辞形态的整体，贯穿所思的运思（διάνοια）始终当下在此，语言本身的区分与结筑呈现为理性关系的"推演"。创制性逻各斯技艺在创制中如真呈现，必须遵循逻各斯而作为逻各斯被创制出来。这里行动是具备理性关系的语言，构成诗艺的"何所是"范畴，因而自身即成为语言的行动，并非离散为无止境游戏的言语活动，而是为了实现完满的行动，是为了实现为整体必须结束自身并持守于整体之中的行动。

III. 悲剧诗艺本质相的量范畴

诗艺学对"如真现相"的先行运思，赢得了诗艺范畴"何所在""何所是"与"何所如"的三重规定性。但从一开篇亚里士多德就明确表明，诗艺学的原则与本质之事决定了这一先行运思只能"如其所应是"地展开，致力于通过逐步展开的区分规定最终赢得诗艺本身具体实现了的本质相这一诗艺学的本质之事，而诗艺原则则始终沉浸于本质之事的进一步规定。这一先行的运思进程，从量上看，首先诸诗艺范畴拢集到诗艺创制—呈现的"如真现相"（μίμησις）这一个"整一"，进而鉴于诗艺范畴的三重规定排除创制性技艺的"杂多"，最后抵达纯粹诗艺如真呈现的"一切"，即创制性逻各斯技艺的具体的、在相互区分中的本质相：史诗诗艺、悲剧诗艺和喜剧诗艺。除此而外，别无其他创制性诗艺的"类型"可以纳入亚里士多德诗艺哲学的视线。

诗艺学的运思实现在诗艺的本质之事，亦即具体实现了的诸本质相：

史诗诗艺、悲剧诗艺和喜剧诗艺。但尤其需要注意的是：第一，从诗艺范畴的诸规定性出发，史诗诗艺实质上要鉴于悲剧诗艺本质相而得到规定。第二，即便不曾佚失，鉴于担当行动于自身的行动者在品性上的区分，喜剧诗艺实际上也不足以成为“如其所应是”的本质之事。尤其考虑到品性区分涉及有朽之人的本质所是，只有悲剧诗艺才能够将人之本质所是通过创制行动整体而将其带向当下呈现。第三，并非一般而言的悲剧诗艺，而是只有“最好”的悲剧诗艺才构成了真正的诗艺本质之事。亚里士多德的诗艺哲学的目标不是要建立普遍的诗学，而是确定诗艺本质之事，在其合乎自身本质所是的意义上，将其把握为逻各斯科学的“知”。如此之知，并不在别处，而是只实现为这一个逻各斯整体的诸范畴规定或者逻各斯（λογοί）。最好的悲剧诗艺，亦即合乎自身本质所是的“本质相”的范畴规定构成了诗艺本身具体实现了的本质之事。对本质之事的运思，在量的意义上进一步展开，旨在让最好的悲剧诗艺的本质相变得透明。——这里，现成的悲剧“作品”从未具备诗艺本质之事的品级，根本不曾纳入对最好悲剧诗艺本质相的运思。

“最好”悲剧诗艺的本质相鉴于其本质所是的界定而确定。这一界定本身已经将“一切”包含在内。首先是诗艺范畴的三重规定，作为整体的“如真现相”同时将外在于自身的目的因与自身的实现作用关联一体纳入自身的三重规定之中。进而悲剧诗艺本质相在得到“本质所是”的范畴界定之后，在性质的成分划分上将构筑为“如真现相”的整体变得具体，但这六种性质划分成分同样归属于诗艺范畴的三重规定性：第一，“何所是”范畴，包括结筑为整一行动的情节（μῦθος）、行动者的品性（ἤθη）以及贯穿所思的运思／推理之思（διάμοια）；第二，“何所如”范畴，尤指可见的行动呈现的外观景象（ὄψις）；第三，“何所在”范畴，包括语言呈现的言辞形态（λέξις）和唱段的歌行制作（μελοποιία）以及贯穿所思的运思（διάνοια）。如前所述，尽管诸性质划分成分基于诗艺范畴的三重规定而相互区分，但最终都要相互关联、汇聚拢集到悲剧诗艺创制—呈现的这一个整体上来。

　　"这一个整体"即结筑为完满情节的整一行动。这个整一行动的创制—呈现将作为性质划分以及诗艺范畴的"一切"规定性都拢集到自身，但不是"如其所是"，而是"如其所应是"，因为这一个整体具备原则于自身。整一行动结筑的完满实现是自身奠定根据的运动进程。所有对于整体构筑不可或缺的行动都必须按照必然性或者可然性构造"如其所应是"的"这一个整体"。就其合乎悲剧诗艺本质所是的界定而言，这是创制性技艺创制—呈现的整体，是悲剧诗艺在"最好"意义上的"本质相"。只有如此这般的"本质相"是具体实现了完满的诗艺本身，构成诗艺学唯独与之打交道的本质之事。诗艺原则已然贯穿本质之事，而不是外在于本质之事的规定。

　　整体性情节的结筑与对杂多情节和性质成分的排除是同一个过程。整一是行动的整一而非行动者的整一，是根据必然性或可然性，亦即合乎逻各斯的，由开端、中段和结束构成的整一。对本质之事的运思，不仅要揭示其整体性原则，而且要鉴于原则规定下的"整一"将无助于整体构筑的"杂多"排除在外。这是作为自身奠定根据的整一行动之结筑的应有之义，即对悲剧诗艺本质相的范畴规定和性质成分的划分，旨在确立"最好"的本质现相。如何构筑？何种排除？上一节已有详细论述，在此无须重复，仅择要提示如下：

　　首先，结筑为整一行动的情节（μῦθος）必须排除与整一行动无关的行动事件，排除属于"穿插"的行动成分，排除行动者从败逆之境向顺达之境转折的行动创制，排除不是出于情节构筑自身的发现，排除不能最恰当地激发怜悯和恐惧并导致悲剧诗艺独有快乐的行动安排。相应的行动者的品性（ἤθη）排除道德上的完人与恶人，排除一般而言的"我们"，尤其排除卑劣滑俗的"我们"。行动呈现的外观景象（ὄψις）方面则排除非诗艺的舞台表演的呈现，排除不能根据行动原则而必然地将观赏者置入其中、使之如同亲身在场观见的呈现。最后，语言呈现的言辞形态（λέξις）排除不能有助于联结为整体的语言成分，排除不能达到明晰与卓越效果的语词和运用方式。

第五章
荷马与史诗诗艺在诗艺区分中的位置

第一节　荷马：诗艺的起源与开端

　　亚里士多德将荷马当作诗艺的起源与开端。对诗艺产生和兴起的原因（αἰτια），他回溯到有朽之人的特定自然。在此，起源与开端相互纠缠在一起，最终都归结为"荷马"。这个究竟是虚构出来的还是历史存在的人物，对于近代以来的古典语文学，始终是谜一样的问题。以实证眼光和语文学视角看，亚里士多德对诗艺起源与开端的论定只是带来了更多问题和困惑。但是从亚里士多德哲学的使命，尤其是创制性诗艺哲学的使命看来，荷马作为诗艺起源与开端这一论定具有充分的合理性，是具有裁断力量的洞见。

　　作为起源，这首先是返回到创制者—"诗人"而言的起源。荷马在品性（ἤθη）上没有偏至，能呈现高贵肃穆的行动也能呈现卑劣滑俗的行动。后世"诗人"则品性上各有偏执，与之相应的"如真现相"的行动或高贵肃穆或卑劣滑俗构成了对立。时间性历史演进过程中，创制性诗艺与创制者诗人在品性（ἤθη）上是相同的。荷马则没有这种基于品性区分的诗人与诗艺的一致性。他是诗艺本身的创立者和老师。因为他不仅缔造了诗艺，而且就涉及品性（ἤθη）而言，在自身造就了诗艺的对立性区分，这一区分最终实现为悲剧诗艺与喜剧诗艺的区分。[①] 但悲剧诗艺与喜

----

① Cf. Arist., Poet. 1448b34–1449a6.

剧诗艺，就其时间历史方面的展开而言，始终需要一个自身开始出现到成熟的过程。这一进程受到诗艺自身的"自然"或者说"完满实现"的规定。[1]是其自然教会了创制者对格律的选择。这一点即便史诗诗艺也不能例外。[2]

诗艺起源出于有朽之人的自然，凭借自然天赋，即兴偶发，逐步发展成熟。将荷马判定为诗艺本身的历史起源，这本身显得与亚里士多德对诗艺起源的阐明龃龉不合。因为诗艺本身起源中的"荷马"实质上为诗艺"立法"。发展成熟的、作为诗艺实现了的具体相，悲剧诗艺与喜剧诗艺都要以荷马史诗创制为先行典范。要解决这个矛盾，不能单纯归结为亚里士多德既采取描述性的方式，又基于规范性概念来交错论述诗艺的历史起源与发展、诗艺的规定性开端和完成。从一开始就不是描述性的或者历史实证性的考察，而是始终基于诗艺的原因性——自然，作为业已区分了的自然乃是在形式因和目的因意义上的自然——来判定诗艺的开端和完满实现。开端乃是合乎诗艺范畴规定的具体开端，正如完满乃是具体的诗艺本质相。因此亚里士多德对荷马的判定、对悲喜剧诗艺历史的论述根本就经不起实证性的历史考察。

只是因为要反顾到诗艺本身朝向完满实现的时间性"历史"，亚里士多德才必须论及诗艺的历史"起源"。执持于人类学和历史实证的诸多争执无法看到也无法承认，亚里士多德在反顾时间性历史起源和发展的同时，已经从根本上先行将其统摄到对诗艺历史开端和实现完满的判定之中。也就是返回到诗艺创制本身，由此判定荷马这一决定性的诗艺"起源"。在荷马之前固然已有诗艺的历史"起源"，有很多各类"诗人"和创制，例如颂神诗、赞美诗和讽刺诗，但是严格说来，只有荷马才赢得了诗艺的真正开始。就其与高贵肃穆相关而言，荷马诗艺最好最卓越；就其与卑劣滑俗相关而言，荷马诗艺具有开创性。[3]正是这一裁决表明了从诗

---

① Cf. Arist., Poet. 1449a14–15.

② Arist., Poet. 1460a4f.: αὐτὴ ἡ φύσις διδάσκει τὸ ἁρμόττον αὐτῇ αἱρεῖσθαι.

③ Cf. Arist., Poet. IV, 1448b25–30.

艺起源转换到开端的断裂和飞跃；基于观察探究的历史考察中的"起源"必须在这一裁决中脱落。

亚里士多德的裁决如下："但正如［创制］高贵肃穆的行动，在最好意义上的创制者／诗人就是荷马（因为唯独荷马不仅创制得好，而且把如真现相作为戏剧行动［的呈现］来加以创制），他也是勾勒喜剧诗艺轮廓形态的第一人，通过戏剧行动创制可笑者而不是创制嘲詈［之言］。正如《伊利亚特》和《奥德赛》对悲剧诗艺的关系一样，《马尔吉特斯》对喜剧诗艺也有相类同的关系。"（ὥσπερ δὲ καὶ τὰ σπουδαῖα μάλιστα ποιητὴς Ὅμηρος ἦν（μόνος γὰρ οὐχ ὅτι εὖ ἀλλὰ καὶ μιμήσεις δραματικὰς ἐποίησεν），οὕτως καὶ τὸ τῆς κωμῳδίας σχῆμα πρῶτος ὑπέδειξεν, οὐ ψόγον ἀλλὰ τὸ γελοῖον δραματοποιήσας· ὁ γὰρ Μαργίτης ἀνάλογον ἔχει, ὥσπερ Ἰλιὰς καὶ ἡ Ὀδύσσεια πρὸς τὰς τραγῳδίας, οὕτω καὶ οὗτος πρὸς τὰς κωμῳδίας.）[①]

对于亚里士多德而言，这一荷马开端本身是没有"历史"的。荷马的开端是绝对的开端。换言之，这一荷马的诗艺开端要导向的诗艺之实现这一时间性历史，根本不是荷马的史诗诗艺，甚至一般叙事诗艺的历史发展。荷马所标示的诗艺创制本身并不停留为单纯在诗艺诸"本质相"区分中的史诗诗艺，而是构成了悲剧诗艺与喜剧诗艺的开端性典范，也就是说，荷马通过史诗诗艺的创制而成为悲剧诗艺与喜剧诗艺之为"诗艺"的典范和开创者。鉴于对荷马这一诗艺开端的裁决，诗艺本身"何所是"范畴区分中的"如真现相"，最终是实现了的诗艺本身的"具体相"——在其彻底区分中即悲剧诗艺和喜剧诗艺。但悲剧诗艺与喜剧诗艺自身同样

---

① Arist., Poet. IV, 1448b34–1449a2.《马尔吉特斯》是伪作。亚里士多德径直归之于荷马。从实证性历史角度而言，这是典型的谬误。其合理性只在于，建立荷马创制性诗艺对悲剧诗艺和喜剧诗艺完备的对应关系，由此确立荷马就诗艺本身而言，尤其是就其作为如真现相的范畴规定而言，对于诗艺具体实现了完满的本质相的时间性历史的规定性：判定荷马为诗艺本身的开端，这一诗艺开端所涉的时间性历史的展开乃是朝向实现自身完满的过程。唯有将历史把握为完满实现，这一历史才不会陷入时间性历史本自具有的不断向前且无穷无尽的进展的连续性过程，也即不会陷入"诗歌作品"的历史，而是回收到诗艺本身范畴规定性之中来予以把握。

与朝向完满实现的时间性历史展开相关涉。就此而言，悲剧诗艺与喜剧诗艺各具自身的历史起源和发展过程，但这一各自起源仍然是先行纳入诗艺范畴的规定展开之中来把握的，亦即各自历史起源与发展之为如此的起源和发展历史，最终在时间性历史的展开过程中达致完满实现，实现为就其"本质所是"而言的"自然"。在此，完满实现同时说的是：一旦赢得其自然，就停止发展并持守于这一完满。

第二节　史诗诗艺鉴于悲剧诗艺而得到规定

荷马是诗艺本身之为创制性诗艺的开端；荷马史诗是史诗诗艺的典范。但从诗艺本身的范畴规定来说，荷马的史诗诗艺要纳入"最好"的悲剧诗艺的"本质相"之下而得到确定。亚里士多德必须辨别和回应：同为将高贵肃穆的行动结筑为整体性情节的"如真呈现"，史诗诗艺与悲剧诗艺，哪一种技艺创制更好？判断是明确的：悲剧诗艺比史诗诗艺优越。但这一判断究竟意味着什么？

亚里士多德首先致力于澄清这一问题所隐含的对诗艺，尤其是对悲剧诗艺的质疑。指责的意见认为：史诗诗艺如真现相的观众有教养（ἐπιεικεῖς），因而是更好的，而悲剧诗艺创制—呈现面对的观众则是卑劣滑俗的（φαύλους）。亚里士多德明确将其归结为对表演呈现技艺而非对诗艺的指责（οὐ τῆς ποιητικῆς ἡ κατηγορία ἀλλὰ τῆς ὑποκριτικῆς,

1462a5）。^① 这一区分极为关键。 进而言之，作为创制性的逻各斯技艺，诗艺的评判标准与政治技艺以及其他技艺都有根本区别。^② 这里尤其不能鉴于与悲剧诗艺和史诗诗艺相应的两种观众的区分，直接引申归结到当时希腊生活世界的贵族制与民主制之间的政治争执。即便涉及政治技艺的政治学，也与伦理学一道归属于实践性科学而具备自身的评判原则。亚里士多德绝不是按照如其所是而描述分析希腊的政治世界，而是按照如其所应是而规定政治共同体应该在何种意义上致力于有朽之人的共同体的"幸福"（εύδαιμόνια）。创制性科学与实践性科学不可直接混淆为一。

在确定诗艺本身的原则以及展开诸诗艺范畴的同时，亚里士多德始终将建基于生活世界的舞台表演呈现保留在视线之内，并且始终在区分的同时注意指明表演技艺的舞台呈现对悲剧诗艺创制—呈现的现实限制。不论是阐明悲剧诗艺与喜剧诗艺时间性历史方面的起源与发展，还是对悲剧诗

---

① Arist., Poet. XXVI, 1461b26–1462a14.原本与悲剧诗艺的"高贵肃穆"（σπουδαῖος）相区分的"卑劣滑俗"（φαῦλος）是亚里士多德用来标识喜剧诗艺创制—呈现的行动及其行动者品性的。这里在史诗诗艺与悲剧诗艺的比较中，基于"观众"卑劣滑俗（φαύλους），悲剧诗艺反而被指责为卑劣滑俗的（φαῦλος）。这种指责考虑的显然是剧场舞台的表演呈现及其所面向的实际生活世界的"观众"。这样的观众作为"剧场观众"首先是尚未从根本上得到区分的"城邦公民"；而作为"城邦公民"在剧场观看表演，这里人的自身区分涉及共同体中的教化问题。就教化与技艺创制相互关涉而言，剧场以及演剧活动之所以能够对政治共同体发挥教化作用，与其说是因为表演技艺的创制—呈现，不如说是因为创制性诗艺的创制—呈现。这是因为唯有创制性逻各斯技艺的创制—呈现才能造就人与自身的真正区分，剧场舞台的表演呈现则只是致力于让这一人的自身区分展现为实际可见的，因而构成从创制性科学向实践性科学过渡的、具体实现着的环节。但也正是作为在生活世界的实践行动领域中具体实现着的环节，表演呈现能够造成人的自身区分、服务于共同体教化并构成希腊教化不可或缺的环节，对此具有决定性的规定根据最终来自城邦共同体中"政治技艺"对"人之为人"的本质的创制目标。由此可见，剧场舞台上表演技艺的创制—呈现既服务于创制性逻各斯技艺的创制—呈现整体的具体实现，也服务于实践性逻各斯在城邦共同体创制中教化的具体实现，也正是因此，剧场和演剧活动对于希腊人不仅不是无足轻重的，而且从根本上内在于希腊的生活世界，并合乎历史现实地塑造了希腊人。对于亚里士多德，尽管这门技艺并非创制性逻各斯技艺本身及其实现了完满的诸本质相的科学展开的本质性环节，他仍必须将剧场舞台与表演技艺的创制—呈现保持在视线之内并一再反顾于此，以便将这两门技艺从根本上区分开来，从而使自己始终驻留于创制性逻各斯科学的纯粹性当中。

② Cf. Arist., Poet. XXV, 1460b13–21.

艺在性质划分成分中涉及舞台表演的"可见的外观景象"（ὄψις）的反复强调，都表明了这一点。涉及比较悲剧诗艺与史诗诗艺优劣的评判，尤其舞台表演呈现的"行动"构成了对悲剧诗艺如真现相的现实限制。但亚里士多德无疑善于明辨是非：尽管表演行动的好坏会影响悲剧诗艺创制—呈现的实际呈现，进而影响观众对诗艺本身的评判，但表演呈现的行动并不能直接构成悲剧诗艺创制—呈现的行动，鉴于两种不同技艺的根本区分，诗艺只能按照出于自身的原则来加以评判——甚至观众的评判都只是鉴于与诗艺规定性的内在关联，才在诗艺创制—呈现中具有所应有的位置。①

　　就此而言，悲剧诗艺创制—呈现的"长度"最好限制在"太阳的一周"这一论断具有充分的根据。涉及悲剧诗艺与史诗诗艺的差别，亚里士多德说："就【时间】长度而论，悲剧诗艺尽量以太阳运行一周为限度，或者略微稍长于此，史诗诗艺的创制则在时间上不受限制，并就此与悲剧诗艺的创制相区别，尽管最初在悲剧诗艺中对时间的处理与在史诗诗艺中是相似的。"（ἔτι δὲ τῷ μήκει· ἡ μὲν ὅτι μάλιστα πειρᾶται ὑπὸ μίαν περίοδον ἡλίου εἶναι ἢ μικρὸν ἐξαλλάττειν, ἡ δὲ ἐποποιία ἀόριστος τῷ χρόνῳ καὶ τούτῳ διαφέρει, καίτοι τὸ πρῶτον ὁμοίως ἐν ταῖς τραγῳδίαις τοῦτο ἐποίουν καὶ ἐν τοῖς ἔπεσιν.）② 为什么限定在太阳一周之内？如何理解"太阳一周"之内？这是文艺复兴以来聚讼纷纭的亚里士多德诗学焦点问题之一。而围绕"三一律"的诸多争执，不但掩盖了亚里士多德的判断，而且挑起了更多争论。如文艺复兴以来诸家所见，"太阳一周"指的是对悲剧诗艺创制—呈现的行动者之行动及其构筑的时间限制。斯密特（Schmitt）正确指出，古典主义式的三一律实质上是"天才"概念历史发展的18世纪形态，已然偏离了亚里士多德，属于文艺复兴以来形成的偏见。为此斯密特（Schmitt）基于莱辛的判断而给出的亚里士多德理由是：时间整一性的要求不是因为自身，而是为了行动按步骤发展的意图，对于这一意图的实现而言，将行动

---

①　Cf. Arist., Poet. XXVI, 1461b26–1462a14.
②　Arist., Poet. V, 1449b12–16.

的进程限制在一个白天之内是一个"可操作的解决"。这是因为，史诗诗艺在主要行动之外可以容纳不同时间的行动事件，附属的或即"穿插的"情节，只是与此相比较而言悲剧不能偏离主要的整一的行动，亚里士多德才强调悲剧诗艺整一行动在时间上的限制，但并非是为了强调"太阳一周"之内的时间整一性。斯密特（Schmitt）将亚里士多德论断的根据返回到诗艺创制的核心，即返回到结筑为整一行动的情节整一性上来。[①] 这确实是富于洞见的。

问题在于，斯密特（Schmitt）实际上混淆了悲剧诗艺创制—呈现的完整时间长度（μῆκος）与悲剧诗艺创制—呈现就其情节整体而言的体量（μέγεθος）。二者根本不能直接被等同起来。这里"太阳一周"的时间限制，与其说是行动者的行动时间，不如说是剧场呈现的表演时间。[②] 换言

---

① Cf. Schmitt, *Aristoteles Poetik*, S.323-324.

② 涉及"量"的规定性，时间长度（μῆκος）与行动整体的体量（μέγεθος）当然有重合的地方，后者既受到前者的限制，也会体现在前者之中。具有特定体量的行动整体无疑具备特定的篇幅长度和在舞台表演呈现中的时间长度。但不能本末倒置。亚里士多德对于悲剧诗艺"如真现相"的整体所要求的有机体般的"通透可见"（第7章），并无在时间数字乃至行动事件数量上的严格限定。亚里士多德说：τοῦ δὲ μήκους ὅρος 〈ὁ〉 μὲν πρὸς τοὺς ἀγῶνας καὶ τὴν αἴσθησιν οὐ τῆς τέχνης ἐστίν· εἰ γὰρ ἔδει ἑκατὸν τραγῳδίας ἀγωνίζεσθαι, πρὸς κκεψύδρας ἃ ἠγωνίζοντο, † ὥσπερ ποτὲ καὶ ἄλλοτέ φασιν†. ὁ δὲ κατ᾽ αὐτὴν τὴν φύσιν τοῦ πράγματος ὅρος, ἀεὶ μὲν ὁ μείζων μέχρι τοῦ σύνδηλος εἶναι καλλίων ἐστὶ κατὰ τὸ μέγεθος· ὡς δὲ ἁπλῶς διορίσαντας εἰπεῖν, ἐν ὅσῳ μεγέθει κατὰ τὸ εἰκὸς ἢ τὸ ἀναγκαῖον ἐφεξῆς γιγνομένων συμβαίνει εἰς εὐτυχίαν ἐκ δυστυχίας ἢ ἐξ εὐτυχίας εἰς δυστυχίαν μεταβάλλειν, ἱκανὸς ὅρος ἐστὶν τοῦ μεγέθους. （Arist., Poet. VII, 1451a6-15）陈中梅的翻译"用艺术的标准来衡量"云云，本意固然没错，但表述具有很强的误导性，这一点上不如罗念生意思明确。实际上亚里士多德既知道和承认行动整体的体量显然受到表演（尤其是希腊人戏剧竞赛）的时间的限制，但也强调本质性的规定仍然在事情本身的性质，亦即取决于诗艺的整体性原则。
关于μῆκος的几层含义与争议，尤其参见卢卡斯（Lucas）的评注（*Aristotle Poetics*, Pp.93-95）以及罗念生的译者注（《罗念生全集》卷一，第32页）。罗念生主张表演的时间长度。卢卡斯（Lucas）则持行动者的行动时间的主张。因为如果理解为悲剧作品篇幅的自然长度与表演时间长度，亚里士多德说最初悲剧与史诗在时间处理上相似，这与悲剧的实际历史发展不相符，因为悲剧兴起时篇幅和表演时间都更短。但这个理由并不完全成立。亚里士多德所述的"历史"并不是简单的历史性描述，反而常常违背实证意义上的"历史实事"。亚里士多德所说的最初二者类似，所指毋宁是在时间处理上的任意性，尤其是表演呈现的即兴状态。从荷马史诗到柏拉图时代的游吟诗人表演还有这个特点，表演吟诵的段落选择和起止都不是固定的，而是因时因地

之，亚里士多德不是在诗艺本身的范畴规定性中提出这一时间限制的。就衡论悲剧诗艺与史诗诗艺的差别与高下而言，亚里士多德并非突兀地强调悲剧诗艺创制—呈现受到时间长度的限制，也不是基于诗艺创制的自身原则而要求对这一创制—呈现在时间上加以限制，而是鉴于悲剧诗艺在"何所如"方面与史诗诗艺的差别，才特别地反顾到悲剧诗艺在剧场舞台上的表演呈现。就其在希腊生活世界的实际实现而言，悲剧诗艺在剧场舞台上的表演呈现时间无疑是受到限制的（演出和竞赛只在白天举行），因此悲剧诗艺的创制—呈现始终要反顾到剧场的表演呈现的时间，反顾到表演技艺自身的特性。换言之，根据自身具备原则实现为完满整体的悲剧诗艺"如真现相"，并不完全从舞台表演的呈现中抽身而退，相反，始终将这一表演呈现考虑在内。进而言之，亚里士多德固然没有完全"脱离"生活世界及其经验来建筑他的哲学科学，因为他所关切和致力的"人的区分"正是生活世界中行动着的、生活着的有朽之人，或者更准确地说就是城邦公民，但他也绝不是停留在"如其所是"的经验描述和确立，而是致力于"如

因情况而变动的。亚里士多德甚至就长度说，按照情节整体通透可见的有机原则，史诗诗艺创制与一天的悲剧演出相应的篇幅上的量约略相当最为相宜，而悲剧诗艺因为要实现在舞台上的表演呈现，所以在行动创制和安排上受表演时间的限制，而史诗诗艺创制—呈现行动则不受此限制。就此尤其参见：Arist., Poet. XXIV, 1459b18-32.
古典时代的雅典剧场，戏剧表演尤其与狄奥尼索斯节相关。这是泛雅典的希腊节日。悲剧基本体制为三联剧，各自完整但却关联为整一体。最后复缀之以萨提尔剧作为结束。这个活动持续"太阳运行一周"的整个白天。关于雅典的戏剧表演，尤其参考：Sir Arthur W. Pickard-Cambridge, *The Dramatic Festivals of Athens*, 2. ed., revised with a new Supplementby John Gould and D. M. Lewis, Oxford Clarendon Press, 1988.
但是研究者们往往由此再进一步，即从希腊戏剧实际的历史和形态出发来理解和看待亚里士多德的所谓"悲剧论"，平添不少的困惑，甚至导致对亚里士多德的诸多批评。这一研究方向和思路，对于具体的戏剧活动确实不乏参考价值和推动作用，但对于把握亚里士多德的诗艺学思想则无异于缘木求鱼，以至于诗艺哲学不仅得不到恰当的理解，而且还助长了更为流行的根深蒂固的偏见：诗艺学之为创制性的科学始终不曾在亚里士多德哲学整体中赢得应有的一席之地。最新的亚里士多德哲学导论和概述，仍只是将诗艺学视作"悲剧论"、完备意义上的亚里士多德哲学的"理性形式"之一种。就此尤其参见：Otried Höffe, *Aristoteles*, 4. Aufl., C.H.Beck, 2014. 当然，赫费其实是自觉解除亚里士多德哲学三分的限制，在完备的意义上突出这一哲学作为"世界知识"（Weltkunde）的"卓越典范"（überragendes Vorbild）地位。（Ebd. S.35）

其所应是"的规定和把握，因而是致力于展开"如其所应是"与"如其所是"的思想区分，并将"如其所是"纳入"如其所应是"规定下的知。

只有在诗艺创制—呈现的自身原则规定之下，才能恰当评判悲剧诗艺与史诗诗艺的高下，进而评判荷马及其史诗在史诗诗艺创制—呈现中的最优秀和最卓越地位。对于亚里士多德而言，诗艺原则并不外在于、超出于诗艺的本质相，也就是说，诗艺原则融合在诗艺的本质之事，尤其是融合在"最好"的悲剧诗艺的本质相；诗艺本质相的范畴规定性展开即诗艺的"如其所应是"的自我奠基，原则必须实现于其中。由此，悲剧诗艺较史诗诗艺优越，要说的是：史诗诗艺要鉴于悲剧诗艺本质所是诸规定范畴而得到规定并确定在诗艺学中的位置。

纳入诗艺本身的规定性，根据诗艺范畴，具体到最好悲剧诗艺的，亦即合乎悲剧诗艺本质所是的具体规定性，也就是从性质上的划分成分上来看史诗诗艺，这意味着史诗诗艺的规定性实质上被纳入悲剧诗艺的本质规定之中；但同样是鉴于诗艺范畴，亚里士多德也致力于将史诗诗艺从悲剧诗艺中独立出来，强调二者的根本差别。为此，首要的是根据"何所如"范畴，区分是叙述的创制呈现还是"行动"的创制呈现，最后具体到"何所在"以至于"何所是"，但不再是如其仍然只是诗艺本身先行运思中的规定，而是沉浸在具体实现了诗艺创制"本质相"的性质划分成分之中。

对于亚里士多德而言，悲剧诗艺创制—呈现包含了史诗诗艺的一切因素（πάντ᾽ ἔχει ὅσαπερ ἡ ἐποποιία）。① "至于性质成分划分，有些是二者所同具，有些是悲剧诗艺所独有。因此谁能辨别悲剧诗艺创制—呈现的优劣，也就能辨别史诗诗艺创制的优劣。因为史诗诗艺创制—呈现所具有的成分，悲剧诗艺创制也具备，而史诗诗艺创制—呈现则并不具有悲剧诗艺创制—呈现的全部成分。"（μέρη δ᾽ ἐστὶ τὰ μὲν ταὐτά, τὰ δὲ ἴδια τῆς τραγῳδίας· διόπερ ὅστις περὶ τραγῳδίας οἶδε σπουδαίας καὶ φαύλης, οἶδε καὶ περὶ ἐπῶν· ἃ μὲν γὰρ ἐποποιία ἔχει, ὑπάρχει τῇ τραγῳδίᾳ, ἃ δὲ αὐτῇ, οὐ πάντα

---

① Cf. Arist., Poet. XXVI, 1462a14–15.

ἐν τῇ ἐποποιίᾳ.）① 除了唱段的歌行制作和可见的外观景象（尤指舞台布景和表演呈现）②，史诗诗艺具有悲剧诗艺的其他成分，就结筑为整一行动的情节而言，也具有行动的突转、知的发现和承受性情感。"所有这些划分成分，荷马第一个使用，而且运用得很好。"（οἷς ἅπασιν Ὅμηρος κέχρηται καὶ πρῶτος καὶ ἱκανῶς.）③

鉴于悲剧诗艺的本质相而得到规定，这尤其体现在史诗诗艺遵循情节的整体性原则，这是贯穿于悲剧诗艺结筑为整一行动的情节的诗艺原则。史诗诗艺根据"如其所应是"而创制—呈现整一行动，绝不同于"历史"对行动事件作"如其所是"的描述和编排。亚里士多德说：ὅτι δεῖ τοὺς καθάπερ ἐν ταῖς τραγῳδίαις συνιστάναι δραματικοὺς καὶ περὶ μίαν πρᾶξιν ὅλην καὶ τελείαν ἔχουσαν ἀρχὴν καὶ μέσα καὶ τέλος, ἵν' ὥσπερ ζῷον ἓν ὅλον ποιῇ τὴν οἰκείαν ἡδονήν, δῆλον, καὶ μὴ ὁμοίας ἱστορίας τὰς συνθέσεις εἶναι, ἐν αἷς ἀνάγκη οὐχὶ μιᾶς πράξεως ποιεῖσθαι δήλωσιν ἀλλ' ἑνὸς χρόνου, ὅσα ἐν τούτῳ συνέβη περὶ ἕνα ἢ πλείους, ὧν ἕκαστον ὡς ἔτυχεν ἔχει πρὸς ἄλληλα.④ 因此与其他史诗的"历史"呈现不同，荷马只选取一部分来创制整一性行动的整体，而将其他"历史性"行动事件用于穿插。⑤

就情节的整体性而言，荷马深知，情节的整一性不等同于单一的行动者，而是贯穿整体的整一行动。"因为在创作《奥德赛》时，荷马没有创制—呈现随奥德修斯出现的一切行动事件，例如在帕耳那索斯山上受伤，征兵动员时装疯。这两件事的不论哪一个行动事件的发生—生成都不必然地或者可能地导致另一个行动事件的发生—生成，而是如我们所理解的那样，他围绕整一的行动来组织构筑【情节】，并以同样的方式作成《伊利亚特》。"（ Ὀδύσσειαν γὰρ ποιῶν οὐκ ἐποίησεν ἅπαντα ὅσα αὐτῷ συνέβη, οἷον

---

① Arist., Poet. V, 1449b16–20.
② Arist., Poet. XXIV, 1459b10; XXVI, 1462a16.
③ Arist., Poet. XXIV, 1459B7–16.
④ Arist., Poet. XXIII, 1459a18–24.
⑤ Arist., Poet. XXIII, 1459a25–1459b7. Cf. Poet. XVII, 1455b15–23.

πληγῆναι μὲν ἐν τῷ Παρνασσῷ, μανῆναι δὲ προσποιήσασθαι ἐν τῷ ἀγερμῷ, ὧν οὐδὲν θατέρου γενομένου ἀναγκαῖον ἦν ἢ εἰκὸς θάτερον γενέσθαι, ἀλλὰ περὶ μίαν πρᾶξιν οἵαν λέγομεν τὴν Ὀδύσσειαν συνέστησεν, ὁμοίως δὲ καὶ τὴν Ἰλιάδα.）①

　　必须重申：《伊利亚特》与《奥德赛》作为诗艺"作品"堪称典范，不仅是在诗艺开端意义上的典范，而且是在史诗诗艺创制中的典范。正是鉴于悲剧诗艺本质相诸性质划分成分的完满规定，才能判断荷马与荷马史诗在史诗诗艺中的出类拔萃：最好的史诗诗艺创制者／诗人，最好的史诗诗艺创制—呈现。亚里士多德始终不吝于从诗艺范畴规定的不同方面，反复称赞荷马之为创制者"诗人"的出类拔萃。② 严格说来，亚里士多德在合乎诗艺本身原则的意义上谈到"诗人"和史诗诗艺的创制时，心中所想、目中所见、文中所指，实质上只有特指的荷马及其史诗巨制《伊利亚特》和《奥德赛》。对于诗艺本身的兴起以及诸本质相的历史起源与发展而言，史诗诗艺甚至是没有"历史"的，荷马及其创制（不论是涉及悲剧诗艺还是涉及喜剧诗艺）本身就是这独一无二的起源和"开端本身"。此后在希腊世界"历史发展"中的史诗诗艺创制，如上所述，被亚里士多德视作"历史纪事"的而非真正"诗艺创制"的，实际上被排除掉了。③

---

① Arist., Poet. VIII, 1450a24–29.

② Cf. Arist., Poet. IV, 1448b34–37; VIII, 1451a22–24; XXIV, 1459b12–13, 1460a5.

③ Arist., Poet. XXIII, 1459a25–1459b7.
在第8章亚里士多德专门指出，即便围绕单一行动者的诸多行动事件也不能构筑为整一的行动。而后出的史诗（大部分失传，少量仅剩残片）却犯了这样的错误。（Cf. Arist., Poet. VIII, 1451A16–23.）实际上这与第23章相应。此处举例说其他史诗诗艺的诗人"创制"，只是将诸多事件凑合在一起，不仅芜杂繁复，而且没有必然的或者可然的联系，根本不能构成整一行动，构成整体性的情节，毋宁说是"历史纪事"，而非"诗艺创制"。
第23章这个位置，亚里士多德尤其提到从史诗中"析出"悲剧诗艺创制的"情节"问题。因为鉴于悲剧诗艺创制总是要落实在出身高门大族的出类拔萃的行动者，最好的行动实际上尤其应该具备传统所是的渊源，从中选取行动者及其特定行动创制悲剧诗艺的整一行动。但《伊利亚特》和《奥德赛》乃是出类拔萃的史诗诗艺创制—呈现，作为诗艺创制的典范，自身已然是合乎诗艺原则的结筑为情节的整一行动，因此并不构成诸多悲剧诗艺取材的来源，反而具备"历史纪事"特性的其他"史诗"，可以析出诸悲剧行动以供悲剧诗艺的创制—呈现。此外比较：Poet., XVIII, 1456a10–19.

最后，史诗诗艺鉴于悲剧诗艺的本质相而得到规定，这尤其关涉如真现相整体的就自身潜能而言的"实现作用"和所要实现的快乐目标。尤其是悲剧诗艺所具的与唱段相关的音乐和与表演呈现相关的可见之行动呈现的外观景象，特别有助于悲剧诗艺达到激发独有快乐的目标。^① 就此而言，悲剧诗艺不仅具备史诗诗艺的所有性质划分成分，而且鉴于其独有的成分而比史诗诗艺更能实现作用和引致快乐。进而言之，同样鉴于"最好"的悲剧诗艺的本质相，亚里士多德实质上将史诗诗艺创制—呈现所获得的快乐归属于悲剧诗艺创制—呈现所独有的快感。因此二者的比较、区分与衡论，并不着眼于分析快乐的性质，而是着眼如何就诗艺创制获得相应的快乐——这同样纳入诗艺本质相之中，作为特定规定性与其他规定性一起构成对悲剧诗艺本质现相的"这一个整体""如其所应是"的规定。

但正如悲剧诗艺本质相的"何所是"范畴规定，诗艺创制的实现作用及其所获得的独有快乐，只能是出于整一行动的构筑本身——所有其他成分都要被纳入情节整体的行动创制—呈现。由此二者比较高下的关键在于结筑为整一行动的情节的"长度"（μῆκος）；而情节的篇幅长度是诗艺创制—呈现的体量（μέγεθος）作为有机整体可通透洞观的具体实现，其度量在于能够一览全貌，始终将整体保留在观看的当下。^② 无疑如前文所述，悲剧情节的篇幅长度始终受到剧场中表演呈现时间的限制，因此悲剧诗艺创制—呈现相较于史诗诗艺，篇幅更为短小精干。这进而构成对结筑为情节整体的行动的限制：悲剧诗艺创制整一行动一以贯之，而史诗诗艺则包含了更多的穿插、更多附属性的行动事件，因而在篇幅上更为庞大芜

---

① Arist., Poet. XXVI, 1462a15–18: καὶ ἔτι οὐ μικρὸν μέρος τὴν μουσικήν［καὶ τὰς ὄψεις］, δι᾽ ἧς αἱ ἡδοναὶ συνίστανται ἐναργέστατα· εἶτα καὶ τὸ ἐναργὲς ἔχει καὶ ἐν τῇ ἀναγνώσει καὶ ἐπὶ τῶν ἔργων·

② Cf. Arist., Poet. VII, 1450b34–1451a6. 这里尤其涉及诗艺学的整体性原则，详论见本书第六章。

杂，表演呈现上更为自由，受到的限制更少。^①

因此就情节整体及其在呈现上的最终实现而言，悲剧诗艺能在较短的"长度"（μῆκος）达到如真现相的目的或者完满实现。集中的呈现比被时间冲淡的呈现更能引致快乐，有如希腊人宴饮中掺水调制美酒，较为纯净浓烈的酒要比被水冲淡的酒更容易让人产生醉意。若是将《俄狄浦斯》扩展为《伊利亚特》的规模，激发快感的能力就相对较弱而不能更好实现悲剧诗艺的作用。但如果将《伊利亚特》全部行动事件编制为一部悲剧，则会导致大量的"穿插"，而损害悲剧诗艺创制—呈现的情节在行动上的整一性。这是诸多行动事件"冲淡"了悲剧诗艺行动的有机整一性。^②考虑到从史诗中可以"析出"悲剧诗艺创制的行动，史诗诗艺总体上在行动整一性上不如悲剧诗艺严密和完美。^③

总之，悲剧诗艺"如果在所有这些方面都更出众，并且在技艺的作用效果上也更出色（因为【两种诗艺都】不应该是出于偶然快乐，而应该是上述的那种【自身特有的】快乐），那么悲剧诗艺显然比史诗诗艺创制优越，因为它可以比史诗诗艺在更高层级上实现【诗艺创制—呈现的】完满

---

① 如果将游吟诗人唱诵节选史诗段落也视作"表演呈现"，史诗诗艺也具备其在表演呈现时间上的限制。但亚里士多德对此几乎未置一词，他完全将之排除在外。这主要基于诗艺"何所如"范畴规定。因为史诗诗艺采用叙述的方式，在吟诵表演上行动事件的选择和时间起止的决定上都更为自由。悲剧诗艺与喜剧诗艺一样，采用"行动"呈现的方式，具体到赠答者的"对话"来展开，进而甚至实现为舞台上的表演呈现，因此行动事件的完整性呈现和时间上的限制都更为有力和突出。亚里士多德旨在辨别悲剧诗艺"如其所应是"的本质规定性与"如其所是"的现成形态的区分，但并不是无视"如其所是"作为附属性的东西始终具备的限制性。运思中的排除旨在通过区分的辨别达到思想的纯粹性：让"如其所应是"在当下如其所应是地呈现。

② Insb. cf. Arist., Poet. XVIII, 1456a10–19.

③ Arist., Poet. XXVI, 1462a18–1462b10: ἔτι τῷ ἐν ἐλάττονι μήκει τὸ τέλος τῆς μιμήσεως εἶναι（τὸ γὰρ ἀθροώτερον ἥδιον ἢ πολλῷ κεκραμένον τῷ χρόνῳ, λέγω δ᾽ οἷον εἴ τις τὸν Οἰδίπουν θείη τὸν Σοφοκλέους ἐν ἔπεσιν ὅσοις ἡ Ἰλιάς）. ἔτι ἥττον μία ἡ μίμησις ἡ τῶν ἐποποιῶν（σημεῖον δέ, ἐκ γὰρ ὁποιασοῦν μιμήσεως πλείους τραγῳδίαι γίνονται）, ὥστε ἐὰν μὲν ἕνα μῦθον ποιῶσιν, ἢ βραχέως δεικνύμενον μύουρον φαίνεσθαι, ἢ ἀκολουθοῦντα τῷ τοῦ μέτρου μήκει ὑδαρῆ· λέγω δὲ οἷον ἐὰν ἐκ πλειόνων πράξεων ᾖ συγκειμένη, ὥσπερ ἡ Ἰλιὰς ἔχει πολλὰ τοιαῦτα μέρη καὶ ἡ Ὀδύσσεια 〈ἃ〉 καὶ καθ᾽ ἑαυτὰ ἔχει μέγεθος. Dazu insb. Poet. XVII, 1455a34–1455b23, XXIII, 1459a30–1459b7.

目标"。（εἰ οὖν τούτοις τε διαφέρει πᾶσιν καὶ ἔτι τῷ τῆς τέχνης ἔργῳ（δεῖ γὰρ οὐ τὴν τυχοῦσαν ἡδονὴν ποιεῖν αὐτὰς ἀλλὰ τὴν εἰρημένην），φανερὸν ὅτι κρείττων ἂν εἴη μᾶλλον τοῦ τέλους τυγχάνουσα τῆς ἐποποιίας.）[①]但亚里士多德始终认为荷马所创制的史诗"作品"《伊利亚特》和《奥德赛》是卓越的。他动情地强调说："即便如此，这两部史诗作品是以可能有的最好方式来创制构筑的，而且是整一行动的在最高层级意义上的如真现相。"（καίτοι ταῦτα τὰ ποιήματα συνέστηκεν ὡς ἐνδέχεται ἄριστα καὶ ὅτι μάλιστα μιᾶς πράξεως μίμησις.）[②]当然正如前文所述，对于亚里士多德来说，《伊利亚特》和《奥德赛》从根本上超出了"史诗作品"的限定。

对于亚里士多德而言，悲剧诗艺与史诗诗艺都必须通过结筑为整一行动的情节来实现基于各自潜能的"作用"并实现引致快乐的目的。对此，在论述悲剧诗艺"何所是"范畴中最重要的性质划分成分"结筑为整一行动的情节"（μῦθος）时，上文第四章已有详尽的阐明。这里仍需强调的是：如果说悲剧诗艺创制—呈现的整一行动尤其鉴于恐惧与怜悯情感的激发这一中介而实现悲剧诗艺所独有的快乐，那么史诗诗艺创制要实现自身所具的快乐目的，则尤其强调创制—呈现的行动事件激起惊异之情这一中介。在合乎必然性或者可然性的诗艺原则的前提下，尤其是在与无逻各斯／非理之事（ἄλογον）的交涉中，悲剧诗艺创制—呈现的行动不仅要完整，而且要能够引发恐惧和怜悯，进而要能够引发惊异。[③]但"在悲剧诗艺诸现相中应该创制惊异【之事】，在史诗诗艺现相中则更能容纳不合理之事——不合理之事最能引致惊异——因为观赏者并不【直接】看见这行动【本身】。如果将追赶赫克托尔一事放在舞台上【表演】，就会显得滑稽可笑：希腊士兵站着不去追赶，阿喀琉斯则摇头示意【不要追赶】。在

---

① Arist., Poet. XXVI, 1462b12-15.
② Arist., Poet. XXVI, 1462b10-11. 就此，罗念生批评亚里士多德"有些为辩论而辩论"，这显然是由于未能领会亚里士多德基于不同层面、不同方面所做的判断而导致的偏颇。罗念生：《罗念生全集》卷一，第118页。
③ Arist., Poet. IX, 1452a1-10.

史诗诗艺现相中则不会被察觉，引起注意。令人惊异之事让人快乐；由此可见：所有人在叙述事情时都会夸张过度，其意在于让人喜悦"。①

亚里士多德的判断明确而斩截：悲剧诗艺高于史诗诗艺。这说的是：史诗诗艺鉴于悲剧诗艺本质相的范畴规定而得到规定。进而言之，亚里士多德诗艺哲学的目标不在于抽象地探究诗艺本身，而是要建立"最好"意义上的具体实现了的诗艺本质相，也就是最好的悲剧诗艺的本质相。诗艺学的本质之事即与悲剧诗艺本质所是的规定打交道，旨在将其创制—呈现的"如真现相"带向当下现身。就此而言，史诗诗艺与悲剧诗艺的区分，悲剧诗艺与喜剧诗艺的根本区分只有过渡的、消逝的意义。准确地说，史诗诗艺与喜剧诗艺实质上都只有过渡的消逝的意义。

但是就创制性的逻各斯科学的整个运思展开进程而言，"最好"悲剧诗艺的本质相并不是在其直接性中来领会和把握的，而是作为创制性的逻各斯技艺，鉴于逻各斯在自身与自身相区分—运动而带向当下呈现。就此而言，诗艺哲学首先从诗艺本身诸范畴规定的先行运思来开始，然后进展到具体实现的诗艺本质相的规定，但对这一规定的展开同时是自身奠定根据的进程，亦即诗艺原则沉浸在本质之事使得本质之事以如其所应是的方式得到规定，正是在此，最好的悲剧诗艺本质相才得以当下现身，得到通透的把握。就此而言，史诗诗艺与悲剧诗艺、悲剧诗艺与喜剧诗艺的区分是不可取消的，鉴于与之相涉的有朽之人的自身区分，这两层区分甚至对于有朽之人而言具有本质相关性，因此是创制性的诗艺哲学必须打交道和把握住的事情。

但令人惊异的是：史诗诗艺比悲剧诗艺更能容纳悖理之事，亦即更能容纳引起惊异之事。尤其令人惊异的是：人由于惊异觉出自己无知而

---

① Arist., Poet. XXIV, 1460a11–18: δεῖ μὲν οὖν ἐν ταῖς τραγῳδίαις ποιειν τὸ θαυμαστόν, μᾶλλον δ' ἐνδέχεται ἐν τῇ ἐποποιίᾳ τὸ ἄλογον, δι' ὃ συμβαίνει μάλιστα τὸ θαυμαστόν, διὰ τὸ μὴ ὁρᾶν εἰς τὸν πράττοντα· ἐπεὶ τὰ περὶ τὴν Ἕκτορος δίωξιν ἐπὶ σκηνῆς ὄντα γελοῖα ἂν φανείη, οἱ μὲν ἑστῶτες καὶ οὐ διώκοντες, ὁ δὲ ἀνανεύων, ἐν δὲ τοῖς ἔπεσιν λανθάνει. τὸ δὲ θαυμαστὸν ἡδύ· σημεῖον δέ, πάντες γὰρ προστιθέντες ἀπαγγέλλουσιν ὡς χαριζόμενοι. Dazu: ebd. Arist., Poet. XXIV, 1460a34–1460b1.

求知，而开始从事爱智慧的思想活动，甚至"爱神—话"（φιλόμυθος）的即"爱智慧"（φιλόσοφος）的，因为"神—话"源于惊异而得以构筑（ὁ γὰρ μῦθος σύγκειται ἐκ θαυμασίων）。[①] 对于希腊人而言，最令人惊异的莫过于荷马的"神—话"（μῦθος）。荷马与他的《伊利亚特》和《奥德赛》对于亚里士多德（包括他的老师柏拉图）是如此重要和独特，实质上在被划归于史诗诗艺的同时超出了诗艺哲学的范围。不论是柏拉图还是他的学生亚里士多德，"凝视"荷马的目光始终是双重的。为什么？

第三节　亚里士多德凝视荷马：哲学、诗艺与智慧

亚里士多德直截了当地将荷马及其史诗诗艺把握到诗艺学当中。第一，荷马及其史诗诗艺是作为具有开创性和典范性的诗人的创制者和作为如真现相的诗艺创制的真正起源和开端。第二，荷马的史诗诗艺尤其构成诗艺本身区分中具体实现了的"本质相"。第三，荷马史诗具备双重性：史诗诗艺的"本质相"（εἶδος）与诗艺的"作品"（ποίημα）。但这是极具特殊性甚至是独一无二的"诗歌作品"，因为作为诗艺所实现的开创性典范馈赠了诗艺本身，正是通过它诗艺才赢得了真正的开端。只有《伊利亚特》与《奥德赛》；当然不恰当地归于荷马的《马尔吉特斯》也是作为"诗歌作品"与荷马一道被提及和认肯的。对于亚里士多德而言，这是先行被给定的"例外"。

就悲剧诗艺而言，一般认为《诗艺学》是关于悲剧论的，因此都径直会将索福克勒斯作为典范，最好的悲剧作品自然都以《俄狄浦斯王》等作为典范。甚至紧随其后的喜剧诗人阿里斯托芬也曾要求，在欧里庇得斯、埃斯库罗斯与索福克勒斯三人中选择桂冠诗人，最后狄奥尼索斯将这一荣誉判给了埃斯库罗斯，但他因为要返回世间施行城邦教化，将此冥府的最高荣誉让给始终未出场的索福克勒斯，欧里庇得斯则尤其受到了批评和贬

[①]　Arist., Metaph., I.2, 982b11–21.

斥。① 亚里士多德列举了很多具体现成的戏剧诗歌作品，并且始终将"诗歌作品"保留在视线之内，即便如此，最好的悲剧诗艺与喜剧诗艺却都没有相应的、现成已有的对应性"作品"。最好悲剧诗艺的"如真现相"并非直接地就是最好的"悲剧诗作品"。

涉及史诗诗艺的"作品"，要问的毋宁是：为何荷马史诗能够摆脱具体现成"作品"的束缚，鉴于创制性逻各斯科学的规定性而构成诗艺本质相？简言之，亚里士多德"凝视"荷马的目光是双重的：第一，在《诗艺学》本身对荷马的聚焦中，这是诗艺哲学鉴于悲剧诗艺本质相的范畴规定而与之打交道的史诗诗艺的独一无二的本质相；第二，返回哲学整体本身来看待亚里士多德对荷马的聚焦，这是古希腊哲学在其完满形态中对划时代的智慧赠礼的"凝视"，亦即哲学对智慧的继承与规定。在何种意义上？

与哲学的兴起相应，诗艺也日渐兴旺发达。在哲学方面，尤其是所谓的智者运动极大推进了具有高度人工性的逻各斯"技艺"的发展。在诗艺方面，诗人、诗歌等侧重人工性技艺理解的概念不论在诗艺的语用上还是在特定的知的呈现形态上都成为希腊人自我理解，尤其是理解语言技艺之"创作"的关键。从人工性"技艺"制作来规定的"诗歌"甚至成为能够与哲学分庭抗礼的逻各斯技艺形态。这事实上为希腊人提出了这一哲学任务：如何在哲学中把握诗艺创制与诗艺作品？但要理解和把握住诗歌技艺，首先取决于作为逻各斯技艺的哲学更新其自我理解。哲学不能再停留为智者的逻各斯技艺游戏，而必须以真理为目标从新开始。自我更新了的哲学将诗艺纳入哲学的知，但其宗旨不是建立"诗歌的科学"，而是致力于诗艺本身的科学。不存在"作品"意义上的"诗歌"的"知"或者"科学"，甚至不存在"诗歌本质"的知或者科学。唯有诗艺本身的知或者科学是可能的；其实现在于诗艺本质相。

柏拉图正是从人工性技艺上规定诗歌的创制，进而将其作为不具备

---

① 阿里斯托芬喜剧诗《蛙》。中译可参见：《罗念生全集》卷四。

"知"、不能通达真理的逻各斯形态排除出去。与此相反，亚里士多德则是从人工性技艺上规定诗歌的创制，进而将关于创制性技艺本身的知或者科学纳入哲学的科学整体中来。但是具体所涉及的诗艺创制及其作品不是科学，也不能构成知。诗艺学当中始终映入眼帘的，唯有诗艺本身所是，最后是悲剧诗艺本质所是，这一诗艺本身所是要求如其所应是的完满实现。也只是在这一本身所是的"本质相"中，才有关于"最好"的悲剧诗艺的诸规定。就此我们看到亚里士多德是柏拉图的真正"继承者"：悲剧诗艺的"本质相"（εἶδος）自身——就此才能谈到悲剧诗艺的"最好"，谈到悲剧诗艺与喜剧诗艺的彻底区分，进而鉴于悲剧诗艺的规定而谈到史诗诗艺及其规定。

如果谈及史诗诗艺作为所呈现者的"诗歌作品"，那么不是为了"这一作品"本身的本质所是，而是始终在返回到被认作创制者/诗人的荷马与史诗诗艺创制之间的关系：作为诗艺本身实现了的具体相。这里尤其涉及的毋宁是史诗诗艺本身。没有对荷马"史诗作品"的"研究"，只有对史诗创制技艺本身的规定。正是基于此，可以明确说，诗艺学要与之打交道的"首要"和"第一"只是诗艺本身，进而是诗艺本身实现完满的具体的本质相，尤其是 "最好"悲剧诗艺的本质相的"首要"和"第一"——"结筑为整一行动的情节"（μῦθος）。这里根本不与诗歌作品打交道，不论是史诗、悲剧还是喜剧，抑或其他。就诗艺的具体实现了的本质相而言，我们有理由不用熟知的、即刻引起误解与混淆的史诗、悲剧和喜剧，而是采用史诗诗艺、悲剧诗艺和喜剧诗艺来表述。

尽管亚里士多德热情洋溢地赞美荷马及其史诗作为诗艺开端的典范性，但诗艺学实质上将史诗诗艺把握到悲剧诗艺的规定性之下。裂隙在何处？事实上有关《诗艺学》的研究基本只注重悲剧论，很少专门论及"荷马史诗"。《诗艺学》对荷马的哲学阐释只是附属性的，对荷马史诗的判断和规定没有独立的意义。因此一般研究看不到亚里士多德哲学诗学的荷马判断具有双重性：既敞开了"荷马史诗"的文学本质，又遮蔽了"荷马史诗"的智慧本然。重视亚里士多德哲学诗学整体视域的研究往往囿于人类学的窠臼，不可能承认哲学对缪斯智慧的判断所具有的思想意义。例如斯密特（Schmitt）从亚里士多德哲学整体把握出发，径直将其判断为人类学哲学，这一判断构成他阐释《诗艺学》的基本立足点。将荷马史诗"现成地"视为制作意义上的诗歌，其本来的地位和性质则更是被忽略、被掩盖了。

相应于亚里士多德凝视荷马的双重目光，我们看待亚里士多德与荷马的目光也应该是双重的。一方面，将诗艺学自身视作整体性的知，看亚里士多德在何种意义上将"荷马史诗"把握为史诗诗艺的本质相；另一方面，将亚里士多德哲学把握到整体中来，看其哲学作为爱智慧在何种意义上与"荷马史诗"打交道，亦即阐明希腊人的哲学如何在缪斯智慧的划时代赠礼中与智慧打交道，彰显"荷马史诗"的智慧形相。从我们今天的眼光看，这意味着致力于从古希腊哲学的"事实"维度来深化对希腊诗学的理论理解和对"荷马史诗"的本质认识：首先是探究古希腊人的自身理解在哲学与文学形态中的特定呈现，阐明哲学如何从自身原则出发规定"荷马史诗"之为诗艺的本质形相，揭橥希腊哲学思想视域中的文学观念，进而从整体上观照古希腊哲学与荷马史诗的关系，探究将荷马史诗把握为文艺形态的哲学为何能够掩盖其作为智慧的本质形相，而揭示这一在哲学建构中的遮蔽，旨在通过哲学的理性规定确认荷马史诗的缪斯智慧先行于哲学并唤起哲学的划时代地位。

在哲学中把握创制性逻各斯技艺的知，这要求以理性的方式对待理性，在纯粹思想整体之中与思想之事打交道，尤其从到亚里士多德为止的古希腊哲学的内在规定来考察"荷马史诗"。古希腊哲学诸理性形态鉴于逻各斯的理性关系而得到建构和呈现。对"荷马史诗"的每一次哲学判断都内在于逻各斯所建构的具备理性关系的整体。就哲学与"文学"或者"诗学"而言，哲学对"荷马史诗"的判断体现了希腊文学尤其是诗学观念的思想内核，这一内核不是诗学的，而是哲学的，准确说即创制性的诗艺哲学的。就哲学与智慧而言，诗艺哲学将"荷马史诗"把握为创制性逻各斯技艺的语言形态，遮蔽了"荷马史诗"的智慧本相。唯有从哲学整体出发观照"荷马史诗"，荷马的缪斯智慧先行于哲学的独立性与整体性才能赢得当下呈现。这里，"荷马史诗"既是在哲学中被认作"诗歌作品"的文学形态，尤其是得到理性规定的"密索思"（μῦθος）形态，也被把握为诗艺业已实现了的具体本质相，进而也是超出狭义文学观念、被把握为哲学的智慧理性形态，即逻各斯（λόγος）形态。这两方面都汇聚于古希腊哲学的思想中介，最终归结为逻各斯的理性形态。"密索思"（μῦθος）没有完整的思想形态，其透彻的理性把握只存在于亚里士多德诗艺学对逻各斯技艺的本质规定之中。在此，"密索思"（μῦθος）只是逻各斯（λόγος）创制—呈现的将行动担当于自身的逻各斯的推演—呈现的完满整体。

要将"荷马史诗"的双重性召唤到哲学之知的当下予以把握，首先不是停留为对荷马史诗的文本构造、世界背景和历史渊源的博学兴趣和驳杂研究，而是紧紧抓住古希腊哲学对"荷马史诗"的判断，抓住荷马从歌者（老师）到诗人的转换，抓住"荷马史诗"之为缪斯智慧的歌行到日常世界技艺制作之诗歌的诗行的转换，即从缪斯赠予优秀之人的"智慧"之知逐步转化为逻各斯制作意义上的"诗歌"的历史进程。这不是停留为人类学视野下生活世界的历史进程（historia），而是纯粹思想的历史。这里不是在接受史或经典化意义上将其纳入哲学观照，而是就哲学思想自身来展开的。这里也不是一般意义上的哲学与文学关系研究，而是纯粹思想形态的考察与展现，是深入哲学思想整体之中探究关于"荷马史诗"的哲学判断。归根到底这是对此做出判断：古希腊哲学与"荷马史诗"的本质性关系。亚里士多德在《诗艺学》中对荷马的哲学"凝视"具有穿针引线的意义，是整个关系得以铺开和聚拢的关键。"荷马史诗"不仅在《诗艺学》之内得到衡量，而且内在于古希腊哲学自身对作为"文学形态"的诗艺与诗歌进行规定的整个历史。

呈现为诗歌形态的"荷马史诗"最终在哲学中被规定为"如真现相"的创制性诗艺及其历史开端，以吊诡的方式在哲学之知当中赢得"安顿"。这凝结为亚里士多德诗艺学的判断："荷马史诗"构成悲剧诗艺与喜剧诗艺的历史开端并处于悲剧诗艺本质所是的规定之下。就此而言，诗艺学的"荷马史诗"判断还只是出发点和落脚点，是判断的开端和完满，必须返回柏拉图"哲学与诗歌纷争"的判断这一中介，进而返回到早期希腊开端性哲学对"荷马史诗"的判断，才能系统阐明哲学诗学对作为创制性诗艺的"荷马史诗"，敞开古希腊哲学对缪斯智慧的交互关系。这里交互关系指涉的是理性关系，也就是博德（Boeder）的理性关系建筑学的洞见：缪斯智慧先行于哲学，哲学的开端包括了排斥、替代与继承把握的三重开端，而继承把握的哲学在其结束的形态中，即在亚里士多德这里，乃是希腊哲学的完满的完成与实现。

早期开端性哲学思想根本不曾将"荷马史诗"当作特定的创制性技艺的"诗歌"来加以评判，而是基于哲学要从自身发现真理和把握住人的本质，批判荷马不再能担当教化希腊人的智慧之任（例如克塞诺芬尼和赫拉克利特）。这里哲学的开端并不意味着从"密索思"（μῦθος）转向"逻各斯"（λόγος）的进程，以及由此滋生的从神话"非理性"到哲学"理性"的阐释进路。哲学的判断已然说出其根据：荷马就是划时代的开端，经由荷马赠予有朽之人的智慧（作为实事）乃是神圣的赠礼，从荷马开始才赢得了希腊的一切教化的"历史"，但荷马本身没有"历史"，荷马所赠乃是不朽者缪斯女神"让之知"的完满当下的知。哲学的开端，与其说意味着进化意义上的理性进步，不如说智慧的危机唤起哲学的求知，亦即有朽者从自身出发去追求知。因为开端性哲学的判断首先说的是：智慧的赠礼及其尺度不再有效，亦即不再受到承认。正是鉴于对"荷马史诗"的这一否定性判断，先行于哲学的"荷马史诗"所呈现的智慧之知被纳入哲学求知所把握住的知。

柏拉图实际上确定了西方—欧洲后世对诗艺与诗歌的正统观念。"哲学与诗艺的纷争"涉及柏拉图哲学对悲剧诗艺的判断。荷马被视为最好的悲剧家，而"荷马史诗"被视作最好的"悲剧"，就此而言，对"荷马史诗"的判断在这一纷争中极为关键。所谓"柏拉图与荷马的纷争"则涉及对柏拉图哲学性质的判断。柏拉图的苏格拉底知道，哲学乃是有朽之人的智慧（ἀνθρωπίνη σοφία），而不是什么比这更大的智慧。比有朽之人的智慧更大的智慧，在荷马这里乃是不朽的女神缪斯"让之知"的智慧。但柏拉图的苏格拉底径直将荷马及其史诗纳入"哲学与诗艺的纷争"，置于创制性的逻各斯技艺的规定之中，作为远离"理念相"（εἶδος）之真理的模仿性的"如真现相"。

柏拉图的哲学使命决定了，哲学家必须要驱逐作为诗人的荷马，贬斥他的诗歌。这是因为，作为逻各斯技艺制作的"诗歌"是人工性的败落的诗歌，不仅不能通达真理进而规定有朽之人的本质所是，而且激发灵魂的激情和欲望，使之不是转向真理而是转向谬误。即便如此，柏拉图仍然知道自己在何种程度上受惠于荷马及其馈赠，他始终尊崇曾经具备规定人之为人的力量的"荷马史诗"。但这不是有朽之人创制性技艺的"诗歌"，而是源自不朽者缪斯女神的智慧之知。基于其哲学原则与使命，柏拉图否定作为逻各斯形态的诗歌的单纯技艺本质，却依旧肯定诗歌的神赋与迷狂——但不再承认缪斯，不再归结到缪斯的赠予。

同样基于其哲学原则与使命，"哲学家"苏格拉底最后仍需用逻各斯创制哲学的"神—话"（μῦθος）。在此"神—话"（μῦθος）不再是被否定的、在荷马那里的缪斯智慧的当下呈现形态，而是为真理及其根据赢得真实说服力的逻各斯创制的当下呈现。因为唤起柏拉图哲学使命的不再是智慧的危机，而是哲学的危机，更准确地说，是哲学之知的说服力危机。柏拉图的"哲学神话"与其说是致力于以逻各斯技艺论辩来说服，不如说致力于说服的当下呈现，亦即让原则赢得说服力的逻各斯现身于逻各斯技艺的创制—呈现的整体，让这一整体作为整体当下被观见，有朽者作为观者被裹挟于这·当下的留驻。以此，柏拉图哲学停留在这一可能性之知，自身却不能实现这样的知——这是亚里士多德哲学所自知的任务。

将创制性逻各斯技艺纳入哲学的科学之中，这意味着亚里士多德的哲学使命与柏拉图全然不同。但柏拉图始终是亚里士多德凝视荷马所必需的中介。因为对希腊人而言，"荷马史诗"的"神—话"（μῦθος），自古风时代以来便是被给定的、被赠予了的。荷马是希腊人的老师。哲学兴起之后，即便是与荷马的"争执"，也不能将其从希腊人的教化中完全排除出去。自哲学肇启其开端以来，哲学（爱智慧）与智慧的争执，不论是排斥、替代还是继承，"荷马史诗"都被把握到哲学的规定之内——首先作为否定性的判断。柏拉图要将荷马等诗人赶出城邦的指斥是最严厉的。柏拉图的苏格拉底，作为用逻各斯建造城邦的哲学家，其裁决使得哲学与诗艺的关系明朗起来：从人工性技艺上来规定诗歌的创制者／诗人，而不再是从不朽者的赠礼来理解"神—话"（μῦθος）的歌者，着眼于创制性技艺本身的范畴规定，而不是聚焦于不朽之神"让之知"的当下完满现相。

鉴于灵魂的区分，柏拉图将人工性诗艺创制的"如真现相"与灵魂的非理／无逻各斯部分（ἄλογον）对应起来，因此激发欲望和无节制激情的诗艺不能促进理性／逻各斯的部分发挥作用，阻碍灵魂朝上的转向并且引诱灵魂转而向下。因此作为人工性技艺的创制性逻各斯的"如真现相"不能达致真理之知。亚里士多德不再直接谈论"诗歌作品"，而是径直返回到诗艺本身。他将创制性技艺的逻各斯贯彻到底，将受苦行动激发的恐惧、怜悯乃至惊异等情感都纳入对悲剧诗艺本质相的范畴规定之中，最终在其当下完满现相的整体性中达到"净化"，赢得就创制性逻各斯自身创制—呈现而言的求知的快乐——在灵魂之中。与柏拉图在灵魂中为诗艺重新引入神赋与迷狂不同，亚里士多德不仅将人工性技艺的规定在如真现相中贯彻到底，而且从哲学上为之展开了彻底的根据奠基。

正是在与人工性创制技艺相关的意义上，亚里士多德能够大谈特谈"自然"，首先是有朽之人的自然，进而是诗艺本身的自然。但这里尤其注意与物理学中涉及的自然区分开来。在那里，自然恰好是相对技艺而言的，后者甚至是有助于自然之完成的。[1]有朽之人的自然尤其是得到区

---

① Arist., Phys. II.2, 194a21: ἡ τέχνη μιμεῖται τὴν φύσιν. 技艺效仿自然。绝不是所谓"模仿论"所理解的模仿／摹仿。技艺与自然也不是近代以来自然科学引中出来的决然对立。亚里士多德在《物理学》中采用技艺与自然的"类比"来论述自然存在者的自然（II.8,199a8–199b33）。这里自然与技艺的类比之所以可能，首先在于亚里士多德返回到质料先赋（ὕλη）与理念相／本质相（εἶδος）的区分，进而返回到"运动"的原因，尤其归结到"何所为"的目的因（τέλος）——但实现了目的的自然存在者才能实现其"自然"，这里自然乃是具体实现的完满。即便如此，物理学中的自然仍然不能与诗艺学中的技艺及其所涉及的自然相混淆，这是因为，后者对于有朽之人而言涉及能自主改变的事情（ἄλλος ἔχειν ἐνδεχόμεναι），而前者则涉及有朽之人不能自主改变的事情（οὐκ ἄλλος ἔχειν ἐνδεχόμεναι）——即便施加了人工性技艺的作用。

分的"完满"目的因（τέλος）意义上的自然，进而是就创制者本身而言的、与技艺相关之禀赋意义上的自然，最后是诗艺本身就其凝结为语言形态而言的禀赋意义上的自然，以及诗艺自身实现完满意义上的自然。这几个方面的"自然"皆得到突出强调因而受到赞誉，首要的就是亚里士多德钟爱的荷马及其史诗诗艺。[①] 在此，有朽之人的自然实现在诗艺本身的自然，亦即实现于诗艺本身的具体实现完满的"本质相"。亚里士多德深知：诗艺本身赢得自身之"自然"也就赢得了自身的完满，持守于这一完满的是其具体实现了的本质相"这一个整体"。[②]

　　这里"自然"是已经为逻各斯把握住的自然，因而诗艺的"如真现相"是自知的创制，作为人工性技艺的创制—呈现始终是就逻各斯自身相互区分的"推演—呈现"。创制者与观赏者"知道"就创制性技艺自身而言所要达到的完满实现。创制者不是在柏拉图所谓的"迷狂"之中展开创制，亦即并非不自知的，不是"无逻各斯"的。如果说到"不知"，这仅是对创制中其他技艺类型本身的"无知"，而不是就诗艺本身而言的"不知"。亚里士多德的诗艺学根本不曾论及灵感或者神赋。《诗艺学》唯一一次论及与诗艺创制相关的"迷狂"恰好是要否定和排除的："因此诗艺创制与其说是属于迷狂的【诗人】，不如说是属于卓越自然禀赋的【诗人】，因为前者是出离于自身的，而后者是善于塑造的。"（διὸ εὐφυοῦς ἡ ποιητική ἐστιν［μᾶλλον］ἢ μανικοῦ· τούτων γὰρ οἱ μὲν εὔπλαστοι οἱ δὲ

---

① Cf. Arist., Poet. VIII, 1451a22–24: ὁ δὲ Ὅμηρος ὥσπερ καὶ τὰ ἄλλα διαφέρει καὶ τοῦτ' ἔοικεν καλῶς ἰδεῖν, ἤτοι διὰ τέχνην ἢ διὰ φύσιν. 涉及"荷马史诗"的英雄格诗律（Poet. XXIV, 1459b31–1460a5），亚里士多德同样如此判断：ὥσπερ εἴπομεν αὐτὴ ἡ φύσις διδάσκει τὸ ἁρμόττον αὐτῇ αἱρεῖσθαι.（Poet. XXIV, 1460a4）

② Insb. cf. Arist., Poet. IV, 1449a14–15.

ἐκστατικοί ἐσιν. ） ①

正是鉴于自然的创制性逻各斯技艺的根据奠基敞开了亚里士多德"凝视"荷马所蕴含的新视线：亚里士多德哲学对"荷马史诗"之为创制性诗艺的本质相的把握与认定敞开了"荷马史诗"的另一个更为根本且至关重要的形相，让荷马的缪斯智慧就其自身而言映入眼帘。作为亚里士多德的创制性逻各斯科学，诗艺哲学确认：鉴于自然，即具有卓越禀赋的有朽之人的自然以及创制性技艺本身的自然，"荷马史诗"构成诗艺本身的开端和典范，构成具体实现了完满的诗艺本质相。就亚里士多德哲学整体所要承继和把握于当下的荷马的缪斯智慧自身而言，"荷马史诗"全然不是人工性技艺的逻各斯创制，而是不朽缪斯女神的赠礼，经由荷马这一目盲歌者的歌行而给予有朽之人的知。即便涉及技艺，也不是在有朽之人的自然的意义上来理解，而是同样来自不朽者的馈赠。这一结筑和呈现于歌行的知，当下具备自身实现完满的行动整体。这不是漫无边际的"历史纪事"，而是鉴于原则而实现完满的逻各斯整体。要达到并领会这一至为深刻的洞见，亚里士多德诗艺哲学对"荷马史诗"的判断，尤其是自身成事而实现于最好悲剧诗艺本质相的诗艺创制的整体性原则，乃是最恰如其分的具体中介。正是鉴于这一诗艺原则的中介，荷马的缪斯智慧能够就自身而言现身为知的形态，这一知的形态安顿于逻各斯整体的当下呈现。

但作为荷马的缪斯智慧的中介，亚里士多德诗艺哲学对"荷马史诗"的判断与规定，内在于亚里士多德的哲学整体，因而是处于消逝之中的中介。因为智慧的知超出哲学（爱智慧），也超出技艺创制的"诗"。必须

---

① Arist., Poet.XVII, 1455a32–34. [μᾶλλον]，语文学的争执尤其参见Tarán/Gutas, Pp.274–275, Pp.399–401. 古德曼（Gudeman），与卡塞尔（Kassel）版相一致，斯密特（Schmitt）持相反意见。这里采用塔兰（Tarán）版文字补入。参考陈中梅与罗念生相反的理解，见《亚里士多德·诗学》，第127–128页，《罗念生全集》卷一，第74页。
这里关于"自然"的理解，在首要的意义上仍然指涉诗艺的"原因"。比较博德（Boeder）："这一技艺并不是源于'神赋灵感'；它接受的即便不是神样的尊严，却也是自然的尊严，也即某种'本质所是'的尊严；这一'本质所是'与其说是人所造成的，毋宁说它自身规定了人，甚至使得人【于众生中】超群出众。"（Boeder, "Vom Begriff in der aristotelischen Poetik"（1982），Das Bauzeug der Geschichte, S. 264.）

明确：一说到诗，马上令人想起海德格尔的"诗与思"——在此意义上，"诗"只能达到思，不能达到知。[①] 但诗艺哲学将诗把握到知当中。亚里士多德诗艺哲学并不是以荷马史诗诗艺为其完满形态，而是以最好悲剧诗艺为诗艺本质相最本真和完满的形态。相应的，史诗诗艺只是鉴于悲剧诗艺本质相的规定而得到规定。在此，诗艺哲学的知作为创制性逻各斯科学，构成逻各斯科学整体性区分的关键环节。亚里士多德必须以逻各斯科学的"整体"来面向荷马的缪斯智慧，才能在哲学整体最高原则的意义上将荷马的缪斯智慧的划时代原则接引到哲学的建筑之中并予以合乎其尊严的安顿。亚里士多德从未忘记这一点。

　　总的说来，就今天我们的眼光来看，亚里士多德"凝视"荷马具有双重目光：一是将荷马及其史诗诗艺作为逻各斯的创制性技艺把握到创制性哲学中来，尤其构成诗艺的划时代开端，并且作为具体实现的本质相与悲剧诗艺和喜剧诗艺鼎足而三；一是在哲学整体的原则中回应和守护荷马的缪斯之知的划时代赠礼，"科学"的"逻各斯秩序体"构成作为有朽者的希腊之人的最高安顿。进而言之，对于我们来说，亚里士多德"凝视"荷马要说的是：将作为人工性创制的"诗艺"的"荷马史诗"把握为凝结于逻各斯—语言形态的"诗歌形相"，将作为智慧之知的逻各斯—语言形态的"荷马史诗"把握为人所安居的"智慧形相"。

　　就此而言，唯有立足于亚里士多德哲学及其诗学深入去看、去审视荷马史诗，进而拓展到早期开端性哲学，尤其是柏拉图哲学对荷马史诗的判断，将哲学与诗歌的关系收拢在这一"凝视"本身的展开之中，基于希腊爱智慧的思想视域彰显荷马史诗的"诗歌形相"。这最终成就荷马史诗的"智慧形相"，将她从诸多现成偏见中解放出来，使之获得透彻思想的中

---

① 博德（Boeder）："不宁可说是'诗性创制'之知的形态吗？作诗可以与思想同道；而知非其所作。至于诗艺创制的'诗性创制'（Poetische），在巴门尼德的时代之前，希腊人从未在名称上把它与缪斯的知分割开来。直到在歌作'格律'上达到高度人工性时——这里可提及品达（Pindar）——才谈得上诗歌的'构造'（Bau）。"【此处采用戴晖教授未发表的译文，个别字词略有改动。】Boeder, *Topologie der Metaphysik,* Aber, 1980, S.59.

介，屹立于希腊世界的划时代开端。这一开端对于把握希腊人达到自身理解的"哲学—爱智慧"至关重要。

伦勃朗曾绘有油画《亚里士多德凝视荷马头像》（1653年，藏大都会艺术博物馆）。如何通过亚里士多德之眼的"凝视"来洞见荷马的智慧？这问的是：如何通过作为古希腊划时代结束与完满的亚里士多德哲学，洞见并建筑荷马的缪斯智慧这一划时代开端的完满？亚里士多德要求哲学自身成为智慧，但不是不朽缪斯的智慧，而是有朽之人的智慧，也即在逻各斯科学当中把握住的智慧。有朽之人的智慧在科学中有其当下：作为事情的当下在逻各斯诸科学/知的大全（λόγος-κόσμος）中"现相"，进而作为尺度的当下在关乎神圣的逻各斯中"现相"。这是因为逻各斯首先乃是自身开辟思想的逻各斯，即通过逻各斯在自身和与自身的区分来馈赠作为根据和事情的逻各斯。正是在此一馈赠中，逻各斯展开并实现为具备整体性区分的科学之知；科学之知乃是逻各斯在其自身所开辟的整体之中的当下"现相"。这里哲学与智慧有着根本性的区分。把握住亚里士多德哲学的完满，紧接着要问的就是：如何把握与之相区别的智慧的完满？这不再是亚里士多德哲学的事情，这是理性关系建筑学所自知的任务。但这一把握却正好并且必须通过亚里士多德。在什么意义上？

不再是在荷马那里自身业已实现完满的智慧本身，而是通过这一缪斯智慧所馈赠的尺度和原则：宙斯的理性思量的决定。这一决定实现在大全的秩序之中，但自身并不外在于此一大全的秩序，毋宁是：沉潜于回忆并通过缪斯的馈赠、通过目盲歌者的完满歌唱，在业已实现了的大全秩序中当下现身。"神—话"（μῦθος）是这一逻各斯大全的如此这般的"现相"。亚里士多德在其展开科学或者知的大全中，在其逻各斯的"现相"中始终要求与缪斯之知遥相呼应：第一，无名的神圣努斯虽不是逻各斯，却是逻各斯大全之"现相"的尺度，这一尺度自身当下现身于这一逻各斯的"现相"；第二，神圣努斯的知（Theo-logik）作为被逻各斯把握住的知而"现相"，统领一切在区分中把握住的科学之知——作为逻各斯的"现相"。哲学，作为爱智慧，这是可朽之人的智慧。哲学不是直接或者以神秘甚至疯狂的方式抵达智慧，而是鉴于"自然"而在科学之知的大全中，在逻各斯的完满"现相"中安顿自身，以此而安顿于智慧。——亚里士多德正是在这一意义上来把握"爱智慧"（φιλοσοφία）与"爱神—话"（φιλόμυθος）。这关涉到哲学的开端。不是在别的意义上，而仅仅在此：一切万有，作为现成所予乃是无序与无知，这里惊异要唤起的乃是朝向万有的秩序大全的渴望或"爱欲"，是追根究底的求知。《形而上学》开篇就斩钉截铁地作此断言：人从其自然而来就上下求索着知。何种知？关乎一切万有的知，关乎一切万有的根据与端始：关注这第一根据或者原因，关注第一开端或者原理的科学。也即："如其所应是"完满的逻各斯"现相"。

亚里士多德在最彻底的意义上将"荷马史诗"把握为诗艺本身的本质相，因为他在最彻底的意义上将诗艺创制的"如真现相"把握到"结筑为整一行动的情节"（μῦθος）之中。结筑为整一行动的情节从根本上是被把握到逻各斯之中的整体，由逻各斯自身来发端与完成的整体。在亚里士多德这里，只有在悲剧诗艺的本质相得到完整而透彻的规定之后，荷马的史诗诗艺才赢得它作为诗艺本质相的位置，进而才具备与现成作品相关的"诗歌"的意义。悲剧诗艺本质相的范畴规定是诗艺学的根本事情。结筑为整一行动的情节则是悲剧诗艺的灵魂（《诗艺学》1450a38）。结筑为整一行动的情节是行动的如真呈现（μίμησις），展开为单一完满的整体。不能在逻各斯的"区分中"和"运动中"构筑整体者，不能成为如此这般的整体的部分。

究竟何种整体？悲剧诗艺本质相的μῦθος究竟是何种逻各斯的整体？有特定体量的透明的行动整体。特定体量是因为：要一览无余的透明。透明是因为：要开端、中间与结束整体性区分的当下——带着行动整体的必然性。由此诗艺本质相是在自身的本质所是（οὐσία）中得到把握：只是并且必须只应该是如此这般的整体。它是逻各斯自身通过自身并且在自身展开和实现的整体。逻各斯自身行动着：它朝向整体而区分。它正是可以并且必须加以透彻的洞见或者观赏的"这一个整体"：具备如此这般的开端、如此这般的中介、如此这般的完满。只有可朽之人灵魂中造作着的努斯可以洞见和观赏这样的逻各斯整体。它"看见"这一整体，这说的是：它以得到净化了的、纯粹的方式来"思想"这一整体，它以这样的贯穿所思的运思来造作（Tätigsein / ἐνέργεια），造作在如此这般区分着的整体并且安顿于这一整体的完满（ἐντελέχεια）。这一整体甚至作为世界生活的支配性方面具体地实现在希腊人那里：希腊人在剧院里"看见"它，在此"看见"中赢得悲剧诗艺所独具的愉悦。

第六章

⌁~~ **诗艺的完满（τέλος）：这一个整体（λόγος–κόσμος）** ~~⌁

第一节　鉴于第一哲学根据奠基的诗艺完满（τέλος）

I. 第一原则规定下诗艺哲学在逻各斯科学体系中的位置

亚里士多德深知，智慧是关于原因和本原（开端与原则）的科学之知。关于第一原因与第一原则的科学之知即神圣学（Theologik），即第一哲学（Erste Philosophie）。最高尚最神圣的知为神所有。但亚里士多德的"神"并无宙斯之名，而是归结为纯粹的努斯（νοῦς）。努斯作为亚里士多德哲学的最高原则现身于理论性的逻各斯科学的峰顶，并且作为第一哲学或者神圣学的本质之事而构成理论性科学的知——对于有朽之人而言是最好的、最高的知。但同时努斯乃是超出理论性的逻各斯科学的，作为原则不仅支配了理论性的逻各斯科学，而且是在被承认的意义上支配了逻各斯科学的"大全"（λόγος–κόσμος）。就此而言，亚里士多德不曾忘记，这是受惠于荷马划时代的开端性智慧的赠礼：οὐκ ἀγαθὸν πολυκοιρανίη· εἷς κοίρανος ἔστω（"岂善政而出于多门，宁一王以为治"）。[①]

努斯原则规定下的逻各斯科学的"大全"，却并非在通常理解中的《亚里士多德全集》（*Corpus Aristotelicum*）意义上的"全"，而是在造

---

① Arist., Metaph. 1076a4–5 = Hom. Il. ii.204. 文中所引为吴寿彭译文。Cf. Boeder, *Topologie der Metaphysik,* S.161–165.

成整体性区分的科学划分意义上的"大全"，亦即众所周知但几乎从来未被贯彻到底的逻各斯科学的三重划分：创制性的逻各斯科学、实践性的逻各斯科学与理论性的逻各斯科学。科学是逻各斯的科学。这是说：亚里士多德哲学始终只与逻各斯打交道，旨在逻各斯在自身中自相区分并为自身奠定根据的当下现相。这进而说的是：亚里士多德哲学只与为逻各斯把握住的本质所是（οὐσία κατὰ λόγον）或者"如其业已得到规定而是其所是"的逻各斯（ὁ λόγος ὁ τὸ τί ἦν εἶναι λέγων）打交道，而不是如通常所理解的建立在观察探究（ἱστορίη）基础上的经验或者现象。只是在此意义上，科学的划分乃是基于原则的整体性区分。诸逻各斯科学相互区分同时相互联结，构成逻各斯秩序体（λόγος-κόσμος）这一"大全"。

"亚里士多德的科学系统将诗艺学召唤到当前。就此已然显豁：在诗艺学中，亚里士多德专注致力于呈现的技艺，尤其是致力于创制性诗艺（Dichtung），不是以观察探究的和描述刻画的方式，而是以概念把握的和推演发展的方式。通过推演发展他达到了诗歌（ποίημα）自身中的概念（Begriff），亦即作为'最美好悲剧诗艺'的结筑为整一行动的情节（μῦθος）。"[①]这里"概念"尤其是在此意义上："如其业已得到规定而是其所是（ὁ λόγος ὁ τὸ τί ἦν εἶναι λέγων）"。[②]严格说来，诗艺学的运思把握、推演和发展的"概念"，已然从现成的质料先赋中抽身出来，是纯粹的、没有质料先赋的本质相（εἶδος ἄνευ ὕλης）。对这一诗艺本质相的规定自身就是创制性逻各斯技艺的创制—呈现：在逻各斯自身中通过逻各

---

① Boeder, "Vom Begriff in der aristotelischen Poetik"（1982）, in: *Das Bauzeug der Geschichte*, S.275. 此处博德（Boeder）尤其强调亚里士多德诗艺学对诗歌（ποίημα）的概念（Begriff），虽然主要涉及作品意义上的诗歌，但重心则是放在阐发和揭橥诗的"概念"，而这一概念落实在"诗艺"，因为这必须是"循乎逻辑的诗歌"（logisches ποίημα, ebd. S.260）。晚年则基本不再提及现成意义上的诗歌及其作品，而是直接从亚里士多德的"逻各斯"展开理性关系建筑学的运思（cf. insb. *Aristoteles und Homer*, Vorlesungen WS2000 / 2001, Manuskript, unveröffentlicht）。这里始终聚焦逻各斯自身来展开诗艺自身的诸范畴规定。就此而言，这里只是将蕴含文意之中的意思发挥出来，在理性关系中就逻各斯而展开对亚里士多德诗艺哲学的理性关系建筑学运思。

② Ebd. S.258.

斯自相区分而拢集到这一个逻各斯整体。

也就是说，亚里士多德的诗艺学是概念把握的，作为创制性逻各斯科学，只与逻各斯自身（亦即诗艺本身）打交道，更准确地说，只与创制性逻各斯技艺创制的"如真现相"的诸范畴规定打交道。进而亚里士多德的诗艺学是推演发展的，而不是静态的分析。就诗艺本身而言对"如真现相"三重规定的先行运思，旨在推进到诗艺本身具体实现了的本质相；就诗艺本质相而言基于本质所是的界定，展开对诸性质划分成分的规定，旨在根据诗艺整一性原则牢牢把握住诗艺学的本质之事的完满——作为"最好"悲剧诗艺的"这一个整体"。这是亚里士多德诗艺哲学的目标。因为亚里士多德哲学的使命即在于：让"最好"（ἀρίστη）当下现身为逻各斯把握住的知。

创制性逻各斯科学在亚里士多德哲学整体的"大全"中的关键性位置，迄今为止从未得到过承认，也从未得到认真的对待。亚里士多德哲学被理解为要么基于与经验世界的关联而无所不包，要么实质上只有实践性科学与理论性科学以及"其他"科学或者知。如果诗艺学单独被抽出来当作"美学"或者"文艺理论"，那么这并非因为诗艺哲学在科学整体中的区分性位置，而是因为始终着眼于审美实践与文学创作的"理论"考察，或者因为近代意识哲学所要求的"审美科学"规范和论题的历史关涉。诗艺的"哲学"被推远为背景，实际上也就是取消了"诗艺哲学"，从而不再是哲学。但创制性逻各斯的科学既不能完全从哲学整体中抽离出来独立门户，也不能径直归属于实践领域的科学，更不能任由理论性科学所吸收和消融。诗艺哲学始终具有在亚里士多德哲学整体的"大全"中鼎足而三的品级。

如果说修辞学始终直接受到政治学的限定，那么诗艺学则从实践性领域彻底分离出来。诗艺学具备自身的本质之事与完满的诗艺原则，不能将其与实践的政治学和伦理学相混淆，也不能任其回落到实际生活世界的实践领域，以至于沦为政治哲学尤其是政治学的附庸。①换言之，创制性逻各斯科学与实践性逻各斯科学有根本区别。具体到诗艺创制的本质之事的核心，即属于"何所是"范畴规定的行动，不再是直接性意义上的实践行动本身，而是由逻各斯—语言担当于自身的行动。这一行动具备自身要实现的完满：作为整一行动结筑为整体性的情节。换言之，诗艺创制—呈现的"如真现相"并不直接关涉实践方面的"事情"，亦即实践领域的行动本身，而是关涉这一事情的独特的知，亦即实践性行动本身不是作为直接的实践行动现身。这一事情的知自身成为诗艺学的本质之事，为逻各斯担当于自身而带向当下呈现。②

进而就诗艺创制的"何所为"目的因而言，观赏者对"如真现相"整一行动的"判断"虽然关涉自身的实践性行动本身，但并不直接回落为实践领域的政治学或者伦理学的行动判断。尤其涉及行动者及其"品性"的判断并不是单纯出于道德和伦理的判断。但这也并非意味着二者是毫无关联的，相反这里对行动者及其品性的判断始终具有"实践性"的因素，因而始终包含了对实践行动本身的关涉。但这一关涉是在区分意义上的关涉：对诗艺创制—呈现的行动的判断只能是基于高贵肃穆与卑劣滑俗这一区分的行动，而不是对在实践领域中已然属于城邦共同体中的"和我们相似的一般人"的行动判断。进而言之，尤其是根据悲剧诗艺本质相的规定性，行动判断只能指向高于"和我们相似的一般人"的行动者及其品性，具体而言即只能是出于高门贵族但道德品性上并不完美的人物——品性（ἦθος）所指涉的

---

① 需要注意的是，亚里士多德所谓实践行动的政治与伦理，也并非直接的、如其所是的生活世界的实际实践，毋宁说是按照如其所应是的、因而间接的实践，也就是卓越的行动。这是行动者自身要求的行动并且已然构成实践性逻各斯科学的本质之事。作为人之为人的行动只能是有德性的行动，或者说标识和辨别着德性之卓越的行动，也就是出于逻各斯自身的、基于逻各斯规定的行动。

② Cf. Boeder："但这事情如何被知呢？不是按照某个科学的方式、历史纪事的方式或者技术（Technik）的方式。诗艺创制的实事之知（Sachkenntnis）比科学的实事之知更具始源性，将某个'什么'带向呈现。这个'什么'仅只是看起来回落到实践性科学的领域。否则相对于其他诸科学，'技艺'（Kunst），尤其是诗艺将会只具有消逝的意义。"（Ebd. Boeder, "Vom Begriff in der aristotelischen Poetik"（1982）, in: *Das Bauzeug der Geschichte*, S.263.）

卓越德性（ἀρετή）仍然是古风时代的"英雄人物"意义上的一切方面的出类拔萃，而不是城邦共同体中"自由人"道德意义上的优秀。

鉴于对这整一行动如真现相的当下观见，这里发生的毋宁是"灵魂的裹挟"，亦即当下置入如真现相的整体，当下"看见"通透的整体，当下实现整体的洞见和知——创制—呈现的受苦行动及其激发的承受性情感（尤其是恐惧与怜悯）解放到这一整体的当卜把握。对于政治学中的实践性行动而言，尤其是对于在共同体中"创制"合乎人之完满本质所是的人的"教化"环节而言，这一"净化"具有至关重要的意义。但这不是诗艺哲学的任务，而是政治哲学的使命。换言之，诗艺创制鉴于"净化"的"实现作用"（ἔργον）并不直接等同于所谓的"社会作用"，后者归属于政治创制中的教化考量，[①] 而非诗艺创制中的技艺考量。正是通过创制性科学与实践性科学的彻底区分，亚里士多德从根本上排除了柏拉图的诗艺裁决，即诗艺激发欲望和激情，败坏了灵魂，进而败坏了城邦，因此越是杰出的诗人越是要从城邦中赶出去——荷马首当其冲。

而对最好悲剧诗艺创制的"如真现相"，"观赏者不是在科学的理论的意义上学习，尤其不是在伦理教导意义上的学习，而是在经验（Erfahrung）的意义上。这一经验是他除此以外所不能知道的：通过完成了的行动整体，进而言之是肃穆和完满的行动整体，这一经验实现完满，因为实现了规定"。[②]这里经验（Erfahrung）尤其涉及结筑为整一行动的情节（μῦθος），后者构成悲剧诗艺"如真现相"的"灵魂"——对于观赏者，这是灵魂裹挟的真正所在。在此，"判断"让创制性科学与理论性科学的区分映入眼帘："不论是承受性作用还是净化的作用，必须出于行动的'体系'，由此要求观赏者的'具有实践意义的'判断。观赏者暂时

---

① 《政治学》最后一章，亚里士多德将"净化"作用限定到伦理性音乐，就是着眼于政治技艺创制中的"教化"（παιδεῖα）意义，尤其是旨在养成政治的卓越德性（ἀρετὴ πολιτική）。

② Boeder, "Vom Begriff in der aristotelischen Poetik"（1982）, in: *Das Bauzeug der Geschichte*, S.274. 这里实现了的"规定"（Bestimmung）尤指悲剧诗艺创制的行动的整一性原则。

将他的实践行动（πρᾶξις）交付于对【创制—呈现之】行动（πρᾶξις）的观见（θεωρία）。这一行动的观见，是与出于惊异情感（πάθος）的神圣学的观见（θεωρία）相对而言的另一端极。"①

对创制性技艺整体的观看与对"存在者"的理论性观看具有根本区分。进而言之，最好悲剧诗艺创制—呈现的"如真现相"这一个整体的观赏（θεωρία）与第一哲学的亦即神圣学的关于"最好的是其所是者"的"洞见"（θεωρία）根本不同，即便在"观见""最好的""存在者之为存在者"的意义上相通。② 再进而言之：创制性诗艺哲学实质上只与没有质料先赋的本质所是（οὐσία ἄνευ ὕλης）打交道，因此这里悲剧诗艺创制的"这一个整体"毋宁是在其本质相的意义上得到"如其所应是"的规定，与此相应的从观赏者而来的"观见"乃是从悲剧诗艺本质相的"何所为"目的因方面的规定，从根本上归属于创制性逻各斯科学的本质之事。与之构成端极对立的不是在对自然显现的"存在者"（本质所是与质料先赋复合不可分离）的理论观见，而是对单纯为本质所是自身而没有质料先赋的神圣的本质所是这一个独一无二的"存在者"的沉思观见。但这最终不是有朽之人的本质之事，亚里士多德归之于为神所独有。这一沉思观见乃是"所思之思"或者"洞见之洞见"（νόησις νοήσεως），作为第一原因和第一原则，逻各斯的科

---

① Boeder, "Vom Begriff in der aristotelischen Poetik"（1982）, in: *Das Bauzeug der Geschichte*, S. 273. 按：这里有引号的"具有实践意义的"判断，恰好不是指实践领域的行动本身所涉及的判断，而是鉴于诗艺创制—呈现中的"行动"的判断。这一判断既关涉行动者的具有双重含义的行动，也关涉观赏者自身的实践领域方面的行动。只是不论行动者就其实践领域方面而言的行动，还是观赏者就其自身在实践领域方面而言的行动，都是经过诗艺创制的如真现相中介了的。因此这里行动的"判断"，与其说遵循实践判断的规定，不如说是鉴于诗艺原则而得到规定的。这从紧随其后的说明已然可见。

② Boeder: "在悲剧诗艺的创制—呈现中，亚里士多德看到一般而言的呈现技艺的完满形态，指明在第一义上是创制—呈现的故事的准则，这些准则让针对悲剧创制的品级的判断具备根据——不是抽象普遍的，而是在对最高品级的澄清中，亦即在对最好'悲剧诗艺'的阐明中。因为正如他也在关于存在者之为存在者的理论观见中，亦即在关于向来得到规定的"真是者"的理论观见中，通过阐明'最好的存在者'实现了道路的完满。在此基础上，第一科学将自身理解为'神圣的'科学。" Boeder, "Vom Begriff in der aristotelischen Poetik"（1982）, in: *Das Bauzeug der Geschichte*, S. 274.

学自知以承认和赞同的方式让其在第一哲学中当下现身。

显然悲剧诗艺创制的μῦθος是合乎诗艺原则的"建筑"。但诗艺哲学绝不是神话学（Mythologie），更不是神圣学（Theologik）。μῦθος不是"神—话"，而是作为悲剧诗艺创制的、结筑为整一行动的情节。诸神以及对诸神的承认与赞同，不仅在悲剧诗艺时间性历史的展开形态中，而且在其创制—呈现的本质相规定中，都失去了根基。亚里士多德在诗艺学中根本不曾谈及诸神与有朽之人的区分——这一区分不再对逻各斯担当于自身的有朽之人的行动具备规定性，因而不再具备说服力。在巴门尼德那里具备决定性意义的"命运—定数"（μοῖρα）和"正义—显现"（δίκη）原则在悲剧诗艺"如真现相"的情节行动（μῦθος）中消逝了，因为对作为法则及其显现的"正义"的洞见消逝了，"命运—定数"（μοῖρα）让位于气运（τύχη）。[①]

对μῦθος的沉思观见（θεωρία）也不是洞见之洞见（νόησις νοήσεως）。对诗艺创制"这一个"的沉思观见（θεωρία）与持守于自身的洞见之洞见（νόησις νοήσεως）不在一个品级上。如同创制性逻各斯科学处于第一哲学或者说神圣学的规定之下，诗艺哲学的诗艺原则也要归属于第一哲学的第一原则与第一原因的统领之下。"诗艺学包含于第一科学奠定根据的科学体系——更准确地说，诗艺学不是被纳入诸科学的体系，而是完全在科学体系之内造就的——不容许有两种不同的真理。"[②]

简言之："亚里士多德对科学的区分，让诗艺学与创制性的科学【引按：即修辞学和诗艺学】一道，并且让悲剧诗艺与诗艺学一道，步入诗艺学的自身本真之域，但这同时也唤作：步入诗艺学之知与政治科学【引按：据博德晚年对科学顺序的调整，应为伦理学】，最后是神圣科学在品级上的区分。另一方面，所涉及的区分则表明：每一科学皆拥有其他任何科学都无法实现的使命。相应的对于技艺本身而言也是如此：技艺不能为

① Cf. Boeder, "Vom Begriff in der aristotelischen Poetik" (1982), in: *Das Bauzeug der Geschichte*, S.274–275.

② Boeder, "Vom Begriff in der aristotelischen Poetik" (1982), in: *Das Bauzeug der Geschichte*, S.274.

任何科学所替代。没有任何科学可以像技艺一样发挥作用，尤其是像'最好悲剧诗艺'恰好产生震慄（Erschütterung）效果一样：直接可致的沉思观见（θεωρία）让这一震慄得到净化。这一作为人的知的形态的端极，与对于它而言是第一位的端极，亦即神圣学的沉思观见（θεωρία），一样必不可少。神圣学的沉思观见'看见'由神圣理性奠定根据的自然整体的可见秩序体（κόσμος）。"①

II. 创制性逻各斯技艺的整体与诗艺原则

鉴于亚里士多德哲学的整体原则和基于原则的三重科学区分，诗艺学的整个运思进程乃是创制性逻各斯科学的自身奠定根据的进程。具体到其运思步骤，首先诗艺学将"如真现相"的三重规定把握为诗艺本身的规定性范畴，这是作为先行运思从一般性的诗艺本身推进到具体实现了的诗艺本质相，甚至诗艺本身兴起、发展和完成的时间性历史也重演和深化了这一先行运思的实现进程。根据诗艺范畴，具体实现了的诗艺本质相一分为三，即史诗诗艺、悲剧诗艺和喜剧诗艺。但就"最好"的品级而言，唯有合乎悲剧诗艺自身本质所是的"本质相"才构成了诗艺学在究竟完满意义上的本质之事。诗艺学致力于阐明悲剧诗艺本质所是界定中的诸规定性，由此将如其所应是的、完满的"本质相"展开为当下实现，这是自身具备整体性区分的这一个逻各斯整体。诗艺原则始终当下在此。诗艺原则贯穿诗艺范畴从先行性的运思推进到本质之事的规定性区分。诗艺原则并非抽象和外在的，而是沉浸在本质之事的"一切"；只是鉴于这个"一切"，

---

① Boeder, "Vom Begriff in der aristotelischen Poetik"（1982）, in: *Das Bauzeug der Geschichte*, S.275. 这里科学体系的顺序如下：创制性科学（修辞学—诗艺学）；实践性科学（伦理学—政治学）；理论性科学（自然学—神圣学）。每一在后的科学，即诗艺学、政治学和神圣学是本真的科学，而先行的修辞学、伦理学和自然学则是限定性的附属科学。（ebd. S.260）晚年博德（Boeder）调整了政治学与伦理学的顺序。（*Homer und Aristoteles*, WS2000 / 2001）本文遵循后来的调整，但也在这一节特别对早年的洞见不避烦琐地加以引述。引文中所涉及的构成与诗艺学的知相区分的政治学，也相应地要调整为伦理学。

诗艺学原则才能变得透明。

　　诗艺学本质之事的"一切"收拢于悲剧诗艺本质所是的"概念"。悲剧诗艺本质相实即本质所是"概念"的通透展开。诸逻各斯规定即这个"一切"，并非漫无止境不知所归，而是拢集到本质相"这一个整体"。就此而言，这一个逻各斯整体乃是具有完满规定的因而是具体实现了的诗艺学"概念"。这一"概念不仅对于亚里士多德的【思想】行动而言是本来所具的，而且对于诗艺学的事情而言也是本自具有的，尤其是对于悲剧诗艺的μῦθος而言是本自具有的。μῦθος即诸实事的唯一推论联结（Schluss）——但不是逻辑式三段论或者修辞式推论，而是得到刻画呈现的【行动】体系的推论联结，以及结筑μῦθος的建构进程的推论联结"①。换言之，这一"概念"只关涉将行动担当于自身的逻各斯自身的推演—呈现，关涉结筑为整一行动的情节（μῦθος）的当下实现。在此，作为悲剧诗艺本质之事的μῦθος自身就是悲剧诗艺本身的完满和目标。诗艺学的原则即具体实现了的、凝结于这一具体实现了的悲剧诗艺本质相的诗艺原则。

　　这是亚里士多德诗艺学的巅峰：诗艺学的原则即诗艺原则。诗艺原则亦即事情本身，实现在事情之中，而事情之为如此这般的事情，也只能是基于诗艺原则规定的展开和呈现。诗艺学是创制性的逻各斯科学的本真的知。创制性逻各斯科学在根本上即诗艺学。这是说，创制性的逻各斯沉浸于技艺创制这一事情，而且将作为技艺的逻各斯创制升扬到逻各斯自身的知，正是鉴于与技艺创制的如真呈现这一根本关涉，创制性的逻各斯自身成事，亦即作为如此之逻各斯而成为逻各斯科学。逻各斯科学的本质之事，即与创制性的逻各斯技艺本身打交道，进而是在其实现了的意义上与悲剧诗艺的本质相打交道。但诗艺原则如何以及在何种意义上现身于诗艺的本质之事？一方面，始终鉴于"最好"悲剧诗艺本质相这一本质之事，

────────────

① Boeder, "Vom Begriff in der aristotelischen Poetik"（1982）, in: *Das Bauzeug der Geschichte*, S.270.

在悲剧诗艺的首要和第一当中现身，构成悲剧诗艺创制—呈现得以成其为如其所应是的整一行动（μῦθος）的规定根据。另一方面，这一诗艺原则不仅对于最好悲剧诗艺本质相具有原则的规定性，而且鉴于"最好"悲剧诗艺本质相之为诗艺创制的最高品级而具备对"一切"诗艺创制的规定性。这里"一切"仅只是诗艺本身具体实现了的诸本质相：悲剧诗艺、史诗诗艺以及喜剧诗艺。

究竟是什么原则才能为诗艺如其所应是的创制—呈现的本质相奠定根据？简言之：这一个逻各斯整体的整一性原则。何种整一性？首要且第一的：逻各斯这一个整体应该是具备恰当"体量"（μέγεθος）的行动结筑之完满整一（ὅλος καὶ ἕν）。"但完满整体具备开端、中段和完成。开端自身并非鉴于必然性承继其他（ἄλλο），但紧随其后的是与之不同者（ἕτερον）根据自然而成其所是或者得以生成；完成则相反，自身紧随其他（ἄλλο）而成其所是，或者出于自然，或者根据必然，或者因为合乎大多数情形，但在此之后没有其他（ἄλλο）后续。中段则是自身紧随其他（ἄλλο），但在此之后是与之不同者（ἕτερον）。"（ὅλον δέ ἐστιν τὸ ἔχον ἀρχὴν καὶ μέσον καὶ τελευτή. ἀρχὴ δὲ ἐστιν ὃ αὐτὸ μὲν μὴ ἐξ ἀνάγκης μετ᾽ ἄλλο ἐστίν, μετ᾽ ἐκεῖνο δ᾽ ἕτερον πέφυκεν εἶναι ἢ γίνεσθαι· τελευτὴν δὲ τοὐναντίον ὃ αὐτὸ μὲν ματ᾽ ἄλλο πέφυκεν εἶναι ἢ ἐξ ἀνάγκης ἢ ὡς ἐπὶ τὸ πολύ, μετὰ δὲ τοῦτο ἄλλο οὐδέν· μέσον δὲ ὃ καὶ αὐτὸ μετ᾽ἄλλο καὶ μετ᾽ ἐκεῖνο ἕτερον.）[①] 开端、中段和完成，这是创制性逻各斯技艺本质相这一个整体的"一切"。悲剧诗艺创制—呈现的六个性质划分成分融汇于这个三分的"一切"，如此才能得到逻各斯的完满整体。然而这首先意味着从根本上对"杂多"的排除。在何种意义上？

第一，与开端相涉，开端是一个斩钉截铁的决断。一旦开始，便是决然的开始，指向结束与完成。不能再回溯，因为这会导向无尽回溯（regressus ad infinitum）；不能后无相续，因为鉴于完成才能确定自身为

---

① Arist., Poet. VII, 1450b26–31.

这必然如此的开端。第二，与中段相涉，中段是开端与完成相互联结的中介。没有牢固的连接，整体就不能建构起来。不论出于自然如此，抑或必然如此，抑或大概如此，凡是不能如此而接续开端并导向完成的杂多一概排除在外——这样的杂多甚至还不成其为情节中的行动。第三，与完成相涉，这是毅然的结束。只是基于中介的联结而与开端相呼应才必然止步于此；不能再向前发展，因为这导向无穷进展（progressus ad infinitum）。这一完成同时意味着完满，包含开端、中段与完成的整体，作为包含整体性区分的"这一个"当下现身。完满并不意味着好的结局，恰好是不好的结局，但这是逻各斯基于开端和中介要达致的结局。开端与中介都因为这一必然如此的结束而豁然贯通为一体：如其是这样的整体"这一个"，因为"如其所应是"，即按照诗艺原则而发展为这样的整体。这是创制性逻各斯技艺所实现的完满。

这一个逻各斯整体乃是开端、中段与完成相互区分同时推演联结的整体。这里"其他"（ἄλλο）与"与之不同者"（ἕτερον）的根本区分对于开端、中段与完成的区分和联结极为关键。诚如博德（Boeder）所言："与某些翻译者不同，亚里士多德严格对待'其他'（ἄλλο）和'与之不同者'（ἕτερον）的区分：在情节的展开进程中，对于'当前者'（Gegenwärtiges），先行者之事是'其他者'（Anderes），后续者（Nachfolgendes）则是与之不同者（Verschiedenes）。【结筑为整一行动的】情节的运动意义并非变化（Veränderung），而是区分（Unterscheidung）——依赖于造成区分的实事。正是因此，【结筑为整一行动的】情节不是事情的单纯连续的顺序，而是一个推演的运动；因此要顾及相互联结的必然性或者可然性；这一相互联结通过上述三个环节确证为推论联结（Schluss）。这一推论联结再次唤起注意：【结筑为整一行动的】情节的开端与完成不能是偶然随机的。正是在此，事情的创制性的联结构筑显示出理性（Vernunft）。"①

　　在何种意义上包含着开端、中段和完成这"一切"的这一个整体明澈而且通透？正如亚里士多德一再强调的那样，作为整体的这一个应该具有合适的"体量"（μέγεθος）。这意味着：第一，这一个整体具备界限，止于完满；第二，合适的"体量"与活生生的生命（ζῷον）相应，构成环节紧密关联，应该没有多余，是好的，是美的（καλῶς）；第三，过大或者过小都会丧失边际不可认识，即不可作为这一个整体来通透地加以观见；第四，至为关键的是，这是在一览无余的（εὐσύνοπτον）同时能够很好记住整体之"一切"的（εὐμνημόνευτον）。换言之，能记住的整体性观看，这就是说保留在记忆之中，是将整体的"一切"始终保留在洞见的"当下"，而观看者始终逗留于此一当下，清楚通透地"看见"每一行动的施行与实现，看见逻各斯的推演—呈现的每一环节。②——这甚至让人想起克塞诺芬尼的神：全视全知全闻。③就这一整体为逻各斯基于自身区分并在自身中作为整体来把握而言，如此通透的当下由努斯的"洞见"（νόησις）来规定：对此努斯（νοῦς）当下洞彻无余。

　　这一个整体在何种意义上是具体的"整一"（ἓν καὶ ὅλον）？这尤其指涉悲剧诗艺的"何所是"范畴。就结筑为整一行动的情节本身而言，并

---

① Boeder, "Vom Begriff in der aristotelischen Poetik"（1982）, in: *Das Bauzeug der Geschichte*, S.269.

② Arist., Poet. VII, 1450b34–1451a5. 亚里士多德这样说：ἔτι δ᾽ ἐπεὶ τὸ καλὸν καὶ ζῷον καὶ ἅπαν πρᾶγμα ὃ συνέστηκεν ἐκ τινῶν οὐ μόνον ταῦτα τεταγμένα δεῖ ἔχειν ἀλλὰ καὶ μέγεθος ὑπάρχειν μὴ τὸ τυχόν· τὸ γὰρ καλὸν ἐν μεγέθει καὶ τάξει ἐστίν, διὸ οὔτε πάμμικρον ἄν τι γένοιτο καλὸν ζῷον（συγχεῖται γὰρ ἡ θεωρία ἐγγὺς τοῦ ἀναισθήτου χρόνου γινομένη）οὔτε παμμέγεθες（οὐ γὰρ ἅμα ἡ θεωρία γίνεται ἀλλ᾽ οἴχεται τοῖς θεωροῦσι τὸ ἓν καὶ τὸ ὅλον ἐκ τῆς θεωρίας）οἷον εἰ μυρίων σταδίων εἴη ζῷον· ὥστε δεῖ καθάπερ ἐπὶ τῶν σωμάτων καὶ ἐπὶ τῶν ζῴων ἔχειν μὲν μέγεθος, τοῦτο δὲ εὐσύνοπτον εἶναι, οὕτω καὶ ἐπὶ τῶν μύθων ἔχειν μὲν μῆκος, τοῦτο δὲ εὐμνημόνευτον εἶναι.
Dazu: XXIII, 1459a17–20. Dazu Boeder, "Vom Begriff in der aristotelischen Poetik"（1982）, in: *Das Bauzeug der Geschichte*, S.269–270. 需要注意的是：涉及情节整体的长度（μῆκος）、体量（μέγεθος）是决定性的，而不是行动结筑涉及的所有行动事件的总体导致的篇幅，也不是与表演呈现相关的时间限制。

③ Xenophanes, DK. B.24: οὖλος ὁρᾷ, οὖλος δὲ νοεῖ, οὖλος δέ τ᾽ ἀκούει.

非在单个行动者意义上的整一，只能是行动的整一。诗艺创制的"如真现相"只是为了行动的结筑才将行动者纳入创制—呈现。"因此，和其他如真呈现的情形一样，一个'如真现相'只能是事关'一个'的呈现，结筑为整一行动的情节，既然是行动的如真现相，那么就必须是事关'一个【行动】'的如真现相，并且是这一个【行动】的整体的如真现相。对【行动之】事情的成分要这样来结筑构合，任意某个成分一旦挪动或者删除，整体就会变得异样并且松动瓦解。因为不论现身在此者或是不现身在此者，只要没有造成可见的显然差别，就不是整体的划分成分。"（χρὴ οὖν, καθάπερ καὶ ἐν ταῖς ἄλλαις μιμητικαῖς ἡ μία μίμησις ἑνός ἐστιν, οὕτω καὶ τὸν μῦθον, ἐπεὶ πράξεως μίμησίς ἐστι, μιᾶς τε εἶναι καὶ ταύτης ὅλης, καὶ τὰ μέρη συνεστάναι τῶν πραγμάτων οὕτως ὥστε μετατιθεμένου τινὸς μέρους ἢ ἀφαιρουμένου διαφέρεσθαι καὶ κινεῖσθαι τὸ ὅλον· ὃ γὰρ προσὸν ἢ μὴ προσὸν μηδὲν ποιεῖ ἐπίδηλον, οὐδὲν μόριον τοῦ ὅλου ἐστίν. ）①

　　这一个整体的整一性原则，并不仅仅是具备开端、中段与完成整体性区分的，进而具备通透"体量"的整一性，而且要具体落实到"如真现相"的何所是范畴规定上来，即落实到所呈现行动的整一性。这对于从根本上把握诗艺的原则与本质之事至关重要：诗艺学必须在本质之事当中彰显诗艺原则，也必须基于诗艺原则让本质之事成其为"如其所应是"的诗艺所独具的本质之事。换言之，将行动担当于自身的创制性逻各斯，实质上沉浸于行动之事并且自身成事，但这是因为诗艺的原则业已贯穿于诗艺学本质之事展开运动的整个进程。正是鉴于这一个整体的整一性原则具体实现的如其所应是的形态，必然性与可然性原则才特地被召唤到这一个整体的规定性之中。必然性与可然性并不仅仅一般性地体现在对开端、中段到完成这一首先鉴于区分而展开的推论联结的规定上，而且尤其要具体实现在整一行动之事的推演联结上。这一个整体乃是根据必然性或者可然性结筑构造的整一行动，但这马上要说的是：将行动之事担当于自身的逻各

---

① Arist., Poet. VIII, 1451a30–35.

斯以合乎逻各斯［理性关系］的方式将行动之事带向具备开端、中段和完成的整体性区分的这一个整体的当下现相。就此而言，创制性逻各斯科学的本质之事彻底与其他逻各斯科学的事情区分开来，逻各斯科学不仅各具本质之事，而且因此各具自身使命。

在此基础上，亚里士多德将诗艺学对于诗艺原则的运思推进到最后一个判断：诗艺创制（ποίησις）比历史纪事（ἱστορία）更哲学。他说："根据所述，显然诗人的事业不是阐述已经发生的现成事件，而是根据可然性或者必然性而可能发生的事情，亦即具备发生潜能的行动事件。史家与诗人不是因为用格律或者不用格律来阐述而区分开来（因为即便希罗多德的著作能够用格律加以改写，也不减其是具有格律或者不具格律的某种历史纪事），而是因此相互区别，即一者阐述已经发生的现成事件，一者阐述可能发生的事情。因此，诗艺创制比历史纪事更富于哲学的特性，更富于高贵肃穆的质地。因为诗艺创制呈现的毋宁是【整体意义上的】普遍之事，历史纪事描述按照个别而发生的事件。"（φανερὸν δὲ ἐκ τῶν εἰρημένων καὶ ὅτι οὐ τὸ τὰ γενόμενα λέγειν, τοῦτο ποιητοῦ ἔργον ἐστίν, ἀλλ᾽ οἷα γένοιτο καὶ τὰ δυνατὰ κατὰ τὸ εἰκὸς ἢ τὸ ἀναγκαῖον. ὁ γὰρ ἱστορικὸς καὶ ὁ ποιητὴς οὐ τῷ ἢ ἔμμετρα λέγειν ἢ ἄμετρα διαφέρουσιν（εἴη γὰρ ἂν τὰ Ἡροδότου εἰς μέτρα τεθῆναι καὶ οὐδὲν ἧττον ἂ εἴη ἱστορία τις μετὰ μέτρου ἢ ἄνευ μέτρων）· ἀλλὰ τούτῳ διαφέρει, τῷ τὸν μὲν τὰ γενόμενα λέγειν, τὸν δὲ οἷα ἂν γένοιτο. διὸ καὶ φιλοσοφώτερον καὶ σπουδαιότερον ποίησις ἱστορίας ἐστίν· ἡ μὲν γὰρ ποίησις μᾶλλον τὰ καθόλου, ἡ δ᾽ ἱστορία τὰ καθ᾽ ἕκαστον λέγει.）①

正是贯穿事情本身的必然性与可然性原则将诗艺的创制与历史的纪事彻底区分开来。当然历史纪事同样被特别地认作逻各斯。但根据诗艺原则的必然性和可然性的规定，历史纪事必须特别地排除在创制性逻各斯技艺之外。首先，历史纪事，例如希罗多德的历史，不能达致合乎逻各斯技

---

① Arist., Poet. IX, 1451a36–1451b6.

艺创制的整体，并且始终将人的行动作为对显现之"一切"的个别来加以观察探究（ἱστορία）——它不能达到原则，不能在逻各斯的自身展现中达到自身根据的奠定，使原则在此呈现中当下得到确定，并且规定所涉及事情的、逻各斯如此这般的呈现。其次，历史纪事所关涉的是已经发生的事情，更准确地说是现成事件。已经发生的事件得到如其所是的描述和记叙，即便能够归结到某种源头，但不能达到根据。这里的逻各斯不能够创制具备开端、中段和完成整体性区分的这一个整体。诗艺创制所关涉的是可能发生的事情，这里可能并非单纯在时间性的未来可能发生的意义上来理解，相反，这是在逻各斯技艺的创制中根据原则的规定而作为可能的事情来展开和呈现。就其为逻各斯所担当的事情而言，这恰好是业已发生的事情，并且为人所熟知，即作为已知的事情，恰好在这个意义上，已经发生的事情并不就"如其所是"来展开和呈现，而是就像其作为所知，业已"如其所应是"地得到规定，并且据此而在逻各斯的呈现中作为可能的来出现——考虑到逻各斯技艺所要创制的包含开端、中段和完成的这一个整体，这一按照可能逻辑所作的呈现却必须遵循合乎逻各斯的必然和可然规定。[①]

　　诗艺创制与历史纪事的区分归根到底旨在彰显创制性逻各斯科学在何种意义上鉴于逻各斯的自相区分而实现自身根据奠基。根据在逻各斯自相区分的进程整体中贯彻到底；逻各斯自相区分则在如其所应是的运动进程中将根据带向当下现身。这里逻各斯并不是一般意义上的逻各斯，而是将行动之事担当于自身的逻各斯—语言自身。这不仅具体落实在诗艺学的本质之事，而且实现在本质之事的首要和第一，亦即"最好"悲剧诗艺的结筑为整一行动的情节（μῦθος）。就诗艺"何所在"范畴而言，格律不能构成决定性的区分标识，只有将节奏与韵律和谐拢集到自身的逻各斯才

---

① 显然诗艺创制比历史纪事更哲学的判断以诗学原则为基础。"荷马史诗"没有作为历史纪事（ἱστορίη）的可能性，相反创制性逻各斯科学能够将其纳入诗艺创制（ποίησις）却具有原则上的根据——作为诗艺本身具体实现了的本质相，甚至构成诗艺本身的决定性开端。

构成具有决定性的区分根据——这不仅对于逻各斯技艺作为诗艺创制与其他逻各斯技艺的区分有效，而且对于诗人之为诗艺的创制者的认定同样有效。[①]诗艺创制—呈现所关涉的整体性之"普遍"，并非行动事件本身的普遍，甚至与独一的行动者也无关。对这一行动者的"命名"，尤其是沿袭传统现成的历史名称无损于这一"普遍性"。

这里普遍性之事的创制—呈现，毋宁是将行动之事担当于自身的逻各斯根据必然性或者可能性，将行动者的言行作为行动之事置于整体的构筑与整体在构筑中的当下实现。[②]换言之，这里"普遍"实质上是造就整体意义上的普遍，亦即行动事件之间能够既相互区分又相互联结以实现为整体的普遍。就此而言，普遍具体化身于构筑整体的整一行动的内在联结规定性，亦即必然性或可然性的原则。这是逻各斯自身的原则。因此诗艺学的本质之事不唯不能是现成的个别事件，而且也不能是个别事件的任意关联，而只能是结筑为整体性情节的整一行动，只能是根据诗艺原则规定创制—呈现的行动整体（μῦθος）。究竟是何种实现了的这一个行动整体？我们已经在"最好"悲剧诗艺本质相的规定性中看见了它：出身高门贵族的行动者犯下错误，从顺达之境转入败逆之境，其中尤其交织着从不知向知的转折。这一"如其所应是"的行动不仅可能或者必然发生—生成造就行动的整一和完满，而且作为受苦的行动必须激发恐惧、怜悯乃至惊异等承受性情感，在观赏者这里造成"净化"以达致使"知"的实现活动臻于完满的快乐。

创制性逻各斯技艺按照必然性或者可然性创制—呈现包含开端、中段和完成于自身的整体"这一个"。如果说必然性尤其贯穿于这一个整体的开端、中段与完成的区分和联结，那么具体到每一次逻各斯创制—呈现所担当的行动之事，这个整一行动却始终作为可能的行动来联结，

---

① Cf. Arist., Poet. IX, 1451b11–32; I, 1447a16–1447b24.

② Arist., Poet. IX, 1451b8–11: ἔστιν δὲ καθόλου μέν, τῷ ποίῳ τὰ ποῖα ἄττα συμβαίνει λέγειν ἢ πράττειν κατὰ τὸ εἰκὸς ἢ τὸ ἀναγκαῖον, οὗ στοχάζεται ἡ ποίησις ὀνόματα ἐπιτιθεμένη· τὸ δὲ καθ' ἕκαστον, τί Ἀλκιβιάδης ἔπραξεν ἢ τί ἔπαθεν.

以便一旦实现完成，就可以让整体"这一个"当下现身。具体到悲剧诗艺的创制—呈现的结筑为整一行动情节："不是描述和解释实际现成者（Wirkliches），不是把捉领会自然整体中的必然者（Notwendiges），而是在行动整体中的可能者（Mögliches），才构成诗艺创制的事情，在最高意义上即悲剧性情节之创制的事情。在情节整体中的行动者的卓越高贵并不扬弃行动所具的人的可能性。但只有当这一情节事实上包含了可能发生的事情的时候，情节才能与已经发生的事情相结合。"[①]何种意义上的可能性？尤其关涉行动的有朽之人。行动是有朽之人的行动，并且只是鉴于诗艺的可然性原则，诗艺创制—呈现的行动才能关涉现成的已经发生了的行动事件本身，并将其纳入诗艺创制之中，成为构筑整一行动的行动环节。

　　这里逻各斯担当起有朽之人的行动并加以如真呈现。就其始终关涉实践性的行动本身而言，诗艺创制—呈现的人的行动每一次都必然带着预期与抉择（προαίρεσις），行动者的品性（ἦθος）同样伴随着行动的终始。就其已然是逻各斯担当于自身的卓越行动而言，只有合乎逻各斯、受逻各斯规定了的行动才是具备德性的卓越行动（ἀρετή），因而是可以合乎逻各斯而加以预测和发展的，否则毋宁是无逻各斯的或者非理的（ἄλογον）；合乎逻各斯，卓越的行动才可以作为卓越行动而继续展开。行动始终鉴于无逻各斯者而展开为具备激烈冲突的情节，最终要从顺达之境导向败逆之境。观赏者明知这样的合乎逻各斯（λόγος）的行动因此是"如其所应是"；行动者则尤其受限于那搅动行动者的无逻各斯者（ἄλογον），由特定的"不知"导向"如其所不应是"的如此这般的行动。无逻各斯（ἄλογον）甚至是在与习常意见相悖（παρὰ τὴν δόξαν）的意义上，即违背观赏者就其习常所知所见而言合乎逻各斯的期待。但就诗艺原则而言，这一无逻各斯者（ἄλογον）在行动的整体关联上合乎逻各

---

① Boeder, "Vom Begriff in der aristotelischen Poetik"（1982）, in: *Das Bauzeug der Geschichte*, S.270.

斯。由此行动者推进他的行动，亦即造就情节的发展，最终在冲突的高潮中要达到发现和醒悟："如其所不是"，因为"如其所不应是"。这是真正合乎逻各斯的行动整一性。但行动不可逆，行动者必须为此承担行动的后果，即便是死亡。死亡并非仅仅是悲惨、无望或者绝望——悲剧诗艺的创制—呈现的行动与其说是悲惨，不如说是肃穆——不，这是成全，成全行动本质所要求于人之为人的行动的卓越德性，它就当下实现在包含着行动结果的完整行动本身当中。在此，人之为人"如其所应是"的规定乃得以真正彰显，当下如此呈现于这一逻各斯创制的行动整体。观众则当下看见这一逻各斯整体的完满的"如真现相"。

第二节　从量范畴把握诗艺整体的原则

I. 诗艺的必然性或可然性：杂多行动的排除

创制诗艺整体意味着必须排除杂多，否则整体的构筑是不可能的。正是必然性与可然性使行动的整一性原则变得纯粹通透：剔除杂质，只有造成整体性区分的"一切"实现为这一个整体。这一诗艺原则并不只是作为抽象的原则，而是沉浸于诗艺学的整个运思进程，贯穿在诗艺学的整个本质之事。正是基于这一诗艺原则，亚里士多德能够在诗艺哲学展开的每一个步骤，在思及杂多的同时彻底排除杂多，使思想及其事情臻于纯粹和完满。鉴于"如其所应是"排除"如其所不应是"，由此排除"如其所不是"，让"如其所是"以其应然来现身，不是因为别的，只是因为"如其所应是"。因此这一排除并非任意的排除，而是有根据的合乎理性规定的排除，具体而言即鉴于诗艺范畴规定性排除杂多。

第一个步骤的排除集中在诗艺创制"如真现相"的三重规定："何所在""何所是"与"何所如"。这是对诗艺本身的先行运思，首先排除对一切其他非逻各斯—语言的技艺，排除节奏、韵律和谐与逻各斯相互割裂而非融合一体的逻各斯—语言技艺，进而排除一切其他不是创制—呈现高贵肃穆或者卑劣滑俗的行动及其行动者的逻各斯—语言技艺，最后排除一切不是通过叙述或者演述来创制呈现的逻各斯—语言技艺。由此，创制性逻各斯技艺赢得诗艺本身的纯粹形态，即具体实现完满的创制性诗艺的本质相：悲剧诗艺、史诗诗艺和喜剧诗艺。

就诗艺本身在时间历史方面最终实现的诗艺本质相而言，诗艺本质相尤其是悲剧诗艺本质相在其时间历史上的实现进程同样纳入诗艺范畴的规定性中："何所如"意味着排除了杂多的"赠答者"而完满于"三"；"何所在"意味着排除日常语言杂多的随机性和离散性，但"赠答—对话"以近乎日常语言的方式推演—运动实现整体的完满；"何所是"意味着重返本质相的现相，即逻各斯—语言担当于自身的行动。诗艺本质相的"历史发展"止步于自身的自然（φύσις），持守于自身的纯粹完满（τέλος）。

第二个步骤的排除集中在诗艺本质之事合乎本质所是的界定。在本质之事中就诸性质划分成分而言，排除其他不能构筑为整体不可或缺之部分的，只保留结筑行动整体，尤其是构筑最好悲剧诗艺本质相的诸规定。因此这里本质之事已然具体到悲剧诗艺本质相的诸规定的展开："何所是"范畴的排除尤其涉及行动本身，即排除不能构筑整一行动、不能激起恐惧与怜悯、进而不是至亲之间相互杀戮的行动事件，由此排除单纯从道德方面规定和判断的行动者；"何所如"范畴尤其关涉舞台表演呈现，但同时将其排除在创制性诗艺本身之外；"何所在"则将诸多语言本身的要素和运用排除在外。

最后一个步骤是排除不可能的或者无逻各斯的行动事件。这里是基于诗艺原则的排除。原则尤其显现为必然性与可然性的逻各斯规定。这一规定首先涉及行动之事本身的区分与联结，进而涉及将行动之事担当于自身的逻各斯区分与联结。诗艺的可然与必然原则并不外在于本质之事，而是贯穿于本质之事的整体实现。因此，诗艺原则的规定性实质上已然在第二个步骤中现身，并且具体落实在本质之事基于原则规定的诸种排除与纯净化。即便如此，基于诗艺原则的排除仍需要特别强调，因为原则的规定不仅不会消逝于本质之事，相反，随着本质之事按照"如其所应是"实现完满，原则便从中踊跃而出并由此判定：本质之事自身的发端以至于实现的整个进程同时就是为自身奠定根据的进程，正是鉴于这一根据，本质之事得以升扬于逻各斯，构成创制性逻各斯科学的本质之事。

II. 诗艺整体的"一切"：开端、中段和完成

杂多的排除是思想的否定性运思，但否定并不是否定的目的。否定旨在让整体的"一切"显现出来，由此让整体变得通透。这里构成整体的一切乃是合乎整体原则的一切，因而是得到规定的一切。换言之，这是哲学的"一切"。这就是说，亚里士多德诗艺哲学并不与在观察探究中（ἱστορία）先行被给定的显现者打交道，亦即不与现成给定的诸"诗歌作品"打交道，后者毋宁正是首先要排除在外的无限杂多，根本不进入诗艺哲学的运思。诗艺哲学运思中的一切已然是诗艺本身诸范畴规定中的一切。不是别的，只是诗艺原则才开启了诗艺哲学运思的开端：径直从诗艺本身的范畴规定来开始。

诗艺哲学的先行运思如何赢得事关诗艺本身的"一切"？诗艺范畴规定的运思在每一个步骤上排除杂多。单个范畴并不能让一切显现。唯有诗艺的三重范畴"何所在""何所是"以及"何所如"都拢集到"如真现相"的整体性之中，这里诗艺的"一切"才能在其实现的形态中现身，亦即只是相互彻底区分的、诗艺本身具体实现的本质相：悲剧诗艺、史诗诗艺和喜剧诗艺。唯有本质相才是诗艺哲学的本质之事，才能构成基于范畴规定的诗艺本身的一切。

对诗艺本质之事的规定聚焦于悲剧诗艺的本质相。悲剧诗艺本质相的"一切"，尤其体现为性质上的成分划分。性质上的成分划分不是任意和无规定的，而是归属于诗艺范畴"何所是""何所如"与"何所在"的三重区分。不具备规定性的无限杂多已然先行排除在外。根据贯穿本质之事的诗艺原则，每一性质划分成分的可能的任意杂多同样要排除出去，以使得每一性质划分成分变得纯粹，只服务于最好悲剧诗艺本质相的整体结

筑。这与在数量上的划分极为不同，后者是每一成分都直接可见的划分，与"诗歌作品"的关涉相当紧密，尽管在诗艺学中仍然是为了整体的规定性，而不是为了描述分析作品及其结构。性质上的划分则完全与现成诗歌作品相分离，毋宁是基于悲剧诗艺"本质所是"而"析出"的对本质相的整体之一切的规定性。每一划分成分都不可直接和在分离中单独被看见，而是都拢集到悲剧诗艺的本质相，构成本质相规定性的一切。

悲剧诗艺本质相的一切始终是在关涉观赏者意义上的"一切"。观赏者看见一切在创制—呈现中当下实现为整一行动的"如真现相"这一个整体。将行动之事担当于自身的逻各斯自身开辟开端，穿越中介，实现完满。"一切"凝结为开端、中段以及完成的整体性区分。但这一整体性区分并不仅仅停留为非抽象的原则，而是实现在逻各斯担当于自身的本质之事，亦即必须返回到本质之事性质划分上的一切——甚至是在合乎秩序并精确到相互联结的每一环节的一切。这一个"一切"行动之事的逻各斯推演—呈现，结筑为特定体量的通透整体，由此一切皆于当下见、当下知：这一个逻各斯整体的一切的当下（Gegenwart）。

III. 诗艺整体：这一个λόγος-κόσμος

唯有整体（ὅλον）才能成其为诗艺哲学的本质之事。但只有归结为"一"（ἕν），整体（ὅλον）才能确立。但诗艺学的这一个整体不是纯粹自身同一的单纯整体（νόησις νοήσεως），而是始终包容构筑了整体的"一切"的"这一个"，具备开端、中介和完成的整体性区分。要将"一切"创制为这一个整体，整一性（ἕν καὶ ὅλον）作为原则规定了这必须是诗艺"如其所应是"的创制—呈现，"一切"归结到"如真现相"的整一。

在对诗艺本身的先行运思中，"一切"已经凝结为"如真现相"的整一。这里的"一切"，首先是诗艺范畴"何所在""何所是"与"何所如"的三重规定性，进而是作为诗艺本身实现形态的本质相三分：悲剧诗艺、史诗诗艺与喜剧诗艺。换言之，"如真现相"作为创制性诗艺的创制—呈现，首先是范畴的三重规定性拢集为一，进而在诗艺本质相的每一次实现中，展现为本质相的这一个整体的"一"。这里诸诗艺本质相各自为"一"，并不意味着"多"，而是意味着在另一意义上的排除了"多"的"一切"：鼎足三分，归宗于一。

所归宗的"一"，其具体实现形态已然在诗艺学本质之事的完满展开中得到承认和把握，即"最好"悲剧诗艺本质相。悲剧诗艺本质相是诗艺哲学本质之事的首要和第一，整一性原则完满实现于此。在何种意义上？根据诗艺范畴规定性将本质相在性质上划分成分的"一切"拢集为这一个整体。这尤其体现在"何所是"范畴：结筑为完满情节的整一行动（μῦθος）。这是悲剧诗艺创制—呈现的"如真现相"这一个整体的灵魂。严格说来，"这一个整体"乃是悲剧诗艺本质相的"概念"（Begriff），即其"本质所是"的界定（ὅρος τῆς οὐσίας）。但这不是贫瘠的"概念"，毋宁是将"一切"规定性包括于自身的充满了的概念。[①]展开这一概念的完满规定，正是悲剧诗艺这一诗艺本质之事的使命。由此可见：诗艺哲学只与诗艺本身、只与诗艺诸本质相、进而是只与创制性诗艺的本质所是的逻各斯（λόγος τῆς οὐσίας）、与没有质料先赋的本质相（εἶδος ἄνευ ὕλης）打交道，这是亚里士多德所自知的哲学使命。将阐明这一哲学使命作为使命，与其说是独断的，不如说是具有充分的哲学根据的。

整一性是诗艺整体的原则。诗艺这一个整体，排除了杂多，是容纳一切的整体。之所以能将一切的区分推演联结为整一体，这是因为始终系缚于构筑行动整一性原则的理性关系逻辑：必然性或可然性。根据必然或

---

① 这里"概念"无疑让人想起近代哲学，想起黑格尔。概念是理性的概念。这本没有什么可疑虑，因为哲学之为哲学，就是与理性，从而与概念打交道的。只是现代以来在反对形而上学的名义上反对哲学，反对理性，因而反对并瓦解概念。不妨说概念即从哲学的近代成熟或者完满形态中借用而来，但这并不意味着不需要区分。始终需要明确的反而是，亚里士多德所涉及的理性概念，绝不是在经历了自然意识的整个教化的"历史"最终从意识中脱落返回自身、首先作为"绝对知"而现身的概念。古希腊不晓得"意识"；构成古希腊理性概念现身之中介的毋宁是希腊所知的"逻各斯"（λόγος）。亚里士多德正是在逻各斯的科学之知中把握希腊意义上的概念。

者可然原则，逻各斯—语言担当于自身的行动推演结筑为这一个整体。这一个行动整体，不是以实践领域的行动本身的原则为其原则，也不以其目标为目标，而是具备了自身所独具的创制性技艺的原则，能够就此自身实现整体性的完满。这一整体也不同于自然性存在者的基于原因而归结的整体性，后者的"运动"出于自然生成，而不是出于技艺创制。最后这一个整体也不同于在最高原则的意义上，亦即在纯粹的努斯自身思想着自身的"这一个"单纯整体——它不仅不再是复合的，而且是与一切相分离了的这一个通透思想自身：洞见之洞见或所思之思（νόησις νοήσεως）。

根据原则排除杂多，纯化一切并将一切创制—呈现于整一，亦即将一切按照自身的整体性原则在相互区分中推演—联结为这一个整体，整个的运思进程却已然为努斯原则所贯穿，但不是纯粹努斯自身（νοῦς），而是作为中介的所思的运思或者推理之思（διά-νοια）。正是基于所思的运思（διά-νοια）这一贯穿性的中介，创制性的逻各斯技艺能够被把握为知，亦即被把握为创制性的逻各斯科学。逻各斯技艺不再停留为任意的创制活动，而是置身于原则的规定之下，升扬于具有真理性的知，亦即为"洞见"所贯穿了的知。诗艺哲学只与这一创制性的逻各斯的知打交道。逻各斯自身不是原则本身，但逻各斯在自身与自身相区分能够为自身奠定根据，将原则带向当下现身。创制性的逻各斯也不是诗艺学的原则，但凝结为语言形态、将行动之事担当于自身的逻各斯能够将原则带向诗艺这一个整体的当下现相。创制性诗艺的原则也不是亚里士多德哲学的最高原则努斯自身，而是贯穿逻各斯的区分与联结，并将其收拢为整一性的这一个的约束性——自身已经呈现为逻各斯的规定性。

第三节 诗艺的完满（τέλος）与悲剧诗艺的划时代区分

I.诗艺"本质相"的再区分：史诗诗艺、悲剧诗艺与喜剧诗艺

诗艺学的本质之事绝不是现成的"诗歌作品"，因而诗艺学也不是对

"诗歌作品"的探究性考察（ίστορίη）与理论性阐明（θεωρία）。诗艺学只与诗艺本身，进而只与诗艺本身具体实现了的本质相打交道。诗艺学从一开始就是规定性的、对诗艺本质之事的概念把握。在运思中贯彻到底的诗艺原则决定了诗艺学不是某种普遍的"诗学理论"，而是以此为目标：创制性的逻各斯在自身将本质之事把握为诗艺哲学的知。悲剧诗艺、史诗诗艺与喜剧诗艺就是诗艺哲学本质之事的"一切"，不是作为无限杂多的"诗歌作品"，而是作为诗艺本身实现了的本质相，根据诗艺范畴在运思中得到规定。诗艺本质相的诸范畴规定构成了诗艺哲学的知。

　　同样根据诗艺范畴，本质之事的"一切"是相互彻底区分的如真现相。但这一本质性区分不可回落到"诗歌作品"的杂多性中去，因为杂多毋宁意味着没有区分。回落到现成"诗歌作品"，这尤其指的是径直将这一区分视为"文学体裁"的区分。明确这一点极为重要，因为诗艺学不是关于不同文学体裁的创作论，不是戏剧创作指南，尤其不是什么悲剧论。但作为诗艺学本质之事的"一切"，悲剧诗艺、史诗诗艺与喜剧诗艺根据诗艺范畴相互彻底区分开来，并且这一区分在其完备的意义上就是本质之事的一切区分，此外别无其他。是怎样的区分？

　　根据"何所是"范畴，喜剧诗艺与悲剧诗艺（包括史诗诗艺）彻底区分开。因为喜剧诗艺创制—呈现的是卑劣滑俗的行动及行动者，悲剧诗艺和史诗诗艺则创制—呈现高贵肃穆的行动及行动者。这一鉴于品性（ήθη）的区分将"和我们相似的一般人"排除在外（诸神与非人根本不在行动者的范围之内），以彻底的方式彰显有朽之人的区分：首先是高贵肃穆之人与卑劣滑俗之人的一般区分，进而涉及个别自身在"品性"上的高贵肃穆与卑劣滑俗的区分。在实践领域的伦理学中，亚里士多德在诸德性的辨别中将其平衡于"中道"（μέσον）。但是实践行动的最高目标并不在此，而是至善或者最好，是实现至善完满的行动，亦即为善好之灵神所引导而生活和行动（εὐδαιμονία）——唯有作为哲学家的沉思观见的实现活动配得上这一幸福（εὐδαιμονία）。相应的，诗艺哲学也是以最好为目标。唯有"最好"悲剧诗艺的本质相才是最好意义上的诗艺本质之事。

就此而言，喜剧诗艺对于悲剧诗艺而言甚至只具有消逝的意义——作为人的自身区分则不可或缺。

根据"何所如"范畴，叙述的史诗诗艺与演述的戏剧诗艺区分开来。但真正将二者的区分变得具体的仍是"何所是"范畴。在此，史诗诗艺与悲剧诗艺一道鉴于高贵肃穆的行动而与喜剧诗艺区分开来。鉴于诗艺本质之事的"一切"区分，史诗诗艺不能被悲剧诗艺取消乃至取代，始终占据区分的一个关节。但同时史诗诗艺只有鉴于悲剧诗艺本质相的规定才能得到规定。就此而言，"荷马史诗"对于亚里士多德具有双重意义：第一，"荷马史诗"被把握为诗艺本质相，并且鉴于悲剧诗艺而得到规定；第二，正是因为被把握为诗艺的本质相，"荷马史诗"在诗艺本身的时间性历史中却构成了诗艺本身的真正开端。甚至"荷马史诗"构成独一无二的"诗歌作品"的典范——除此而外，不论悲剧诗艺还是喜剧诗艺，都不能找到在现成诗歌作品意义上的对应物，因为一返回到具体的创制活动及其成品，马上就会重新陷入无限制的杂多，诗艺学之为事关诗艺本身、事关诗艺本质相的逻各斯科学便不再可能。"荷马史诗"的这一特殊性，超出了诗艺哲学的视域。与其说这是亚里士多德的"错乱"或者"矛盾"，不如说亚里士多德业已深知，对荷马的"凝视"唯有置于哲学整体当中才能通透把握。他始终记得荷马的赠礼：科学如何在尺度的规定下构成秩序的大全——对于我们而言，这是作为爱智慧的哲学与智慧的划时代关系。

不论是喜剧诗艺与悲剧诗艺的区分，还是史诗诗艺与悲剧诗艺以及喜剧诗艺的区分，就创制性逻各斯科学的完备而言，却是必不可少的；就诗艺本质之事只能是"最好"的悲剧诗艺而言，这是消逝中的区分。不仅对于创制性科学是如此，对于实践性科学与理论性科学也同样如此。这就是说，就亚里士多德哲学整体的最高使命与完满目标而言，相互区分这三重科学的整个运思所展开的科学区分都是消逝中的区分。在创制性科学中，最高使命实现为"最好"的悲剧诗艺本质相的规定；在实践性科学中，最高使命实现为哲学家对最高原则的沉思观见这一实现活动；在理论性科学中，最高使命实现为神圣的努斯自身同一的单纯洞见。而不论是修辞学、政治学还是自然学——在其杂多性中甚至包括了所有其他的逻各斯把握住的知——对于诗艺学、伦理学和神圣学都只有第二位的、伴随性的意义。进而诗艺学、伦理学、从"形而上学"向"神圣学"的"飞跃"在亚里士多德哲学的运思进程中的辨别与区分同样只有消逝性的意义。因为只是鉴于开端性原则与完满实现，逻各斯科学才能将自身把握为当下实现的知（ἐπιστήμη）。唯有如此，逻各斯科学才能将先行的第二位的、消逝性的区分都重新纳入科学的秩序之中，由此构成逻各斯科学的大全。

这涉及对有朽之人的最高本质所是乃至最高目标及其完满的领会：唯有在此，人之为人的如其是"神样"的本质所是被把握到逻各斯的科学当中来。创制性逻各斯技艺创制—呈现的如真现相这一个整体如何安顿有朽之人？这不是最终安顿，但却是必不可少的安顿。这是说对创制性逻各斯担当于自身的行动的"如真现相"这一个整体的"观看"，如其是合乎本质性规定的观看，乃是看到逻各斯自相区分并为自身奠定根据的当下现相。这只能是在自身与自身相区分了的有朽之人的观看，因为这只能是灵魂之"努斯"的观看：看到这一整体的行动开端、进展和实现的完满。但这仍然不是纯粹"努斯"的观看，因为诗艺创制的"如真现相"始终要通过行动整体的当下来实现，因此这是始终以感性（αἴσθησις）为中介的观看，尽管同时是自身具备彻底区分的。何种观看？如此：将有朽之人置入担当行动的逻各斯—语言整体的当下现相，从具身的实践领域的行动及其激情解放出来，遗忘生活的痛苦而转入纯粹的对创制—呈现中的实现活动臻于完满的快乐。

由此也可见，哲学之为爱智慧，其所与之打交道的人之为人的区分，并不直接现身于观看和知道的当下，而是当下实现于中介本身，也就是逻各斯科学的完满中介，人之为人在科学中的安顿归根结底是在"中介"的安顿。对于有朽之人的安顿，尤其是对于有朽之人在其爱智慧的行动中的所赢得的科学之知的安顿，这一"中介"不仅不是无足轻重的，而且是至关紧要甚至具有决定性的。这表明哲学的事业及其使命绝不是直接可理解的，毋宁是间接的、总是一再经过了"中介"的，甚至作为爱智慧的行动最终为有朽之人所赢得的也不外乎这一"中介"本身。这里容不得任何的"神秘"，因为容不得任何无逻各斯的甚至反逻各斯的东西。这里神圣的原则已然当下在此，湛然明澈，晶莹剔透。——回到创制性的逻各斯科学，这里诗艺哲学具体彰显了这独一无二的"中介"，即创制性逻各斯技艺如真呈现的这一个整体。她已然要求观赏者先行对自己做出区分。唯有先行在自身对自己做出了区分的观赏者，才能真正赢得这一中介，但仍然不是在直接的意义上，而是始终通过系缚于感性（αἴσθησις）的观看而以间接的方式赢得这一中介的当下。这里不再容许任何落入神秘的所谓"μῦθος"，而只有已然在区分中结筑为整一体的"λόγος"。换言之，在此"μῦθος"即"λόγος"。

II. 近代悲剧与古希腊悲剧的划时代区分

不论所涉及的是近代的、现代的，还是当前的，探究代表性哲学家、思想家和文学家与古希腊的公开或隐秘关联都是炙手可热的学术论题。近代以来的思想如何接纳亚里士多德自然也是题中之义。文艺复兴以来，亚里士多德《诗艺学》走到了历史前台，进入争议的中心。诚如斯密特（Schmitt）不厌其烦地申说的，从接受史或者影响史的角度看，近代以来对亚里士多德诗艺学的理解始终是被希腊化时期哲学和思想所中介和覆盖了的，因而充满了对亚里士多德的扭曲和误解。这里无意于陷入语文学和哲学史研究博学而琐碎的争议，也无意直接涉及在文学理论领域关于模仿论的无休止争吵。这里毋宁是要判断：究竟近代哲学对创制性技艺的把握如何从根本上与古希腊尤其是亚里士多德的诗艺哲学区分开来？

古希腊智者的哲学让人工性的逻各斯技艺走进了哲学思想的中心。但逻各斯的技艺游戏不是导向和造就真理，而是通过摧毁其说服力来瓦解真理。将荷马、赫西俄德等蕴含智慧的形态理解为创制性逻各斯技艺的成果，这同样不是为了真理，而是为了瓦解真理：这没有握住实事的知！柏拉图必须面对这一真理的说服力的危机。在《理想国》这样一部思想巅峰时期的著作中，柏拉图用了大量的篇幅论述创制性逻各斯技艺的创制—呈现，第一次系统提出了"如真现相"的诗艺范畴。但柏拉图的目标在于将创制性逻各斯技艺与论辩性逻各斯技艺对峙起来，以此确认：唯有论辩性逻各斯技艺能够服务于灵魂向善的转向，能够为真理带来真正的说服力，创制性逻各斯技艺毋宁是败坏灵魂的，其"如真现相"与真理倒是隔着三层。但柏拉图的论辩性逻各斯技艺最终没有达到逻各斯的科学之知，而是停留为"具有逻各斯的意见"——当然至少作为"正确的意见"。

柏拉图这一中介是至关重要的：他以否定的方式确认了逻各斯技艺唯有与本质相（εἶδος）打交道才能让真理在"创制—呈现"中现身。亚里士多德诗艺学只与诗艺本身及其本质相打交道，创制性逻各斯技艺被把握到逻各斯科学之中，已然超越了逗留于经验的单纯技艺。诗艺哲学甚至就是创制性的逻各斯科学的本真的知。修辞学则毋宁仍然停留为致力于说服的逻各斯技艺。唯有将政治学的原则作为先行给定的原则规定修辞学的运用，修辞学才是致力于真理的逻各斯技艺，因此被纳入创制性逻各斯科学的视线之内。作为创制性逻各斯科学的诗艺哲学并不消融于诸科学的本质性划分，而是与实践性逻各斯科学、理论性逻各斯科学鼎足而三。这说的是：鉴于努斯原则现身其中的第一哲学或者神圣学，亚里士多德实际上将创制性的知、实践性的知与理论性的知这一科学的划分贯彻到底，由此亚里士多德哲学是具备区分的整体性的知。

亚里士多德逻各斯科学的三分是古希腊哲学的完满。创制性逻各斯的科学则是希腊关于人工性技艺思想的完满。这一完满尤其体现为将人工性技艺收回到纯粹逻各斯本身。凝结为语言形态的逻各斯将有朽之人的行动担当于自身将其带向当下完满的整体性呈现。这里着眼的始终是创制性逻各斯技艺本身的创造力和生产力。作为"何所在"范畴的逻各斯能够将作为"何所是"的行动担当于自身，这是说，逻各斯能够沉浸并穿透事情，让事情显现于自身，这一显现于逻各斯自身的事情充实了如此之逻各斯的"能力"，这一"能力"要将事情创制—呈现于"如真现相"的逻各斯整体。这既是行动之事"如其所应是"地通过行动结筑为整一体，也是逻各斯开辟开端、经历中介，最后实现完成这一推演—呈现的整一体。悲剧诗艺本质相的首要和第一，悲剧诗艺创制—呈现的灵魂以及灵魂裹挟者，只能是行动。行动者是第二位的，品性是第二位的，性格则几乎不具有区分性的意义。作为创制者的诗人则尤其只有消逝和过渡的意义。有朽之"人"唯有通过行动才赢得其当下实现，即作为如此之人而现身。人之为人不是直接作为人规定的，而是作为有朽者，始终在行动中如其所应是地实现和显现。

对于希腊人而言，诗艺哲学只能是创制性逻各斯的科学。这一科学的本质之事只是创制性逻各斯技艺本身及其完满实现的本质形态。这里"一切"只是逻各斯的"一切"——作为逻各斯创制的一切。没有意识的中介。意识不构成其创造力的基础。但近代也就是哲学最后时代的"艺术"创制则必须以意识为基础，不在意识之外。这是自由原则规定下的创制性想像力的创制。意识概念是最后时代艺术哲学或者美学与第一时代的诗艺哲学的第一道划分线。但划时代的区分能够落实在这一划分线上却只能是自我意识的反思的结果——康德的理性批判因此具有决定性。鉴于艺术的创制返回到自我意识领域，在此作为自我意识的"人"变成第一位的，行动乃是为了"人"的实现和如其所应是的显现。正是在此基础上，"天才"概念才构成艺术哲学的核心概念，行动者的品性具有决定性，而其"性格"尤其具备区分性的力量，以不同的面貌发挥作用。但这一切旨在鉴于意识的王国塑造"人的形象"。

亚里士多德哲学的三分自然地让人想起康德的三大批判。但康德并不认为自己的哲学已经是形而上学的科学，毋宁是为"未来的"科学奠基的先行的理性批判。理性批判的体系必须是三分的，但真正的哲学科学的领域则是二分，即自由的领域与自然的领域。正是因此，康德式的亚里士多德哲学理解在根本上只知道二分，没有作为创制性逻各斯科学的诗艺哲学的真正位置。[①] 这与亚里士多德哲学的使命不相匹配，与康德哲学也不乏错失。康德哲学固然认定形而上学的科学只有自由与自然二分，但理性的

---

① Cf. Höffe, *Aristoteles*, 4. aufl., C.H.Beck, 2014.

运用及其批判则是三分：判断力批判旨在弥合自由与自然的鸿沟。反思判断力联结自由与自然？自由的想像力联结知性，也联结理性，并且这一联结不是为了知识的扩展，而是为了当下实现自然对自由的一致性，即无目的的合目的性。实践理性批判已然确定：自由原则凝结为道德人格。鉴赏判断的美的理想只能是人的形象——作为得到区分并且从其人格性上理解的人。美是德性的象征。崇高甚至意味着自由在想像力中的当下现身。

毫无疑问，黑格尔的哲学百科全书始终回荡着亚里士多德的余音。哲学科学全书在对绝对精神的概念的确认中特别回忆了亚里士多德形而上学的"一切的峰顶"①，准确说即回忆了神圣学或者说第一哲学的努斯洞见。最后时代的哲学仍然要求自身是智慧的科学，最后就是黑格尔的哲学科学。并非仅仅是意识经验的科学。艺术已然越过自我意识，进展到精神的实在。但精神不能停留为意识和自我意识领域的精神，最终是在绝对知当中把握住的精神。绝对知并非空洞的概念；绝对理念自身要实现为自然的自然与精神的自然的大全实在。艺术在此实在中才成其为绝对精神的实在，才赢得其在哲学全书中的位置。只有在绝对精神的实在中，艺术哲学才再次展开其实现的整个过程：理念显现于艺术创制，戏剧诗艺是其完满形态，其中与喜剧诗艺、正剧诗艺相区分的悲剧诗艺是其巅峰。艺术哲学确认戏剧诗艺尤其是悲剧诗艺才是艺术的完满，这与亚里士多德诗艺哲学的判断相呼应。尽管诗艺的诸区分构成科学必不可少的环节，合乎诗艺原则的诗艺本质之事归根到底只是"最好"的悲剧诗艺的本质相—如真现相。亚里士多德这里甚至没有"艺术作品"的位置，没有作为作品的悲剧的位置。但是黑格尔的艺术哲学与此不同，艺术必须返回到所曾是的意义上戏剧作品本身的展开与呈现，由此深入把握在行动中展开的行动者与"神圣者"的矛盾双方的对立与冲突，展示其如何实现为呈现本身的完满。这里呈现本身始终返回精神的意识与自我意识领域，因而不能脱离表象而总是显现为表象的，也就是现身为现象。正是因此，为"理念的感性

---

① 歌德语，出自短诗《漫游者夜歌》。

显现"，尤其是美的显现操心劳力的艺术创制被标识为"美学"，或者更
准确地说是被标识为"艺术哲学"——不可再回落于"艺术作品"。黑格
尔始终"凝视"着亚里士多德，他自知这一点。

　　但正是在此，最后时代艺术哲学与第一时代诗艺哲学的划时代区分
豁然开朗：艺术必须终结，以便哲学进展到启示宗教，最终赢得哲学与自
身合一的概念。艺术哲学必须消逝于哲学科学，仅作为曾经所是的环节而
保留在科学之中。亚里士多德的诗艺哲学却不可替代，作为创制性逻各斯
科学始终鉴于努斯原则而与实践性逻各斯科学以及理论性逻各斯科学相区
分，鼎足而三——这其中回想着第一时代的缪斯智慧馈赠的原则：宙斯作
为神人之父而与波塞冬和哈得斯分享世界秩序（κόσμος），阿伽门农作为
联军统帅而与联军诸将共同造就秩序。黑格尔的艺术哲学，进而哲学科学
回响的智慧赠礼却是荷尔德林的召唤：神圣，经历过意识的教养，绝对精
神要在与自身区分中重新赢得自身的齐一！——艺术完满了。因为哲学完
满。此后不再能谈论"艺术哲学"，更不用说"诗艺哲学"。在现代，我
们听到的是：技艺的思，进而：诗（Dichten）与思（Denken）。不再是
知，不再是科学（Wissen / ἐπιστήμη）。"艺术哲学"的"现代"名相毋
宁是关于艺术的"哲学"，更准确地说是关于艺术的"理论"，而非本然
意义上的"艺术哲学"，更勿论"哲学"。

第七章
亚里士多德：逻各斯的建筑师（Archi-tekt）

第一节 λόγος实现λόγος：从开端（ἀρχή）到完满（τέλος）

逻各斯（λόγος）贯穿希腊思想划时代的开端与完成，但这不是说逻各斯的语用，因为在早期希腊甚至只有逻各斯的动词形式。只是鉴于哲学的自身展开，逻各斯才赢得了希腊思想：希腊思想每一次皆实现为特定的逻各斯形态。以此，希腊思想的发端与实现，即是逻各斯实现逻各斯。

"给出逻各斯"（λόγον διδόναι）即给出一切万有的根据。但只是在赫拉克利特将逻各斯提升为世界秩序的最高原则之后，逻各斯对于希腊智慧与哲学的意义才得以彰显。逻各斯不仅构成显现者全体的最后根据，而且将显现者纳入理性关系的规定之中。逻各斯能够沉浸并贯穿一切，并将一切收拢于自身：一即一切，一切即一。经由赫拉克利特的这一中介甚至能让人看见先行于哲学的智慧形态的逻各斯：尤其在作为第一的荷马那里，"给出逻各斯"即不朽缪斯让之知"一切"，让"一切"按照秩序精确地呈现为逻各斯的大全，让宙斯的旨意作为最高原则实现于这个"一切"的世界秩序并且现身于这一大全的当下。这里给出逻各斯及其根据是神圣不朽者对有朽者的赠予。给出逻各斯说的是：让之知！哲学的开端首先意味着不再承认这一知的赠礼。有朽者从自身来"给出逻各斯"，正是这一思想造就了古希腊哲学的开端。让无逻各斯者（ἄλογον）回复逻各斯，让无知（ἄγνοια）转成知，让事关"一切"显现者的惊异（θαυμάζειν）止息——有朽者的哲学求知由此发端。

　　巴门尼德哲学从显现者全体这个显现着的"一切"中抽身而退，让哲学之思返回纯粹思想自身。唯一的有朽的知道者聆听不再需要名相的不朽女神的教谕，与有朽者意见的一切分开，知道作为有朽者所能知、所当知的一切，根据所赠的尺度，区分并做出道路的抉择。但有朽的知道者必须从自身出发，用逻各斯去区分和判断（κρῖναι λόγῳ）女神的"让之知"，亦即有朽者自身去洞见思想之事：如其所应是与如其所应知乃是自身同一，具体实现为自身同一的完满所是（τετελέσμενον）。纯粹思想由纯粹逻各斯担当：逻各斯在自身并通过与自身相区分（κρῖναι λόγῳ）给出作为根据的逻各斯（λόγον διδόναι）。思想的一切乃是逻各斯把握住的一切。

　　在逻各斯的自相区分与裁决中给出逻各斯，这哲学求知的行动致力于真理对于有朽的知道者的说服。一旦不承认不朽女神的赠予并且将说服之事重新放回有朽者的意见领域，真理及其说服力便陷入危机，而能够在自相区分与裁决中"给出逻各斯"的逻各斯便沦为"智慧的逻各斯技艺"。逻各斯技艺能否达致真理及其说服力？正是因为将重心转向了技艺本身，柏拉图与智者的争辩展开为"逻各斯竞赛"，在涉及思想最高原则的核心位置这里，真正的焦点反而不是与"智慧的逻各斯技艺"及其说服力的争执，而是论辩性逻各斯技艺要与创制性逻各斯技艺彻底区分开来，将后者赶出逻各斯所造城邦的"哲学与诗艺的纷争"。这一纷争归根结底要说的是：柏拉图与荷马，亦即哲学与智慧的竞赛。但哲学与诗艺的区分，最后也并非单纯是作为人工性技艺逻各斯的区分，而是重返逻各斯自身的区分，即"理念相"的逻各斯与"意见像"的逻各斯区分。在此，哲学的逻各斯技艺同样是具有创造性和说服力的：让真理的"理念相"现身于逻各斯的当下如真现相；诗艺的逻各斯技艺的创造性和魅惑力也正在于虚假的"意见像"现身于逻各斯的当下"如真现相"。

　　亚里士多德的哲学是逻各斯科学之知。究竟说来，没有意见的容身之地。逻各斯在自身与自身相区分并给出逻各斯，这说的是：作为原则的逻各斯不仅在逻各斯自相区分与联结中构成开端，而且贯穿于这一区分与联结的整体，实现在其完成之中。完满（τέλος）是具体实现了的原则

（ἀρχή），开端（ἀρχή）则是完满（τέλος）召唤于当前并先行判定了的原则（ἀρχή）。在严格而纯粹的意义上，逻各斯科学只与"如其业已得到规定而是其所是的逻各斯"（λόγος ὁ τὸ τί ἦν εἶναι λέγων）打交道。就此而言，创制性逻各斯技艺尽可以将虚假（ψεῦδος）创制为合乎诗艺整体性原则的"如真现相"（μίμησις），但创制性逻各斯技艺作为诗艺本身及其具体实现了的本质相则构成创制性逻各斯科学的本质之事。这是因为作为人工性技艺，创制性逻各斯能够将原则／完满（ἀρχή／τέλος）带到创制为"如真现相"这一个整体的当下现相。这不是因为别的，只是因为处于人工性技艺本身的"自然"（φύσις）——最终是有朽之人自身的自然。

逻各斯科学究竟如何鉴于逻各斯自相区分与自身奠基而赢得开端和完满？

首先为纯粹在自身展开的"证明的科学"（ἐπιστήμη ἐπιδέξεως）所中介。因为亚里士多德必须表明：逻各斯如何在自身就是创造性的，在其纯粹的区分中实现为证明的，具备开端性公理、中介和结论的整体。这里展示的是：逻各斯如何与自身相区分同时在区分中以必然的方式"联合"构成这一个整体。

关涉到科学之事，沉浸于事情的逻各斯将事情把握到自身并且自身成事。逻各斯自身作为人工性技艺创制讲演的"修辞"之事，进而创制一呈现"行动"之事。后者尤其在逻各斯自身中将业已把握为逻各斯的事情展开在具备开端、中介和结局的这一个整体。创制即让这一个整体如真现相。它不是"历史纪事"（ἱστορία）。这里行动也不是"事件—发生"。时间的顺序是次要的，并且服从于整体。诗艺创制比历史纪事更"哲学"。因为这一具备开端、中介和结局的行动整体自身就构成诗艺学的原则和目的。这一个整体，这一结筑为整一行动的情节（μῦθος），乃是逻各斯整体如其所应是的通透现相。

逻各斯不仅在其"所言"中如此现相，让原则在"所言"的现相中当下现身，而且在其"所行"中直接出现，当下实现完满。亚里士多德断言，众生中只有人具有逻各斯。这说的是：逻各斯直接在行动中现相，它造就着卓越的行动，作为目标的原则当下实现于此。有朽之人的区分直接在他的行动中成为透彻可见的，并且直接实现于他的行动之中。何种行动？只有逻各斯通过每一个决断造就的卓越行动，这一卓越使人之为人卓然挺立于万有，卓然超拔于未得区分的人。最后这一卓越行动在哲学的观见行动中达到完满。这里只有业已得到彻底区分的人，作为"努斯之人"才赢得人之为人的本质：像神一样行动。这里与神秘无关：因为神即努斯，即洞见之洞见。这一洞见的单纯整体：这同一个。可朽之人的洞见展现为暂时的纯粹沉思观见（θεωρία）。

如此之沉思即刻与其作为哲学的观见行动相区分：作为对自然显现的沉思，逻各斯要将自然作为如此这般的宇宙秩序（κόσμος）推导到它的第一原因——不动的推动者，后者使得自然作为如此这般的自然而显现。这一沉思只是鉴于第一原因和开端的统领而展开自身，作为沉思的科学之知而被逻各斯把握在其现相之中：自然之为如此运动着的、基于第一开端而只能是如其所应是的统一整体。沉思中的逻各斯现相说的是：只与一切万有的原因和开端打交道，经由自然秩序的整体中介而触摸到第一原因和开端——神圣的努斯（神）。以神圣的努斯自身为事情的逻各斯只能是神圣学（Theologik）而非本体论（Ontologie），只能是第一哲学（Erste Philosophie）而非形而上学（Metaphysik）。[①]神圣学或者说第一哲学作为有朽之人的智慧，统领着所有的科学之知，统领着逻各斯自身在区分与联结中的完满现相。这里也没有神秘的容身之地。对神圣的触摸与直接观见，最后必须实现在可朽之人的、在其哲学观见中达致的唯一"看见"中："观象于天"。何种天？神圣天体的圆周运动。作为逻各斯把握住的理性关系显现。只有如此这般的完满整体，才能是如此这般的逻各斯的完满现相。

与逻各斯科学大全通过区分与联结实现的运思进程相应，创制性的

[①]　Cf. Boeder, "Das Wahrheits-Thema in der Ersten Epoche der Philosophie", in: *Sapientia,* LVIII, 2003, S.17.

逻各斯科学同样展开为三大步骤：首先是鉴于"如真现相"三重范畴规定的先行运思，逻各斯将诗艺本身把握到其实现形态之中，进而通过对诗艺本质相的"最好"形态，即最好悲剧诗艺本质相的范畴规定，尤其是就性质划分成分而言的诸规定拢集为逻各斯担当于自身的整一行动，但逻各斯的这一个整体之所以可能，其根据不是从外部给定的，而正是逻各斯在自身与自身相区分而展开的规定进程自身奠定的，诗艺的整一性原则当下在整一行动的结筑进程中现身，并且决定了这是如其所应是的逻各斯创制—呈现。但诗艺本身的原因出自有朽之人的"自然"，这一"自然"构成诗艺创制—呈现的原因。最好悲剧诗艺本质相的规定正是要在最好的和第一义上以这一自然的实现为完满的目的。因此创制性逻各斯科学最终实现完满，乃在于将创制—呈现的这一个整体"如真现相"置于当下完满而通透的"观看"之中。正是在此，作为创制性的逻各斯科学，诗艺哲学当下完满现相。

第二节　创制性的λόγος技艺：从诗歌之事到诗艺之知

就文献编撰而言，《诗艺学》在《亚里士多德全集》（*Corpus Aristotelicum*）中历来是极其尴尬的存在。亚里士多德明确将逻各斯的科学系统划分为创制性的、实践性的与理论性的。实践性科学和理论性科学都有不言而喻的核心文本，前者以《政治学》和《伦理学》为主，后者以《自然学》和《形而上学》为主。与此不同，创制性科学并没有不可置疑的核心文本。一般而言，《修辞学》与《诗艺学》似乎都"配不上"这一"科学之知"。何况亚里士多德自己一再说，"技艺"乃至技艺创制活动并不是科学或者知。在提及创制性科学时，也并不特指诗艺学。与此相关，亚里士多德的科学三分是众所周知的。但对亚里士多德哲学整体的阐述与研究却对这个三分视而不见，几乎从来没有真正承认过这个三分，更谈不到将其贯彻到底。就科学的本质之事而言，最大的难题在于，既然与实践性行动不同，与理论性的沉思观见也不同，那么诗艺学的逻各斯创制技艺在何种意义上能够跻身于科学？进而也就是：创制性逻各斯技艺在何种意义上能够是"本质所是"（οὐσία）而构成创制性科学的本真之事？

技艺几乎覆盖希腊人生活世界的所有方面。与哲学兴起的时代相应，技艺的人工性逐步取代神赋的规定性，进而构成有朽之人理解自身的重要维度。在生活世界中"技艺"（τέχνη）甚至取代了"智慧【本事】"（σοφία）。① 逻各斯技艺作为"智慧的技艺"（τέχνη σοφιστική）能够与"一切"打交道并将显现的万有拢集到逻各斯自身而加以创制，尽管其旨趣毋宁是瓦解真理，消解真知，这仍然是所谓"智者运动"哲学的重要成果。但将诸种技艺区分开来，以纯粹的方式将逻各斯技艺，尤其是将创制性逻各斯技艺把握到哲学当中来予以规定，这却是柏拉图才承担起来的工作。逻各斯技艺在哲学原则的规定下被净化了。创制性的逻各斯技艺最终只能是"诗艺"。创制性诗艺与哲学的技艺的争执，即创制性逻各斯技艺与论辩性逻各斯技艺的争执是柏拉图哲学必须处理的事情，因为这涉及这一致命的发问：究竟谁能够赢得真理，谁能够让知及其最高根据作为"原因"现身于逻各斯的现相？进而言之：鉴于诗艺尤其是荷马的诗艺曾经馈赠缪斯的智慧，究竟何种技艺能够成为科学，跻身于智慧，也就是成为有朽之人的智慧？柏拉图哲学要解决这一问题，以便为哲学自身正名：哲学的求知能够达到有朽之人所能的知，并且为知奠定根据。

鉴于柏拉图的判断，要将纯粹的创制性逻各斯技艺升扬并把握到逻各斯科学体系当中，这意味着亚里士多德诗艺哲学必须与诗艺的"本质所是"打交道。换言之，亚里士多德对此自知自觉，诗艺哲学的本质之事只能是诗艺的"本质所是"的逻各斯。他甚至在专论神圣努斯的位置，仍不忘以创制性科学作类比阐述："但在某些情形中，知就是事情自身。在创制性科学中，事情就是没有质料先赋的'本质所是'和'如其业已得到规定而是其所是'；在【沉思观见的】理论性科学中，事情则是逻各斯【概念／原理】和'洞见之洞见'【所思／所见】。既然在没有质料先赋的情

① 可比较陈中梅《亚里士多德·诗学》第243页注11。

形中，所思【所见】的'是其所是'与思想【洞见】的'是其所是'并不是不同的，那么'洞见之洞见'【所思／所见】与思想活动就是相同的并且就是同一个。"（ἢ ἐπ' ἐνίων ἡ ἐπιστήμη τὸ πρᾶγμα; ἐπὶ μὲν τῶν ποιητικῶν ἄνευ ὕλης ἡ οὐσία καὶ τὸ τί ἦν εἶναι, ἐπὶ δὲ τῶν θεωρητικῶν ὁ λόγος [τὸ πρᾶγμα] καὶ ἡ νόησις. οὐχ ἑτέρου οὖν ὄντος τοῦ νοουμένου καὶ τοῦ νοῦ, ὅσα μὴ ὕλην ἔχει, τὸ αὐτὸ ἔσται καὶ ἡ νόησις τῷ νοουμένῳ μία.）①

换言之，神圣努斯自身、努斯的沉思洞见，甚至努斯的"创制"乃至"造作"活动，与所思所见乃至所造是单纯的自身同一，与此相类同，创制性科学以"本质所是"和"如其业已得到规定而是其所是"为自身的本质之事，创制性技艺与创制活动乃至所创制者是自身同一的。这一令人惊异的判断对于领会诗艺学之为创制性逻各斯科学具有指引的意义。这引发追问：为何创制性科学的知就是科学之事本身？亚里士多德深知，一般而言的技艺及其创制并非科学／知，只有具有逻各斯［理性］的创制才能是"技艺的"创制。技艺根本与知相关。一般而言的技艺是灵魂鉴于逻各斯［理性］能够达致真知的创制性"质性"（ἕξις μετὰ λόγου ἀληθοῦς ποιητική）②，并且在哲学求知进程的等级形态中占据较高的、与知相关的位置。③那么在何种意义上技艺才能成为科学的？这实际上在问：何种技艺才是在自身的技艺？就此而言，必须区分技艺本身：首先是排除非创

---

① Arist., Metaph. XII, 1075a1-5. 这里创制性科学用了复数。但就其本真形态而言，即就创制性科学真正把握住自身的本质之事而言，唯有诗艺学是真正的创制性科学。

② Insb. Cf. Arist., Eth. Nic. VI.4, 1140a1-23. 灵魂的五种"质性"即：ἔστω δὴ οἷς ἀληθεύει ἡ ψυχὴ τῷ καταφάναι ἢ ἀποφάναι πέντε τὸν ἀριθμόν· ταῦτα δ' ἐστὶ τέχνη, ἐπιστήμη, φρόνησις, σοφία, νοῦς· ὑπολήψει γὰρ καὶ δόξῃ ἐνδέχεται διαψεύδεσθαι.（Arist. Eth. Nic. VI.3, 1139b15-15-18.）

③ Insb. Arist., Metaph. I.1, 980a21-982a3. 在此，亚里士多德明确：技艺与知相关，但达不到科学／知，更不是最高智慧的科学。即便如此，技艺（τέχνη）高于经验（ἐμπειρία）。经验在根本上不进入亚里士多德的科学建筑，不构成他的哲学的知。但这里所涉及的是就一般意义而言的技艺，并且可与《伦理学》所做的辨别相参照。《伦理学》将一般而言的技艺创制与实践性的行动或者"做事"区分开来，实质上这构成了创制性逻各斯技艺的创制与出于逻各斯规定的实践行动／做事的根本区分，进而标识了创制性逻各斯科学与实践性逻各斯科学的区分。这决不可混淆，尽管都涉及对于有朽之人而言可改变的事情（ἐνδεχόμενον ἄλλως ἔχειν）。

制性的技艺，进而排除始终鉴于先行给定的质料而展开创制的技艺，最后只有纯粹逻各斯自身的技艺。技艺必须返回逻各斯自身。唯有逻各斯技艺是在自身的，即在逻各斯当中的。但这是凝结并显现为特定语言形态的逻各斯。对于希腊人而言，逻各斯自身的现身形态即语言，但不是任意的语言，而是具备理性关系的语言：逻各斯—语言。创制性逻各斯技艺的创制乃是逻各斯在自身与自身相区分的运动进程。因此，构成创制性逻各斯本质之事不是在实践意义上的行动本身，而是创制性逻各斯担当于自身的行动，亦即将行动担当于自身的逻各斯—语言的推演—呈现。"何所在""何所是"与"何所如"三重诗艺范畴归根到底都拢集为逻各斯—语言的当下现相。但与荷马和赫西俄德那里不朽缪斯女神的所赠的"神—话"（μῦθος）完全不同，这一哲学所把握住的、作为整体当下现相的逻各斯—语言（μῦθος）却是有朽之人在人工性技艺意义上的创制。

《诗艺学》开篇就直奔主题：诗艺学是以诗艺本身及其具体实现了的本质相为事情的。诗艺哲学的本质之事是没有质料先赋的"本质所是"（οὐσία ἄνευ ὕλης）。正是这一本质之事使得诗艺学成为创制性的科学，跻身于哲学本真的知，并在逻各斯科学体系中与实践性科学和理论性科学鼎足而三。但这并不意味着，诗艺学是普遍的诗学，是关于一般而言的技艺或艺术本质的理论，进而是关于文体的理论，最后是所谓的悲剧论。因为这里诗艺本身的"本质所是"是没有质料先赋的。不论是"诗歌作品"自身作为质料还是作为创制产品的"诗歌作品"所涉及的"质料"，都被排除在外。质料意义上的"本质所是"被排除在外。"本质所是"只能是实现为本质相意义上的。但因此并不就是诗歌分类的种属概念，进而也不是在分有的意义上构成"诗歌作品"的"理念相"。质料与本质相复合的、作为个别的"本质所是"，同样要被排除在外。在此意义上的个别"诗歌作品"在诗艺学中没有位置。

没有质料先赋的"本质所是"就自身而言只是单纯的一，并且不能存在变化与生成。问题在于：究竟诗艺本身的"本质所是"在何种意义上是"这一个整体"？这要问的毋宁是："本质所是"具备不同含义，究竟在何种意义上是从本质相上来规定的？进而：本质相在何种意义上作为这一个整体的现相而得到规定？回答：根据逻各斯（κατὰ λόγον）。换言之：本质所是与本质相都被逻各斯把握住并以此现身于逻各斯。进而言之：创制性逻各斯科学的知与本质所是的逻各斯（λόγος τῆς οὐσίας）是自身同一的。在此：逻各斯与逻各斯打交道，逻各斯创制逻各斯，逻各斯实现逻各斯。鉴于对本质所是的逻各斯"界定"，作为本质所是的本质相能够展开并实现为包含了完满性质划分成分的这一个整体。

"但这是显而易见的：第一与单纯的界定和'如其业已得到规定而是其所是'归结为'本质所是'。"（ἐκεῖνο δὲ φανερὸν ὅτι ὁ πρώτως καὶ ἁπλῶς ὁρισμὸς καὶ τὸ τί ἦν εἶναι τῶν οὐσιῶν ἐστίν.）① "显然唯有'本质所是'才具有逻各斯界定……因此，除了本质所是，再没有别的能具有逻各斯[界定]和'如其业已得到规定而是其所是'。因此逻各斯[界定]就是'如其业已得到规定而是其所是'的逻各斯[原理]，并且这'如其业已得到规定而是其所是'要么是独一无二地归结为'本质所是'，要么就是以最优先的、第一义的和单纯的方式归结为'本质所是'。这是显而易见的。"（δῆλον τοίνυν ὅτι μόνης τῆς οὐσίας ἐστὶν ὁ ὁρισμός ⋯ ὥστε ὡδὶ μὲν οὐδενὸς ἔσται ὁρισμός, οὐδὲ τὸ τί ἦν εἶναι οὐδενὶ πλὴν ταῖς οὐσίαις, ὡδὶ δ' ἔσται. ὅτι μὲν οὖν ἐστιν ὁ ὁρισμὸς ὁ τοῦ τί ἦν εἶναι λόγος, καὶ τὸ τί ἦν εἶναι ἢ μόνων τῶν οὐσιῶν ἐστὶν ἢ μάλιστα καὶ πρώτως καὶ ἁπλῶς, δῆλον.）②

"既然'如其业已得到规定而是其所是'就是本质所是，它的逻各斯[原理]就是[逻各斯]界定，为此之故，对[逻各斯]界定与就界定自身而言的规定做出了区分限定。既然界定就是逻各斯，而逻各斯具有划分成分，就必然要看到划分成分【的规定】，什么是本质所是的划分成分，什么不是，以及同样的哪些是逻各斯界定的划分成分，哪些不是。"（ἐπεὶ δὲ τὸ τί ἦν εἶναι οὐσία, τούτου δὲ λόγος ὁ ὁρισμός, διὰ τοῦτο περὶ

---

① Ebd., Metaph. VII.4, 1030b4–6.
② Arist., Metaph. VII.5, 1031a1–2, 10–15.

ὁρισμοῦ καὶ περὶ τοῦ καθ᾽ αὑτὸ διώρισται. ἐπεὶ δὲ ὁ ὁρισμὸς λόγος, ὁ δὲ λόγος μέρη ἔχει, ἀναγκαῖον καὶ περὶ μέρους ἦν ἰδεῖν, ποῖα τῆς οὐσίας μέρη καὶ ποῖα οὔ, καὶ εἰ ταῦτα καὶ τοῦ ὁρισμοῦ.)① 总而言之，亚里士多德一一排除了普遍、种、质料基底乃至经验的个别体作为本质所是的可能性。只有"如其业已得到规定而是其所是"才能归结为本质所是。唯有本质所是能够以逻各斯来界定。

就此而言，亚里士多德必须特别区分本质相与质料。质料不是本质所是。"我说的本质相，是个别的'如其业已得到规定而是其所是'和第一义的'本质所是'。"在不涉及给定的质料的情形下，出于创制技艺而导致的"生成"，例如医术中的健康，乃是纯粹本质相。就此而言的没有质料先赋的"本质所是"是"如其业已得到规定而是其所是"。② 质料本身不能界定，不包括在本质所是的逻各斯［原理］中，也不构成本质所是的划分成分。质料本身与复合整体包含的质料并不相同，因为复合体由本质相与质料合成。在何种意义上的本质所是，如"其业已得到规定而是其所是"与个别化的"这一个"同一？第一义的本质所是，即"这个"不在

---

① Arist., Metaph. VIII.1, 1042a17-21. 关于"本质所是"的相关辨析，尤其参考《形而上学》第七、八两卷的论述。关于自然存在物的生成与一般性技艺的生成的论述尤其值得注意。

② Insb. Cf. Arist., Metaph. VII.7, 1032a32-1032b14: περὶ μὲν οὖν τούτων ὕστερον ἐπισκεπτέον, ἀπὸ τέχνης δὲ γίγνεται ὅσων τὸ εἶδος ἐν τῇ ψυχῇ (εἶδος δὲ λέγω τὸ τί ἦν εἶναι ἑκάστου καὶ τὴν πρώτην οὐσίαν) · καὶ γὰρ ἐναντίων τρόπον τινὰ τὸ αὐτὸ εἶδος· τῆς γὰρ στερήσεως οὐσία ἡ οὐσία ἀντικειμένη, οἷον ὑγιεία νόσου, ἐκείνης γὰρ ἀπουσίᾳ ἡ νόσος, ἡ δὲ ὑγίεια ὁ ἐν τῇ ψυχῇ λόγος καὶ ἡ ἐπιστήμη. γίγνεται δὲ τὸ ὑγιὲς νοήσαντος οὕτως· ἐπειδὴ τοδὶ ὑγιεία, ἀνάγκη εἰ ὑγιὲς ἔσται τοδὶ ὑπάρξαι, οἷον ὁμαλότητα, εἰ δὲ τοῦτο, θερμότητα· καὶ οὕτως ἀεὶ νοεῖ, ἕως ἂν ἀγάγῃ εἰς τοῦτο ὃ αὐτὸς δύναται ἔσχατον ποιεῖν. εἶτα ἤδη ἡ ἀπὸ τούτου κίνησις ποίησις καλεῖται, ἡ ἐπὶ τὸ ὑγιαίνειν. ὥστε συμβαίνει τρόπον τινὰ τὴν ὑγιείαμ ἐξ ὑγιείας γίγνεσθαι καὶ τὴν οἰκίαν ἐξ οἰκίας, τῆς ἄνευ ὕλης τὴν ἔχουσαν ὕλην· ἡ γὰρ ἰατρική ἐστι καὶ ἡ οἰκοδομικὴ τὸ εἶδος τῆς ὑγιείας καὶ τῆς οἰκίας, λέγω δὲ δὲ οὐσίαν ἄνευ ὕλης τὸ τί ἦν εἶναι.

"那个"之中，不在质料的基底之中。①进而言之：不在"其他者"、不在"与之不同者"当中，而只是"在自身"当中。准确说来即：在纯粹本质相之中，以此而在本质所是自身当中。

就创制性的逻各斯技艺本身而言，这是何种意义的"在自身"？在逻各斯—语言意义上的自身。就此而言，创制性的逻各斯技艺创制的本质所是是没有质料先赋的，其本质相也是没有质料先赋的。对诗艺本身的本质所是的逻各斯界定即其本质相的诸范畴规定的逻各斯。与其他技艺创制不同，诗艺创制是在自身的创制，所创制者也不是在与质料相复合的意义上而赢得的本质所是。甚至现成的个别"诗艺作品"也只是看起来是本质相与质料的"复合体"，但实质上则不是。诗艺创制与所创制的"作品"在自身同一，这指的是在逻各斯—语言意义上的自身同一，对具有质料含义的"行动"的关涉毋宁是在间接的意义上来理解。即便如此，在现成的意义上个别"诗艺作品"，尽管与诗艺创制在逻各斯—语言自身同一，仍然不能担当作为创制性逻各斯科学的诗艺学的本质之事，亦即不能构成创制性科学的"知"。因为如果作为现成个别的"诗艺作品"具备本质相或者本质所是，这实际上将使得诗艺的本质所是变成种的概念或者可分离的"理念相"概念，进而将诗艺的科学降低为体裁理论。但对于亚里士多德而言，种概念和理念相都不能在本真的意义上成为本质所是，构成本质所

---

① 亚里士多德在"小结"时说得非常明确：τί μὲν οὖν ἐστι τὸ τί ἦν εἶναι καὶ πῶς αὐτὸ καθ᾽ αὑτό, καθόλου περὶ παντὸς εἴρηται, καὶ διὰ τί τῶν μὲν ὁ λόγος ὁ τοῦ τί ἦν εἶναι ἔχει τὰ μόρια τοῦ ὁριζομένου τῶν δ᾽ οὔ, καὶ ὅτι ἐν μὲν τῷ τῆς οὐσίας λόγῳ τὰ οὕτω μόρια ὡς ὕλη οὐκ ἐνέσται – οὐδὲ γὰρ ἔστιν ἐκείνης μόρια τῆς οὐσίας ἀλλὰ τῆς συνόλης, ταύτης δέ γ᾽ ἔστι πως λόγος καὶ οὐκ ἔστιν· μετὰ μὲν γὰρ τῆς ὕλης οὐκ ἔστιν (ἀόριστον γάρ), κατὰ τὴν πρώτην δ᾽ οὐσίαν ἔστιν, οἷον ἀνθρώπου ὁ τῆς ψυχῆς λόγος· ἡ γὰρ οὐσία ἐστὶ τὸ εἶδος τὸ ἐνόν, ἐξ οὗ καὶ τῆς ὕλης ἡ σύνολος λέγεται οὐσία, οἷον ἡ κοιλότης (ἐκ γὰρ ταύτης καὶ τῆς ῥινὸς σιμὴ ῥὶς καὶ ἡ σιμότης ἐστί, δὶς γὰρ ἐν τούτοις ὑπάρξει ἡ ῥίς) – ἐν δὲ τῇ συνόλῳ οὐσίᾳ, οἷον ῥινὶ σιμῇ ἢ Καλλίᾳ, ἐνέσται καὶ ἡ ὕλη· καὶ ὅτι τὸ τί ἦν εἶναι καὶ ἕκαστον ἐπὶ τινῶν μὲν ταὐτό, ὥσπερ ἐπὶ τῶν πρώτων οὐσιῶν [οἷον καμπυλότης καὶ καμπυλότητι εἶναι, εἰ πρώτη ἐστίν] (λέγω δὲ πρώτην ἢ μὴ λέγεται τῷ ἄλλο ἐν ἄλλῳ εἶναι καὶ ὑποκειμένῳ ὡς ὕλη), ὅσα δὲ ὡς ὕλη ἢ ὡς συνειλημμένα τῇ ὕλῃ, οὐ ταὐτό, οὐδ᾽ ⟨εἰ⟩ κατὰ συμβεβηκὸς ἕν, οἷον ὁ Σωκράτης καὶ τὸ μουσικόν· ταῦτα γὰρ ταὐτὰ κατὰ συμβεβηκός. (Metaph. VII.11, 1037a21–1037b7.)

是的逻各斯界定。体裁理论则根本不在视线之内。

诸技艺创制唯有逻各斯技艺创制是在自身的，进而唯有创制性的诗艺是在自身。因此唯有诗艺本身没有质料先赋的"本质所是"亦即"如其业已得到规定而是其所是"构成创制性科学的本质之事。但这说的是，唯有这一本质之事的"知"构成了创制性科学的事情自身。这进而说的是：诗艺本身没有质料先赋的本质所是／如其业已得到规定而是其所是的逻各斯［界定和原理］（ὁ λόγος ὁ τοῦ τί ἦν εἶναι／ὁ λόγος τῆς οὐσίας）。换言之，没有质料先赋的、在自身的本质所是的知就是其本质相（εἶδος）的逻各斯规定。本质所是的逻各斯［界定与原理］的划分成分展现为本质相"这一个整体"，是从就其性质而言的范畴"析出"归属于整体的划分成分。正是以此，亚里士多德将诗艺学展现为本真的创制性的逻各斯科学。诗艺本身具体实现了的本质相，作为本质所是的"逻各斯"界定，能够展开为不同环节规定的这一个整体。本质所是的逻各斯界定即将诗艺本质相展开为这一个整体。

但为此，创制性的逻各斯科学必须从本质所是的质料先赋（ὕλη）与本质相（εἶδος）区分中解放出来，转换到没有质料先赋的本质相自身的潜能（δύναμις）与实现作用（ἔργον／ἐνέργεια）的区分上来。界定实现了的诗艺本身的本质所是的逻各斯，这不是规定种属，而是规定诸范畴，亦即本质相在性质上的划分成分的逻各斯规定。这里性质划分不停留为单纯静止的和机械的分析，毋宁是致力于将本质相就其潜能而言的实现进程带向当下现相。正是在此，本质相"这一个整体"作为整一行动的逻各斯结纨，能够显现为自身实现完满的运动进程——作为逻各斯推演—行动的"如真现相"。但不论是就本质所是而言，还是就本质相而言，这一个整体自身绝不是生成和运动的。只是从逻各斯担当于自身的具体行动朝向实现的这一规定性而言，这一个整体具有运动或者生成的"相"，但最终要安止于这一个整体的完满。作为运动或者生成的行动环节必须造成整体性区分，但整体安止不动。这事关诗艺的整一性原则："对【行动之】事情的成分要这样来结纨构合，任意某个成分一旦挪动或者删除，整体就会变得异样并且松动瓦解。因为不论现身在此者或是不现身在此者，只要没有造成可见的显然差别，就不是整体的划分成分。"①

诗艺本身具体实现了的本质相的"本质所是"已然完全从质料先赋中脱落返回自身。与自然存在物的情形不同，具有质料与本质相复合样态的个别诗歌作品实质上并没有本质所是或者本质相，因此根本不进入作为创制性逻各斯科学的诗艺学的考察视线。诗艺创制—呈现，不论是与个别诗歌作品的关涉，还是与实践领域的行动本身的关涉，都在本质所是的界定中被净化过滤掉了。换言之，任何具备质料特性的因素都被转换到本质相的范畴规定之中。这一规定归根到底只是逻各斯自身在自身与自身的纯粹区分。作为纯粹的没有质料先赋的本质相，根据范畴规定不再回落到与质料的区分，而是鉴于自身的潜能展现为完满整体的实现本身。正是根据本质相诸范畴的规定，诗艺本身具体实现了的本质相乃是如其所应是的完满的整体的运动—生成，亦即如其根据规定而作为潜能必须发扬出来的完满的实现作用：第一，本质相这一个整体的如真现相从开端经由中介而实现完满；第二，作为整体这一个的如真现相指向观看的观赏者，使之返回到灵魂之人的实现活动的快乐。对于本质相这一个整体的把握，最终归结到诗艺本身的原因：业已得到区分了的原因，即何所为或者目的因（τέλος）。形式因唯有鉴于本质所是自身的何所为或者目的因才要求就自身潜能而言的实现完满的生成—运动。但这一个整体之为实现了完满的整体却是如如不动的。技艺创制—呈现的生成—运动最终要消逝于完满整体的静止。唯有如此，这一完满整体自身即本质所是。唯有如此，创制性科学的本质之事与科学的知是自身同一。

亚里士多德一再强调，科学致力于探究原因和开端性本原。《形而上学》第七与第八两卷，尤其致力于辨别"本质所是"的真义。就其将自然生成与技艺创制对举而言，尤其是将本质相与质料对举而言，实质上真

---

① Arist., Poet. VIII, 1451a32–35: καὶ τὰ μέρη συνεστάναι τῶν πραγμάτων οὕτως ὥστε μετατιθεμένου τινὸς μέρους ἢ ἀφαιρουμένου διαφέρεσθαι καὶ κινεῖσθαι τὸ ὅλον· ὃ γὰρ προσὸν ἢ μὴ προσὸν μηδὲν ποιεῖ ἐπίδηλον, οὐδὲν μόριον τοῦ ὅλου ἐστίν.

正的目标却并不是为了阐明自然学的和诗艺学的事情，而是为了将区分逐步推进，最终确认真正第一义的本质所是：分离的、单纯的、自身当下同一的神圣努斯。神圣努斯不是别的，就是最高的、第一义的本质所是，是一切的第一原因和第一开端性本原。仍需追问：创制性逻各斯科学的原因究竟归结何处？就此而言，在提及区分实践行动的科学、创制呈现的科学和理论观见的科学时，[①] 亚里士多德特别强调创制性科学的开端性本原和原因："创制的开端性本原在创制者之中，或者是努斯，或者是技艺，或者是某种潜能。"（τῶν μὲν γὰρ ποιητικῶν ἐν τῷ ποιοῦντι ἡ ἀρχή, ἢ νοῦς ἢ τέχνη ἢ δύναμίς τις.）[②] 创制性科学的开端性本原归结为作为创制者的有朽之人。

不论是出自努斯，还是技艺，还是潜能，最终归结为出自人自身。仍要问：归结到人自身的什么？人的"自然"。何种自然？创制性诗艺的原因是有朽之人的自然。但这不是在质料意义上作为自然禀赋的自然，而是就人之为人的本质所是而言的自然。对于亚里士多德而言，将人之为人把握到逻各斯科学当中，这意味着人不是现成意义上的人，因而也不是经验中的人，进而不是基于生活世界的"实存"来领会的人，而是从原因和原则的规定来领会的人。鉴于柏拉图哲学的灵魂中介，亚里士多德这里的人首先乃是"灵魂之人"。人的自然必须返回灵魂的自然来领会。具体到

---

① Arist., Metaph. VI.1, 1026b25: πᾶσα διάνοια ἢ πρακτικὴ ἢ ποιητικὴ θεωρητική. 必须注意：科学或者知并不是纯粹νοῦς本身，而是根本与διάνοια相关涉。逻各斯科学的每一次展开和实现，相互区分和联结，διάνοια都贯穿其中。在诗艺学本质之事中，διάνοια尤其属于"何所是"范畴，但实质上也贯穿于"何所如"和"何所在"。

② Arist., Metaph. VI.1, 1025b22–23. 这里是在涉及全部科学的划分中提及作为开端性本原和原因的努斯。细究起来具有两层意义：第一，即纯粹思想自身的努斯本身，创制性的（"做事"的）努斯像技艺创制一样造就一切（De. An. III.5,430a15）；第二，鉴于努斯的区分，神圣的努斯与有朽者暂时具有的努斯，这一方面是有朽者像神一样沉思观见才达到，另一方面鉴于灵魂的区分，努斯在一般性的技艺创制中仍然具有其规定性，但不是努斯本身，而是体现为贯穿所思的运思。
Dazu insb. cf. ebd., Metaph. VII.7, 1032a25–28: οὕτω μὲν οὖν γίγνεται τὰ γιγνόμενα διὰ τὴν φύσιν, αἱ δ' ἄλλαι γενέσεις λέγονται ποιήσεις. πᾶσαι δ' εἰσὶν αἱ ποιήσεις ἢ ἀπὸ τέχνης ἢ ἀπὸ δυνάμεως ἢ ἀπὸ διανοίας.

创制性逻各斯科学，亚里士多德一再强调，技艺的本质所是和本质相只在灵魂之中。因此，创制性诗艺的科学的本质之事，作为创制者的诗人，逻各斯担当于自身的行动者的行动，作为特定语言形态呈现的逻各斯——实现为逻各斯整体，以及观看这一个整体如真现相的观赏者，都是灵魂的事情！

　　同样的，亚里士多德将逻各斯科学的整体性区分归结为灵魂之事。这不仅涉及灵魂的自相区分，即作为植物灵魂或者营养灵魂、感觉灵魂与努斯——灵魂与身体的区分只是先行的准备性区分；而且涉及灵魂中的逻各斯自身的区分，即作为人工性技艺的创制性的逻各斯（ποιητικός），规定了行动的实践性的逻各斯（πρακτικός），以及鉴于对自然显现者的观察将运动的整体纳入原因规定之下的逻各斯（θεωρητικός）。逻各斯并非抽象分离的理性，也不简单地等同于语言，正如赫拉克利特所言：自身生长壮大着的逻各斯是灵魂本自具有的。（ψυχῆς ἐστι λόγος ἑαυτὸν αὔξων.）[1] 就此而言，鉴于逻各斯在自身与自身相区分，逻各斯科学的区分是灵魂区分的自身实现。唯有如此，亚里士多德哲学能够成其为业已得到区分的有朽之人的安顿之所——安顿于自相区分的逻各斯的当下现相。

　　就诗艺学的本质之事而言，创制性的逻各斯科学究竟在何种意义上与实践性的、理论性的逻各斯科学相区分并能够与之鼎足而三？在此意义上：具体实现了的诗艺本质相这一个整体的"如真现相"意味着感性中介之必须！换言之，这一个整体的如真现相必须经过感性（αἴσθησις）的中介才能被把握住。何种感性中介？即对诗艺创制—呈现的这一个整体就其为如真现相而言的当下观看（θεωρία）。不仅仅是精确到每一个行动环节的观看，而且是将所有行动环节拢集到记忆所能容纳的通透整体的当下中的观看。因此这一灵魂之事乃是根本上经过感性中介了的过程。但感性并不停留为感官，感官无法达到整体及其当下。鉴于灵魂的自身区分，感性的中介毋宁只是中介，旨在将努斯的洞见召唤到观看的当下。就其是悲剧

---

① Heraklit, DK. B115.

诗艺的纯粹的本质所是的逻各斯规定而言，悲剧诗艺本质相的如真现相自身构成感性中介，努斯的沉思洞见正是穿透这一中介而当下把握住这一个逻各斯整体的"一切"——诗艺创制—呈现作为如真现相本身就是这一感性中介！

这将创制性逻各斯科学与实践性逻各斯科学和理论性逻各斯科学彻底区分开来。逻各斯—语言的创制—呈现旨在将有朽之人的"一切"围绕整一行动收拢于自身并带向当下的如真现相——有朽之人看见它，不是直接看见自己，而是看见有朽之人的区分在逻各斯自身的区分中展开与实现。在区分中间接地看见自己——作为有朽之人。作为诗艺创制之目的实现的观看，在最彻底的意义上，乃是"看透"人自身的行动及其所造就的"命运"。但这是卓越的行动和卓越的命运。哲学的使命说：要最好的行动，亦即要最好的生活——由善好的灵神引导而生活（εὐδαιμονία）。实践性的逻各斯科学的本质之事即行动着的逻各斯本身。之所以是有朽之人的行动，因为唯有人乃是具备逻各斯的，亦即从灵魂深处生长出来的逻各斯，并且作为逻各斯而行动，当下实现完满，当下彰显德性，最后作为哲学家的沉思观见活动是"神样的"完满。如果说在作为第二哲学的自然学这里，始终受到质料与本质所是复合的限制，沉思观见却要将自然存在者作为向着有朽之人显现和敞开的运动进程，最终追溯到自然全体的第一原因和第一原则：自身不被推动的推动者——第一哲学的最高的和第一义的"本质所是"：纯粹的努斯自身，它在沉思洞见中与自身同一。这里对于有朽之人为应该和可能：暂时置身于属神的事情，有朽之人赢得其在自身与自身的最高区分——作为努斯而实现活动着的人乃是神样之人！也就是说赢得其人之为人的最高尊严。

这归根结底说的是：始终通过有朽之人的自身区分成为最优秀卓越者，成为最好的。这一区分不再是在缪斯智慧那里所呈现的区分。不朽缪斯女神"让之知"要说的是：在言行的"一切"中将人的区分呈现出来，即不朽者（永恒现身在场）、死者（永不现身在场的缺席者）与有朽者

（据时间性暂时现身在场者）。①这一区分实现于曾经所是的世界，经由记忆而在歌行的整体中作为逻各斯的世界秩序而当下现相。希腊人在此听到并看到：划时代的原则以"强制力"塑造这一个世界的整体，因为宙斯的经过透彻思虑的旨意要实现完满——作为有朽者，人在此世界秩序的大全中得以安顿。

第三节　λόγος现相的当下：科学之知与有朽之人的安顿

逻各斯的科学是希腊人对西方思想最为丰厚的贡献：人之为人的安顿。人作为让自己在自身并与自身相区分的人，不是安顿于"语言"，而是安顿于"逻各斯"，即安顿于通过逻各斯而在逻各斯当中得到概念把握和根据奠定的"当下"。通过逻各斯来结筑希腊人的哲学，这一建筑只关注这样的当下。这一当下不允许自己回退到历史考察，而是驻足于历史中所思的完满、所思的整体。对逻各斯的洞见与对希腊人的哲学开端及其完满的建筑一道，在此一理性关系结筑中现相。

尤其与荷马缪斯智慧相诀别，古希腊哲学赢得了真正的开端。开端性的哲学不再承认来自神圣不朽者的知的馈赠，而是有朽者之人试图自己获得知及其根据。诚如亚里士多德所断言：人从其自然而来即求知。哲学的求知指向原因，哲学要求自身是"智慧"的知。古希腊哲学的第一个开端，正是要通过观察研究现象之全体的"自然"来赢取哲学的知，但在最后的位置将这一知交付于有朽之人的"意见"。第二个开端要求在与无序的对峙中，展开人之为有朽者可洞见与可把握住的秩序关系之整体，在最后的位置正是逻各斯的秩序关系整体，但这一整体取决于人对"逻各斯的赞同"（όμολγεῖν），从而取决于他的"脾性"（ἦθος）。

第三个开端归结为不朽女神让之知的教导：根据先行给定的原则，有朽的知道者要通过自身运思来求知。这一求知的运思展开为逻各斯与自身

①　Boeder, *Topologie der Metaphysik*, S.61.

的区分，凭借逻各斯做出决断：第一，在与业已立定的法则的规定中抉择道路：如其是，因为如其必定是所应是；第二，鉴于真知与见知的区分，有朽之人的求知达致如此之洞见：如其所应是与如其所当洞见自身同一；第三，如其根据"命运—定数"而当下现相：与自身同一的整全一贯的逻各斯圆环。

纯粹的哲学之知，达致有朽之人在自身的简单区分：知的人与不知的人。这一区分以逻各斯的区分所独具的说服力为基础。作为技艺的逻各斯追求说服而无视知的限制，这是所谓智者的"智慧之相"的"运动"。但无关乎智慧，亦无关乎知，而只关乎说服的逻各斯技艺。哲学的不知立足于有朽者关于显现者全体的见解，不是追溯根据，而是回溯到多样乃至无定限的源起。这一逻各斯的现相，与其说能够为哲学的知奠定根据，不如说恰好是致纯粹哲学之知于死地。柏拉图置身于这一哲学意见的纷争。借助逻各斯的技艺，他要用有朽之人的洞见所能达致的知来达致对有朽者的说服。这要求从关于人自身德性的诸种见解出发，再次步入人与自身的区分，即步入灵魂之人的区分。鉴于这一区分，为人所洞见者作为善的理念相，统领着灵魂在自身区分中通过论辩性的逻各斯技艺所造就的从意见世界向真理之知的"转向"。

亚里士多德将人在自身以及与自身的区分，完满地把握在相互区分的逻各斯科学之知的大全之中。这里不再有意见的独立位置，也不再有不知的位置。唯有知，而意见与不知都在知的大全中得到确定和限定。何种知？如其通过逻各斯在自身及其与自身的区分所呈现和把握住的，作为奠定根据的逻各斯科学的全体现相。希腊人，作为有朽之人，安顿于此一整全的逻各斯之知的当下。人将自身把握到自身的本质中。不在任何别处，只在此：逻各斯的自身完满建筑的当下现相。

哲学在此是科学之知。说的是：求知、求智慧，即：万有的原因与开端性原则。一切万有现相为如此这般的这一个"是"，并且只是"这一个"。这是向来由根据与原则所规定的如其所应是的现相，即：如其业已得到规定为如此这般的"这一个"而"是"。根据现身其中的这一现相，在亚里士多德哲学的开端处，就是逻各斯的自身开辟。这一开辟说的是：人之为人者在这一大全的现相中作为如此这般的科学之知而当下实现圆满。巴门尼德曾洞见到有朽之人知与不知的单纯区分，柏拉图则把握到灵魂之人的知与不知的区分，最后亚里士多德则把灵魂之人与自身的区分把握到逻各斯与无—逻各斯（ἄλογον）的区分中，最终归结为逻各斯自身区分着的、奠定着根据的知的全体现相。

首先开辟并确定逻各斯技艺在自身即是证明的知，即"证明的科学"。它只有构成必然整体的推理的相：开端（公理）、中项（推演）与结论（所关涉一切个别都归属于开端所关涉的大全整体）。进而开辟逻各斯技艺在所关涉事情本身中的创制性成果：受城邦共同体之人的"创制性完满"规定的"修辞"；有朽之人的行动把握到逻各斯现相的完满"造作"，即开端、中段与完成的这一个整体。城邦之人作为逻各斯的行动来现相，现相于人的共同体的铸造，最终实现于人的德性塑造：人之为人的完满"幸福"当下实现，即现相为神样之人。

这一神样之人是观照洞见的哲学之人。这一观照洞见的哲学家返回到一切显现者，旨在照破"自然"。鉴于显现者全体的开端性原则与运动的原因，这一观照洞见实现为逻各斯的"自然"现相。在第一原因与第一开端性原理中，赢得最终的安顿：神圣努斯，亦即神圣洞见。这是有朽之人所能与所应达到的最高与最完满的自我区分：作为神圣洞见与作为有朽之人的洞见。这一神圣洞见与其说关联到中间时代的神或者上帝，不如说是对希腊思想开端中实现了的宙斯的决断与旨意的当下回忆——哲学将这一原则守护在逻各斯科学大全的现相。

如此这般的知为西方的第一个时代赢得其通透明澈的完满。要问的是：是什么打开了这一开端性的思想？造就了什么样的"人"？安顿于什么样的智慧或者哲学中？"我们"如何领受这一穿越历史而来到当下的智慧之知与哲学之知？必须在此彻底的区分中唤起对这一"斯文"的领受：如其自身所应是的"斯文"来抵达我们。当下之人。不是当今之人。如何唤起？

结　语

亚里士多德哲学不能单就其自身而言得到把握，而是处于双重的联合之中。第一，与巴门尼德、柏拉图区分与联合，构成概念理性形态的知，让逻各斯实现逻各斯，亚里士多德哲学实现古希腊哲学的划时代完满。第二，鉴于哲学与智慧的区分与联结，具体而言即鉴于亚里士多德对荷马的"凝视"，亚里士多德哲学不仅自身实现为有朽之人的"哲学智慧"，而且将荷马馈赠的原则收拢于致敬的回忆，持守于逻各斯科学大全的当下现相。

创制性的逻各斯科学向来不能单就其自身而言得到把握，而是处于联合之中，亦即处于科学秩序体的大全中，鉴于与实践性的逻各斯科学、理论性的逻各斯科学相区分，才赢得在亚里士多德哲学体系中的安顿。正如亚里士多德哲学是希腊思想的划时代完成，创制性逻各斯科学是古希腊"技艺"之思的完满：作为纯粹创制性逻各斯技艺本身及其本质相的知。

诗艺本质相的知也不能单就其自身而言得到把握，而是处于诗艺范畴的诸规定性的联合之中。诗艺本身鉴于"如真现相"的三重规定，以及诗艺本身在时间性历史的实现进程，只是先行的准备性运思，旨在纯化诗艺之事而落实在悲剧诗艺本质相上。悲剧诗艺本质相构成诗艺本质之事，诗艺哲学再次鉴于诗艺范畴而将其本质所是的逻各斯带向当下现相。但不论是先行的运思还是本质之事的规定，都不是任意的，诗艺的整一性原则既决定了运思的开端，也贯穿于本质之事的实现。原则也不是与运思及其事情相分离的，而是当下现身于其逻各斯规定的现相。

以此，结筑亚里士多德诗艺哲学，从整体上照破逻各斯现相，名之曰：探本。

参考文献

工具书

Ast., D. F., *Lexicon Platonicum sive Vocum Platonicarum Index*, Weidmann, 1835, Wissenschaftliche Buchgesellschaft, 1956(Nachdruck).

Bonitz, H., *Index Aristotelicus*, 1870, Editio Altera, Gigon, O., De Gruyter, 1961.

Chantraine, P., *Dictionnaire Étymologique de la Langue Grecque*, Klincksieck, 1983.

Frisk, H., *Griechisches Etymologisches Wörterbuch*, Carl Winter, 1973.

Hofmann, J. B., *Etymologisches Wörterbuch des Griechischen*, 2.Aufl., Oldenbourg, 1950, Wissenschaftliche Buchgesellschaft, 1971(Nachdruck).

Liddell, H. G., Scott, R., *A Greek-English Lexicon*, with a Revised Supplement, 9th ed., Oxford, 1996.

罗念生、水建馥：《古希腊语汉语词典》，商务印书馆，2004年。

Snell, B., u.a., *Lexikon des Fr ü hgriechischen Epos*, Vandenhoeck&Ruprecht, 1955ff.

Wartelle, A., *Lexique de la 〉〉 Po é tique 〈〈 d' Aristote*, Soci é t é, 1985.

Wissowa, G., u.a., *Paulys Realencyclopädie der Clasischen Altertumswissenschaft*, Druckenm ü ller, 1893ff..

原文、翻译与注疏

Aristoteles, *Aristotelis Opera*, I–II, Ex recensione I. Bekkeri, Riemer, 1831, De Gruyter, 1960ff..

Barnes, J., *The Complete Works of Aristotle*, Princeton University Press, 1984.

Burnet, J., *Platonis Opera*, Oxford, 1900 (rep.1950).

Butcher, S. H., *Aristotle's Theory of Poetry and Fine Art, with a critical Text and Translation of the Poetics*, Dover, 1951.

Bywater In., *Aristotle on the Art of Peotry, a revised Text with critical Introduction,*

Translation and Commentary, Oxford, 1909.

Cooper, M. J., Hutchinson, D. S., *Plato Complete Works*, Hackett, 1997.

Corcilius, K., ü bers. und hrsg., *Aristoteles: Über die Seele*, Griechisch–Deutsch, Meiner, 2017.

Diels, H., Kranz, W., *Die Fragmente der Vorsokratiker*, 3Bde., 7.Aufl., Weidmann, 1954f.

Dupont–Roc, R., Lallot, J., *Aristote : La Po é tique, Texte, Traduction, Notes*, Seuil, 1980.

Eigler, G., hrsg., *Platon: Werke in Acht Bände*, Griechisch–Deutsch, Wissenschaftliche Buchgesellschaft, 1971ff..

Gudemann, C., *Aristoteles: Peri poietikes, mit Einleitung, Text und Adnotatio critica, exegetischem Kommentar*, De Gruyter, 1934.

Glenn W. Most, ed. and trans., *Heisiod: Theogony Works and Days Testimonia*, Harvard, 2006.

Hicks, R. D., *Aristotle: De Anima, with Translation, Introduction and Notes*, Cambridge, 1907.

Janko, R., *Aristotle on Comedy: Towards a Reconstruction of Poetics II*, University of California Press, 1984.

Kassel, R., *Aristotelis De arte poetica liber*, Oxford, 1965.

Kirk, G. S., Raven, J. E., and Schofield, *The Presocratic Philosophers: a Critical History with a Selection of Texts*, 2.ed. Cambridge, 1983.

Lucas, D. M., *Aristotle Poetics: Introduction, Commentary and Appendixes*, Oxford, 1968.

Ross, W., D., *Aristotle' s Prior and Posterior Analytics: a revised Text with Introduction and Commentary*, Oxford, 1949.

Ross, W., D., *Aristotle' s Metaphysics: a revised Text with Introduction and Commentary*, Oxford, 1924 (rep. 1997).

Ross, W., D., *Aristotle' Physics: a revised Text with Introduction and Commentary*, Oxford, 1936 (rep. 1979).

Schmitt, A., *Aristoteles Poetik, mit Übersetzung und Erläuterung*, 2.aufl., Akademie, 2008.

Schönberger O., übers. und hrsg., *Hesiod Theogonie* (Griechisch/Deutsch), Reclam, 1999.

Seidl, H., hrsg., *Aristoteles: Über die Seele*, Meiner, 1995.

Seidl, H., hrsg., *Aristoteles' Metaphysik*, 2Bde., 3.Aufl., Meiner, 1989.

Tarán, L., Gutas, D., *Aristotle Poetics: Editio Maior of the Greek Text with Historical Introductions and Philological Commentaries*, Brill, 2012.

West, M. L., *Hesiod Theogony, Text with Prolegomena and Commentary*, Oxford, 1966.

West, M. L., *Hesiod Works and Days, Text with Prolegomena and Commentary*, Oxford, 1978.

Zekl, H. G., übers. und hrsg., *Aristoteles' Physik*, 2Bde., Meiner, 1987,1988.

埃斯库罗斯：《埃斯库罗斯悲剧集》，陈中梅译，辽宁教育出版社，1999年。

柏拉图：《理想国》，郭斌和、张竹明译，商务印书馆，1986年。

柏拉图：《柏拉图对话集》，王太庆译，商务印书馆，2001年。

柏拉图：《柏拉图文艺对话集》，朱光潜译，商务印书馆，2013年（重印）。

赫西俄德：《工作与时日·神谱》，张竹明、蒋平译，商务印书馆，1991年。

罗念生：《罗念生全集》（增订版），上海人民出版社，2016年。

苗力田主编：《古希腊哲学》，中国人民大学出版社，1989年。

欧里庇得斯：《欧里庇得斯悲剧集》，周作人译注，中国对外翻译出版公司，2003年。

吴雅凌：《神谱笺释》，华夏出版社，2010年。

亚里士多德：《亚里士多德全集》，苗力田主编，中国人民大学出版社，1997年。

亚里士多德：《诗学》，陈中梅译注，商务印书馆，1996年。

亚里士多德：《形而上学》，吴寿彭译，商务印书馆，1997年（重印）。

亚里士多德：《物理学》，张竹明译，商务印书馆，1997年（重印）。

亚里士多德：《政治学》，吴寿彭译，商务印书馆，2017年（重印）。

亚里士多德：《尼各马可伦理学》，廖申白译注，商务印书馆，2003年。

其他文献

Bernays, J., *Zwei Abhandlungen über die aristotelische Theorie des Drama*, Wissenschaftliche Buchgesellschaft, 1968(Nachdruck).

Boeder, H., "Der frühgriechische Wortgebrauch von Logos und Aletheia", in: *Archiv für Begriffsgeschichte*, Bd.4, Bonn, 1959, S.82–112.

Boeder, H., *Grund und Gegenwart als Frageziel der Früh-Griechischen Philosophie*, Nijhoff, 1962.

Boeder, H., *Das Bauzeug der Geschichte: Aufsätze und Vorträge zur griechischen und mittelalterlichen Philosophie*, Könighausen &Neumann, 1994.

Boeder, H., *Topologie der Metaphysik*, Alber, 1980.

Boeder, H., "Unterscheidung der Vernunft", in: *Osnabrücker Philosophische Schriften: Aufgaben der Philosophie heute*, hrsg. von Arnim Regenbogen und Donatus Thürnau, Osnabrück, 1989, S.10–20.

Boeder, H., "Vom Begriff in der aristotelischen Poetik" (1982), in: *Das Bauzeug der Geschichte*, 1994, S.257–277.

Boeder, H., "Die Unterscheidung des ersten Anfangs der Philosophie – unserem Freunde Gregor Maurach zu Ehren", in *Abhandlungen der Braunschweigischen Wissenschaftlichen Gesellschaft*, Bd. XLVII, 1996, Göttingen, 1997, S.279–291.

Boeder, H., *Seditions: Heidegger and the Limit of modernity*, ed. Brainard, M., State University Press, 1997.

Boeder, H., *Aristoteles und Homer*, Vorlesungen WS2000/2001, Manuscript, unveröffentlicht.

Boeder, H., "Das Wahrheits-Thema in der Ersten Epoche der Philosophie", in: *Sapientia*, LVIII, 2003, S.5–22.

Busche H., Prekams P., hrsg., *Antike Interpretationen zur aristotelischen Lehre vom Geist (Griechisch-Lateinisch-Deutsch)*, Meiner, 2018.

Burkert, W., *Griechische Religion der archaischen und klassischen Epoche*, 2. Aufl.,

Kohlhammer, 2011.

Davis, M., *The Poetry of Philosophy: on Aristotle's Poetics*, St. Augustine's Press, 1992.

Dawe, R. D., "Some Reflections on Ate and Hamartia", in: *Harvard Studies in Classical Philology*, Vol. 72 (1968), pp. 89–123.

Düring, I., *Aristoteles: Darstellung und Interpretation seines Denkens*, Carl Winter, 1966.

Düring, I., "Aristoteles", in: *Paulys Realenencyclopädie der Classischen Altertumswissenschaft*, Supplementband XI, Wissowa, G., Kroll, W., und Mittelhaus, K., u.a. hrsg. Ziegler, K., Druckenmüller, 1968, S.159–336.

Else, G. F., *Aristotle's Poetics: The Argument*, Harvard University Press, 1963.

Fränkel, H., *Dichtung und Philosophie des frühen Griechentums*, C.H.Beck, 1962(4 aufl., 1993)

Fuhrmann, M., *Einführung der Dichtungstheorie der Antike*, 2.Aufl., Wissenschaftliche Buchgesellschaft, 1992.

Golden, L., "Hamartia, Ate, and Oedipus", in: *The Classical World*, Vol. 72, No. 1, 1978, pp. 3–12.

Guthrie, W. K. C., *A History of Greek Philosophy*, Cambridge, 1962 (rep.1977).

Halliwell, S., *Aristotle's Poetics*, 2.ed. Duckworth, 1998.

Hegel, G. W. F., *Vorlesungen über die Philosophie der Kunst*, Berlin 1823, nachgeschrieben von Heinrich Gustav Hotho, hrsg. von Annemarie Gethmann–Siefert, Meiner, 1998.

Heidegger, M., *Holzwege*, in: Gesamtausgabe Bd.5, Klostermann, 2003.

Heidegger, M., "Was ist das – die Philosophie?" in: *Gesamtausgabe*, Bd.11, Klostermann, 2005.

Huang Shuishi, *Aufbruch und Realisierung des LOGOS – Die Tektonik im Anfang der Philosophie bei den Griechen und ihre Erfüllung in den poietischen und praktischen Wissenschaften des Aristoteles*, Dissertation : https://repositorium.ub.uni–osnabrueck.de/

bitstream/urn:nbn:de:gbv:700–2014092912841/1/thesis_huang.pdf, 2014.

Höffe, O., *Aristoteles*, 4. Aufl., C.H.Beck, 2014.

Jaeger, W., *Paideia : die Formung des Griechischen Menschen* (I–III), De Gruyter, 1989.

Koller, H., *Die Mimesis in der Antike: Nachahmung Darstellung Ausdruck*, Francke, 1954.

Kube, J., *TEXNH und ARETH: Sophistisches und Platonisches Tugendwissen*, De Gruyter, 1969.

Lesky, A., *Geschichte der griechischen Literatur*, 3.aufl., Francke, 1971.

Lesky, A., *Die tragische Dichtung der Hellenen*, 3.aufl., Vandenhoeck&Ruprecht, 1972.

Löbl, R., *TEXNH － TECHNE*, 3Bde., Bde.I–II: *Untersuchungen zur Bedeutung dieses Wortes in der Zeit von Homer bis Aristoteles*, Bd.I, *Von Homer bis zu den Sophisten* (1997), Bd.II, *Von den Sophisten bis zu Aristoteles* (2003), Bd.III, *Untersuchungen zur Bedeutung dieses Wortes in der Zeit nach Aristoteles: Die Zeit des Hellenismus* (2008), Könighausen&Neumann.

Neschke, ADa., B., *Die "Poetik" des Aristoteles: Textstruktur und Textbedeutung*, Klostermann, 1980.

Pickard–Cambridge, Sir A. W., *The Dramatic Festivals of Athens*, revised with a new Supplement by John Gould and D. M. Lewis, Oxford, 1988。

Reinhardt, K., *Sophocles*, Klostermann, 1933.

Rorty, A., ed., *Essays on Aristotle's Poetics*, Princeton University Press, 1992.

Söffing, W., *Deskriptive und normative Bestimmungen in der Poetik des Aristoteles*, Gruner, Amsterdam, 1981.

Stallmach, J., *Ate: Zur Frage des Selbst- und Welt-verständnisses des frü hgriechischen Menschen* (Beitr. zur klass. Phil., 18). Meisenheim am Glan, 1968.

Vöhler, M., Linck, D., Hrsg., *Grenzen der Katharsis in den modernen Kü nsten: Transformation des aristotelischen Modells seit Bernays, Nietzsche und Freud*, De Gruyter, 2009.

Watson, W., *The lost Second Book of Aristotle's Poetics*, The University of Chicago

Press, 2012.

Weiner, S. F., *Aristoteles' Bestimmung der Substanz als Logos*, Meiner, 2016.

博德：《黑格尔〈精神现象学〉讲座：穿越意识哲学的自然和历史》，戴晖译，商务印书馆，2016年。

戴维斯：《哲学之诗：亚里士多德〈诗学〉解诂》，陈明珠译，华夏出版社，2012年。

黑格尔：《美学》（I-IV），朱光潜译，商务印书馆，1996年（重印）。

黄水石：《亚里士多德诗学原则的哲学考察》，《长江学术》，2019年第2期，第47-56页。

黄水石：《诗艺范畴与μίμησις的三重规定——亚里士多德〈诗艺学〉第1—3章论析》，《艺术评论》，2020年第6期，第80-92页。

黄水石：《诗艺产生的原因——亚里士多德〈诗艺学〉第4章论析》，《艺术学研究》，2022年第1期，第65-72页。

梁鹏：《亚里士多德悲剧概念研究：以〈诗学〉古希腊文文本为中心》，中译出版社，2016年。

刘小枫：《巫阳招魂：亚里士多德〈诗术〉绎读》，生活·读书·新知三联书店，2019年。

刘小枫：《谐剧与政体的德性——亚里士多德〈论诗术〉第三章中的题外话试解》，《重庆大学学报》（社会科学版），卷17，2011年第3期，第1-5页。

秦明利、罗贤娟：《近十年国内亚里士多德〈诗学〉研究综述》，《外语教育研究》，卷2，2014年第3期，第61-66页。

宋继杰：《逻各斯的技术：古希腊思想的语言哲学透视》，清华大学出版社，2013年。

赵振羽：《亚里士多德〈诗学〉的形而上学解读》，吉林大学博士论文（2013）。

后 记

这个小册子以《诗艺学》为核心文本探究亚里士多德的"诗艺哲学",属于作者古希腊哲学研究计划的构成部分,对文艺与美学论题的探讨从根本上纳入哲学的运思。博士论文采用了网络方式线上发布;若以纸质出版为标准,这是作者付印的第一部书稿。

作为仓促写成的博士后出站报告,书稿是花费了大约三个月的急就章。如果一定要追根溯源,那么作者与《诗艺学》的缘分倒是一晃十几年了。2008年为准备博士考试,开始对亚里士多德的"诗学"起心动念。博士论文聚焦逻各斯一以贯之的希腊哲学整体,《诗艺学》仅构成亚里士多德逻各斯科学秩序的一个环节。毕业后屡经挫折甚至想过彻底离开高校换个谋生方式,但对《诗艺学》的相关思索从未中断,起初只有导论和目录的德文残片,终于缀成此稿。可以说,若非作者在北京大学读博士时的导师章启群教授一再督促与鼓励,本书从动笔到完稿都是不可能的。作者从读博、留学到继续从事高校教研工作,都离不开章老师的信任、教导和支持。

能与曾经失之交臂的北大结缘,能有幸跟随贺博特·博德〔Heribert Boeder〕先生学习西方哲学与智慧,端赖作者在南京大学时的导师戴晖教授——是她将侥幸考进哲学系却懵懂无知的作者领入了西方"哲学门"。戴老师对作者一直关怀有加,她的督促既是动力也是压力。晚年博德孤独沉潜,思想精纯而通透,以西方的爱智慧为必经中介,他耐心地将作者领到了西方智慧的关口。以此作者不仅能够行入西方思想根底欣赏其完满,而且还将敢于在中西之间叩其两端。

2019年夏,书稿草就于武昌东湖边珞珈山脚的图书馆。世事无常便是沧海桑田，那是离开武汉的前夕，不料也是疫情大暴发的前夕！虽从未真正融入武汉大学，却不可不感恩，略记之如下：博士后合作导师涂险峰教授对作者的支持不遗余力，也始终宽容作者的任性；李建中、冯黎明教授以及其他同仁，包括已故的张荣翼教授，热情接纳作者为文艺学教研室的一员；文学院长辈张洁、张箭飞、于亭等诸位教授在最艰难时刻曾给作者以精神上的鼓励；陈星宇、李广宽和王健等青年同仁始终为作者鼓劲。武汉其他高校的文艺学同仁亦曾关心作者的去向，胡亚敏等诸位教授更是给作者出站答辩以优秀的评分。

此外，南京大学哲学系张荣教授乐于提携后进，一直关心作者的学习与工作。最后，其他学界前辈、南大北大武大同学与各领域青年同仁的热心提点与帮助亦感铭于心。后记"进行时"，奥斯纳布吕克求学期间帮助过作者的中德朋友们都一一涌上心头。

在博士就读时便有了本书论题的初步设想，师弟谢晓川可谓作者的第一位听众。晓川博士谦虚、谨慎且持重，不像作者孤僻固执且总是兴之所至便"信口开河"。北大时期的师兄兼武大前同事刘春阳博士对出站报告所提的建议涉及章节安排，已经吸收到书稿当中。如果没有春阳教授的关心与援手，珞珈山上的生活与工作将是不可想象的。回到北京讨生活，中央美院尤其是人文学院成为新起点，王浩与李军教授的宽容让作者有可能憧憬某种未来。

章启群教授主张美学在根本上是哲学的事业。作者正是循此以进，甚至不惜推进到极端。亚里士多德诗艺哲学不仅是西方美学的开端性奠基与结晶，是开启西方美学思想宝库的钥匙，而且是借以洞悉希腊缪斯智慧乃至西方艺术历史与当今之"本来面目"的必经中介——理性关系建筑学的慧眼让这样的透视成为可能。秉持教研一致的理念，作者已经在具体教学中展开探索。感谢主持美学类课程的王浩教授和参加课程的同学们！

承蒙《长江学术》《艺术评论》与《艺术学研究》不弃，书稿的三个章节略经修改后得以刊出。感谢四川人民出版社和丛书负责人王定宇主任对拙著的厚爱、责任编辑母芹碧女士的辛勤工作！

孔子谓"四十不惑"，胡适作"四十自述"。作者方始迈出这第一步。"敢问路在何方？"——是为记。

黄水石

2022年5月28日于花家地西里陋室